证券投资顾问胜任能力考试辅导教材

# 证券投资顾问业务

朱保丛　陆　标　编著

责任编辑：石 坚
责任校对：刘 明
责任印制：程 颖

**图书在版编目（CIP）数据**

证券投资顾问业务（Zhengquan Touzi Guwen Yewu）/朱保丛，陆标编著.—北京：中国金融出版社，2017.9
证券投资顾问胜任能力考试辅导教材
ISBN 978-7-5049-9150-8

Ⅰ.①证… Ⅱ.①朱…②陆… Ⅲ.①证券投资—投资分析—资格考试—自学参考资料 Ⅳ.①F830.91

中国版本图书馆CIP数据核字（2017）第199716号

出版发行 中国金融出版社
社址 北京市丰台区益泽路2号
市场开发部 （010）63266347，63805472，63439533（传真）
网上书店 http://www.chinafph.com
（010）63286832，63365686（传真）
读者服务部 （010）66070833，62568380
邮编 100071
经销 新华书店
印刷 保利达印务有限公司
尺寸 169毫米×239毫米
印张 20
字数 356千
版次 2017年9月第1版
印次 2017年9月第1次印刷
定价 68.00元
ISBN 978-7-5049-9150-8

# 前　　言

## 一、考试介绍

1. 考试简介

2015 年 7 月，中国证券业协会发布了“中证协发［2015］147 号”《关于证券业从业人员资格考试测试制度改革有关问题的通知》，对证券从业类考试进行了彻底的改革。

证券业从业资格考试测试划分为一般从业资格考试、专项业务类资格考试和管理类资格考试三种类别。

一般从业资格考试，即“入门资格考试”，主要面向即将进入证券业从业的人员，具体测试考生是否具备证券从业人员执业所需专业基础知识，是否掌握基本证券法律法规和职业道德要求。

专项业务类资格考试，即“专业资格考试”，主要面向已经进入证券业从业的人员，主要测试考生是否具备从事证券业务的专业人员履行法定职责所必备的专业知识、专业技能和专业操守。

2. 报名条件

年满 18 周岁、具有高中以上文化程度和完全民事行为能力的人员，都可报名参加入门资格考试。

入门资格考试合格的，均可参加专业资格考试和管理资质测试。

3. 题型题量

各专业资格考试科目，考试时间均为 180 分钟，考试题型均为选择题，考试题量均为 120 题。改革后至今都是 40 道单选，每小题 0.5 分，共计 20 分；80 道组合型选择题，每小题 1 分，共计 80 分。

4. 合格标准

（1）最后总得分≥60 分则为合格。

（2）通过率每次都不一样，跟考试难易程度有关。有时通过率偏低（10%左右），可以与保荐代表人胜任能力考试一比高下（基本在 5%左右，最高时在 10%左右），究其原因不是试题太难，而是考生的态度和准备程度。通过认真学习本教材的内容，通过考试则相对较为容易。

5. 有效期限

(1) 入门资格考试合格成绩长期有效。

(2) 考生取得专业资格考试合格成绩后，应当在每年参加并完成中国证券业协会组织的相应业务培训；未按要求完成相应业务培训的，其合格成绩不再有效。

6. 有效合格成绩的效用

考生按照改革后的资格考试测试制度报名参加考试测试后，取得规定科目有效合格成绩，即为资格考试测试合格人员。

(1) 同时拥有《证券市场基本法律法规》和《金融市场基础知识》两个科目有效合格成绩的，入门资格考试合格。

(2) 同时拥有《证券市场基本法律法规》《金融市场基础知识》和《证券投资顾问业务》三个科目有效合格成绩的，证券投资顾问资格考试合格。

7. 改革前有效合格成绩的效用衔接

考生按照改革前的资格考试测试制度报名参加考试测试后，取得的合格成绩，在其有效期内相应转换为改革后的有效合格成绩。

(1) 关于入门资格考试

改革前的资格考试科目由基础科目和专业科目组成。基础科目为《证券市场基础知识》，专业科目包括《证券交易》《证券发行与承销》《证券投资分析》和《证券投资基金》。

①通过基础科目《证券市场基础知识》的，入门资格考试合格。

②通过一门及一门以上专业科目的，应通过改革后的《证券市场基本法律法规》或《金融市场基础知识》后，入门资格考试合格。

(2) 关于证券投资咨询资格考试

改革前的证券投资咨询资格考试科目由《证券市场基础知识》和《证券投资分析》组成。

①通过改革前的考试科目《证券市场基础知识》和《证券投资分析》的，认定为证券分析师胜任能力考试合格或证券投资顾问胜任能力考试合格或证券投资咨询业务（其他）资格考试合格。

②仅通过改革前的《证券市场基础知识》的，应通过改革后的《证券投资顾问业务》后，认定为证券投资顾问胜任能力考试合格。

③通过改革前的《证券投资分析》的，应通过改革后的《证券市场基本法律法规》和《金融市场基础知识》后，认定为证券分析师胜任能力考试合格或证券投资顾问胜任能力考试合格或证券投资咨询业务（其他）资格考试合格。

## 二、教材设计

大纲的覆盖面极为广泛，专业性很强，涉及的学科包括金融、经济、风险管理、投资理论，会计等，并且考试中除了对大纲内容考查外，对一般从业资格的内容偶尔会有涉及，但难度不是很大，资格类考试要求“专业资格考试突出考查必备的业务流程、业务标准和业务技能，以应会为主，通过专业资格考试人员应基本胜任业务工作”，尤其是在进行投资顾问服务过程中，很多时候利用的是证券分析人员的报告，所以考试难度肯定比分析人员资格考试的难度低一些，尤其是在计算和模型分析方面。

我们紧跟中国证券业协会2015年12月10日发布的《证券投资顾问胜任能力考试大纲（2015）》编写本教材，知识点概括全面，涵盖大纲又超过大纲（完全涵盖大纲内容，适当增加一些超纲内容来促进考生对知识点的掌握）；紧跟大纲又优于大纲（章节顺序基本跟大纲一致，但为了考生更好地理解，把有些章节进行调换，逻辑上更加便于理解）。

## 三、分值分布

| 章节 | 占比 | 重要考点 |
| --- | --- | --- |
| 第一章　业务监管 | 15% | 暂行办法（资格管理、主要职责、工作规程、法律责任） |
| 第二章　基本理论 | 20% | 生命周期理论、货币时间价值、资本资产定价理论、证券投资理论、有效市场 |
| 第三章　客户分析 | 10% | 信息、财务、风险、目标 |
| 第四章　证券分析 | 25% | 基本分析（宏观经济政策）、技术分析 |
| 第五章　风险管理 | 10% | 信用风险管理、市场、流动性 |
| 第六章　品种选择 | 5% | 产品选择、时机选择、行业轮动 |
| 第七章　投资组合 |  | 股票投资组合、债券投资组合、衍生工具 |
| 第八章　理财规划 | 15% | 现金、消费和债务管理；保险规划、税收规划、人生事件规划、投资规划 |

# 目　录

## 第一部分　业务监管



## 第二部分　专业基础



## 第三部分　专业技能

## 第四部分　专项业务

# 第一部分

## 业务监管

# 第一章

# 证券投资顾问业务监管

## 第一节　资格管理

【大纲要求】

| 内容 | 程度 |
| --- | --- |
| 1. 证券投资顾问的执业资格取得方式 | 掌握 |
| 2. 证券投资顾问的监管、自律管理和机构管理 | 掌握 |
| 3. 证券投资顾问后续执业培训的要求 | 掌握 |

【内容精讲】

### 一、证券投资顾问的执业资格取得方式

中国证券监督管理委员会（以下简称中国证监会或证监会）颁布了《发布证券研究报告暂行规定》和《证券投资顾问业务暂行规定》，明确了证券投资顾问业务和发布证券研究报告是证券投资咨询业务的两种基本形式，进一步规范了证券投资咨询业务。

证券投资顾问业务，是证券投资咨询业务的一种基本形式，指证券公司、证券投资咨询机构接受客户委托，按照约定，向客户提供涉及证券及证券相关产品的投资建议服务，辅助客户作出投资决策，并直接或者间接获取经济利益的经营活动。

目前，《证券业从业人员资格管理办法》《证券业从业人员资格管理实施细

则（试行）》《证券经纪人管理暂行规定》《证券投资顾问业务暂行规定》和《发布证券研究报告暂行规定》构成了证券业从业人员管理的基本制度。《证券投资顾问和证券分析师注册登记程序及要求》对两类人员的注册管理作出了明确规定。

《证券投资顾问业务暂行规定》第七条规定，向客户提供证券投资顾问服务的人员，应当具有证券投资咨询执业资格，并在中国证券业协会注册登记为证券投资顾问。证券投资顾问不得同时注册为证券分析师。

【注】改革前的证券业从业人员资格考试测试制度中，如果通过《证券市场基础知识》和《证券投资分析》两门考试，则可以取得证券投资咨询执业资格，凭此可以选择注册成为证券投资顾问或者证券分析师，但两者不可同时注册。改革后的证券从业人员资格考试制度则对此进行了区分，证券分析师胜任能力考试和证券投资顾问胜任能力考试的考试科目分别对应的是《发布证券研究报告业务》和《证券投资顾问业务》。

【注】2010 年 10 月 12 日，中国证监会同时颁布了《证券投资顾问业务暂行规定》和《发布证券研究报告暂行规定》，明确了证券投资顾问业务和发布证券研究报告是证券投资咨询业务的两种基本形式。这两个规定作为基础性制度规范，为证券投资顾问业务和发布证券研究报告提供了操作性业务规范和制度保障，为处理证券投资咨询领域中存在的若干现实问题提供了法规依据。

证券投资顾问业务和发布证券研究报告既有区别，又有联系。证券投资顾问服务和证券研究报告提供帮助，协助投资者作出投资决策的证券价值分析意见或者证券投资建议，均是证券经营机构服务客户的重要手段。两者具有显著的区别，主要体现在下述四个方面：

（1）立场不同。证券投资顾问基于特定客户的立场，遵循忠实客户利益原则，向客户提供适当的证券投资建议；证券分析师基于独立、客观的立场，对证券及证券相关产品的价值进行研究分析，撰写发布研究报告。

（2）服务方式和内容不同。证券投资顾问在了解客户的基础上，依据合同约定，向特定客户提供适当的、有针对性的操作性投资建议、关注品种选择、组合管理建议以及买卖时机等；证券研究报告操作上向不特定的客户提供证券估值的研究成果，关注证券定价，不关注买卖时机选择等具体的操作性投资建议。

（3）服务对象有所不同。证券投资顾问一般服务于普通投资者，强调针对客户类型、风险偏好等提供适当的服务；证券研究报告一般服务于基金、QFII等能够理解研究报告和有效处理相关信息的专业投资者，强调公平对待证券研究报告接收人。

（4）市场影响有所不同。证券投资顾问服务与特定客户的证券投资及其利益密切相关，但通常不会显著影响证券定价；证券研究报告向多个机构客户同时发布，对证券价格可能会产生较大影响。

同时，证券投资顾问业务和发布证券研究报告两种基本业务形式又有密切联系，在服务流程上，证券研究报告一般是证券投资顾问服务的重要基础，证券投资顾问团队依据证券研究报告以及其他公开证券信息，整合形成有针对性的证券投资顾问建议，再按照协议约定向客户提供。

【真题回顾（201606）】2010 年 10 月 12 日，中国证监会颁布了《发布证券研究报告暂行规定》和《证券投资顾问业务暂行规定》，进一步规范了（　　）业务。

A. 投资顾问　　B. 证券经纪

C. 证券投资咨询　　D. 财务顾问

答案：C

解析：中国证监会颁布了《发布证券研究报告暂行规定》和《证券投资顾问业务暂行规定》，明确了证券投资顾问业务和发布证券研究报告是证券投资咨询业务的两种基本形式，进一步规范了证券投资咨询业务。

1. 执业证书取得方式

申请人通过所在机构向中国证券业协会申请执业资格。具体程序：

（1）由机构资格管理员在执业证书管理系统中为申请人分配登录号；

（2）申请人登录中国证券业协会执业证书管理系统，填写执业证书申请表，连同打印的书面申请表及身份证复印件、学历证明复印件、2 寸彩色证件照一张等材料提交所在机构；

（3）机构资格管理员对执业证书申请表进行初审、复审并确认，书面申请表由机构保管备查，电子申请表提交中国证券业协会；

（4）中国证券业协会对机构提交的执业证书申请表进行审核，必要时可要求机构提交书面申请表及有关证明材料。

对于符合条件的申请，中国证券业协会予以通过，生成电子版执业证书，并在中国证券业协会网站公告。

【真题回顾（201604）】在证券投资顾问执业证书的取得方式中，申请人通过（　　）向中国证券业协会申请执业资格。

A. 所在机构　　B. 中国证监会及其派出机构

C. 中国证监会　　D. 证券公司

答案：A

解析：《证券投资顾问业务暂行规定》要求申请人通过所在机构向中国证券业协会申请执业资格。

2. 申请从事证券投资顾问业务的条件

申请从事证券投资顾问业务应当具备下列条件：

（1）具有中华人民共和国国籍；

（2）具有完全民事行为能力；

（3）取得证券投资顾问执业资格；

（4）被证券公司、投资咨询机构或资信评级机构聘用；

（5）具有大学本科以上学历（教育部认可）；

（6）具有从事证券业务两年以上的经历；

（7）未受过刑事处罚；

（8）未被中国证监会认定为证券市场禁入者，或者已过禁入期的；

（9）品行端正，具有良好的职业道德；

（10）法律、行政法规等规定的其他条件。

## 二、证券投资顾问的监管、自律管理和机构管理

1. 证券投资顾问的监管

中国证监会及其派出机构依法对证券公司、证券投资咨询机构从事证券投资顾问业务实行监督管理。

2. 证券投资顾问的自律管理

中国证券业协会对证券公司、证券投资咨询机构从事证券投资顾问业务实行自律管理，并依据有关法律、行政法规和相关规定，制定相关执业规范和行为准则。

3. 证券投资顾问的机构管理

《证券投资顾问业务暂行规定》中的多条法规对证券公司、证券投资咨询机构从事证券投资顾问业务的管理作出了具体的规范要求：

（1）证券公司、证券投资咨询机构及其人员应当遵循诚实信用原则，勤勉、审慎地为客户提供证券投资顾问服务。

（2）证券公司、证券投资咨询机构及其人员提供证券投资顾问服务，应当忠实客户利益，不得为公司及其关联方的利益损害客户利益；不得为证券投资顾问人员及其利益相关者的利益损害客户利益；不得为特定客户利益损害其他

客户利益。

（3）证券公司、证券投资咨询机构应当制定证券投资顾问人员管理制度，加强对证券投资顾问人员注册登记、岗位职责、执业行为的管理。

（4）证券公司、证券投资咨询机构应当建立健全证券投资顾问业务管理制度、合规管理和风险控制机制，覆盖业务推广、协议签订、服务提供、客户回访、投诉处理等业务环节。

（5）证券公司、证券投资咨询机构从事证券投资顾问业务，应当保证证券投资顾问人员数量、业务能力、合规管理和风险控制与服务方式、业务规模相适应。

（6）证券公司、证券投资咨询机构向客户提供证券投资顾问服务，应当按照公司制定的程序和要求，了解客户的身份、财产与收入状况、证券投资经验、投资需求与风险偏好，评估客户的风险承受能力，并以书面或者电子文件形式予以记载、保存。

（7）证券公司、证券投资咨询机构向客户提供证券投资顾问服务，应当告知客户下列基本信息：

①公司名称、地址、联系方式、投诉电话、证券投资咨询业务资格等；

②证券投资顾问的姓名及其证券投资咨询执业资格编码；

③证券投资顾问服务的内容和方式；

④投资决策由客户作出，投资风险由客户承担；

⑤证券投资顾问不得代客户作出投资决策。

证券公司、证券投资咨询机构应当通过营业场所、中国证券业协会和公司网站，公示第①、第②项信息，方便投资者查询、监督。

（8）证券公司、证券投资咨询机构应当向客户提供风险揭示书，并由客户签收确认。风险揭示书内容与格式要求由中国证券业协会制定。

（9）证券公司、证券投资咨询机构提供证券投资顾问服务，应当与客户签订证券投资顾问服务协议，并对协议实行编号管理。协议应当包括下列内容：

①当事人的权利义务；

②证券投资顾问服务的内容和方式；

③证券投资顾问的职责和禁止行为；

④收费标准和支付方式；

⑤争议或者纠纷解决方式；

⑥终止或者解除协议的条件和方式。

证券投资顾问服务协议应当约定，自签订协议之日起 5 个工作日内，客户可以书面通知方式提出解除协议。证券公司、证券投资咨询机构收到客户解除协议书面通知时，证券投资顾问服务协议解除。

（10）证券公司、证券投资咨询机构应当为证券投资顾问服务提供必要的研究支持。证券公司、证券投资咨询机构的证券研究不足以支持证券投资顾问服务需要的，应当向其他具有证券投资咨询业务资格的证券公司或者证券投资咨询机构购买证券研究报告，提升证券投资顾问服务能力。

（11）证券公司、证券投资咨询机构从事证券投资顾问业务，应当建立客户回访机制，明确客户回访的程序、内容和要求，并指定专门人员独立实施。

（12）证券公司、证券投资咨询机构从事证券投资顾问业务，应当建立客户投诉处理机制，及时、妥善处理客户投诉事项。

（13）证券公司、证券投资咨询机构应当按照公平、合理、自愿的原则，与客户协商并书面约定收取证券投资顾问服务费用的安排，可以按照服务期限、客户资产规模收取服务费用，也可以采用差别佣金等其他方式收取服务费用。证券投资顾问服务费用应当以公司账户收取。禁止证券公司、证券投资咨询机构及其人员以个人名义向客户收取证券投资顾问服务费用。

（14）证券公司、证券投资咨询机构应当规范证券投资顾问业务推广和客户招揽行为，禁止对服务能力和过往业绩进行虚假、不实、误导性的营销宣传，禁止以任何方式承诺或者保证投资收益。

（15）证券公司、证券投资咨询机构通过广播、电视、网络、报刊等公众媒体对证券投资顾问业务进行广告宣传，应当遵守《广告法》和证券信息传播的有关规定，广告宣传内容不得存在虚假、不实、误导性信息以及其他违法违规情形。证券公司、证券投资咨询机构应当提前 5 个工作日将广告宣传方案和时间安排向公司住所地证监局、媒体所在地证监局报备。

（16）证券公司、证券投资咨询机构通过举办讲座、报告会、分析会等形式，进行证券投资顾问业务推广和客户招揽的，应当提前 5 个工作日向举办地证监局报备。

（17）证券公司、证券投资咨询机构应当对证券投资顾问业务推广、协议签订、服务提供、客户回访、投诉处理等环节实行留痕管理。向客户提供投资建议的时间、内容、方式和依据等信息，应当以书面或者电子文件形式予以记录留存。

证券投资顾问业务档案的保存期限自协议终止之日起不得少于 5 年。

（18）证券公司、证券投资咨询机构应当加强人员培训，提升证券投资顾问的职业操守、合规意识和专业服务能力。

（19）证券公司、证券投资咨询机构以合作方式向客户提供证券投资顾问服务，应当对服务方式、报酬支付、投诉处理等作出约定，明确当事人的权利和义务。

（20）证券公司、证券投资咨询机构及其人员从事证券投资顾问业务，违反法律、行政法规和《证券投资顾问业务暂行规定》的，中国证监会及其派出机构可以采取责令改正、监管谈话、出具警示函、责令增加内部合规检查次数并提交合规检查报告、责令清理违规业务、责令暂停新增客户、责令处分有关人员等监管措施；情节严重的，中国证监会依照法律、行政法规和有关规定作出行政处罚；涉嫌犯罪的，依法移送司法机关。

（21）证券公司从事证券经纪业务，附带向客户提供证券及证券相关产品投资建议服务，不就该项服务与客户单独作出协议约定、单独收取证券投资顾问服务费用的，其投资建议服务行为参照执行《证券投资顾问业务暂行规定》的有关要求。

【真题回顾（201703、201609）】（　　）向客户提供证券投资顾问业务，应当按照公司制定的程序和要求了解客户的情况，评估客户的风险承受能力。

A. 中国证监会　　B. 中国证券业协会

C. 证券公司、证券投资咨询机构　　D. 证券投资顾问

答案：C

解析：根据《证券投资顾问业务暂行规定》第十一条，证券公司、证券投资咨询机构向客户提供证券投资顾问服务，应当按照公司制定的程序和要求，了解客户的身份、财产与收入状况、证券投资经验、投资需求与风险偏好，评估客户的风险承受能力，并以书面或者电子文件形式予以记载、保存。

【真题回顾（201606、201609）】对证券公司、证券投资咨询机构从事证券投资顾问业务实行自律管理，并依据有关法律、行政法规和相关规定，制定相关执业规范和行为准则的是（　　）。

A. 中国证券业协会　　B. 中国证监会

C. 证监会派出机构　　D. 中国银监会

答案：A

解析：根据《证券投资顾问业务暂行规定》第六条，中国证券业协会对证券公司、证券投资咨询机构从事证券投资顾问业务实行自律管理，并依据有关法律、行政法规和《证券投资顾问业务暂行规定》，制定相关执业规范和行为准则。

【真题回顾（201703、201604）】根据《证券投资顾问业务暂行规定》，证

券公司、证券投资咨询机构及其人员应当遵循（　　）原则，勤勉、审慎地为客户提供证券投资顾问服务。

A. 公平　　B. 诚实信用　　C. 公正　　D. 谨慎

答案：B

解析：根据《证券投资顾问业务暂行规定》第四条，证券公司、证券投资咨询机构及其人员应当遵循诚实信用原则，勤勉、审慎地为客户提供证券投资顾问服务。

【真题回顾（201606）】证券公司、证券投资咨询机构向客户提供证券投资顾问服务，应当按照公司制定的程序和要求，了解客户的（　　）。

A. 身份　　B. 财产与收入状况　　C. 投资需求　　D. 风险偏好

答案：ABCD

解析：根据《证券投资顾问业务暂行规定》第十一条，证券公司、证券投资咨询机构向客户提供证券投资顾问服务，应当按照公司制定的程序和要求，了解客户的身份、财产与收入状况、证券投资经验、投资需求与风险偏好，评估客户的风险承受能力，并以书面或者电子文件形式予以记载、保存。

【真题回顾（201604、201610）】证券公司、证券投资咨询机构提供证券投资顾问服务，应当与客户签订证券投资顾问服务协议，协议内容应包括(　　)。

A. 当事人的权利义务　　B. 服务的内容和方式

C. 收费标准和支付方式　　D. 纠纷解决方式

E. 解除协议的方式

答案：ABCDE

解析：证券公司、证券投资咨询机构提供证券投资顾问服务，应当与客户签订证券投资顾问服务协议，并对协议实行编号管理。协议应当包括下列内容：①当事人的权利义务；②证券投资顾问服务的内容和方式；③证券投资顾问的职责和禁止行为；④收费标准和支付方式；⑤争议或者纠纷解决方式；⑥终止或者解除协议的条件和方式。

【真题回顾（201705、201606）】证券公司可以按照下列（　　）方式收取服务费用。

A. 服务期限　　B. 客户资产规模　　C. 投资业绩　　D. 差别佣金

答案：ABD

解析：根据《证券投资顾问业务暂行规定》第二十三条，证券公司、证券投资咨询机构应当按照公平、合理、自愿的原则，与客户协商并书面约定收取证券投资顾问服务费用的安排，可以按照服务期限、客户资产规模收取服务费用，也可以采用差别佣金等其他方式收取服务费用。

## 三、证券投资顾问后续执业培训的要求

《证券投资顾问业务暂行规定》第二十九条规定，证券公司、证券投资咨询机构应当加强人员培训，提升证券投资顾问的职业操守、合规意识和专业服务能力。

1. 证券从业人员后续培训时间要求

《证券业从业人员后续职业培训大纲（2014）》规定，从业人员每年应当参加不少于 15 学时的后续职业培训，其中必修不少于 10 学时，选修不少于 5 学时。

必修部分，包括法律法规和执业行为规范两部分，中国证券业协会将根据大纲的要求及证券市场新发布的相关法律法规及时组织面授培训和发布远程培训课件。

选修部分，包括新产品、新业务、理论与技术前沿三部分，其培训主要由各会员公司自行组织，也可参加由中国证券业协会及地方协会组织的相关内容培训。

2. 证券从业人员后续职业培训组织实施方式

后续职业培训组织实施方式主要在《关于组织实施证券业从业人员后续职业培训的几点意见》中做了规定：

（1）证券公司高级管理人员、保荐代表人及其他中国证监会认定的证券经营机构的人员，由中国证券业协会组织后续职业培训；

（2）证券公司的执业人员［除第（1）款规定的人员］，由证券公司、地方证券业协会组织后续职业培训；

（3）证券投资基金管理公司、商业银行基金托管部、资产管理公司的证券执业人员［除第（1）款规定的人员］，由本单位组织后续职业培训，也可委托所在地的地方证券业协会组织后续职业培训；

（4）其他机构（投资咨询公司等）证券执业人员的后续职业培训，参照证券公司营业部的组织方式；

（5）中国证券业协会可根据具体情况，对培训组织方式进行调整。

【真题回顾（201703）】《证券业从业人员后续职业培训大纲（2014）》要求从业人员每年应当参加不少于（　　）学时的后续职业培训。

A. 5　　B. 10　　C. 15　　D. 20

答案：C

【真题回顾（201611）】证券公司、证券投资咨询机构应当加强人员培训，提升证券投资顾问的（　　）。

A. 职业操守　　B. 合规意识

C. 专业服务能力　　D. 个人修养

答案：ABC

解析：《证券投资顾问业务暂行规定》第二十九条规定，证券公司、证券投资咨询机构应当加强人员培训，提升证券投资顾问的职业操守、合规意识和专业服务能力。

## 第二节　主要职责

【大纲要求】

| 内容 | 程度 |
| --- | --- |
| 1. 证券公司、证券投资咨询机构及证券投资顾问提供品种选择投资建议服务的职责 | 熟悉 |
| 2. 证券公司、证券投资咨询机构及证券投资顾问提供投资组合投资建议服务的职责 | 熟悉 |
| 3. 证券公司、证券投资咨询机构及证券投资顾问提供理财规划投资建议服务的职责 | 熟悉 |

【内容精讲】

证券投资顾问向客户提供的投资建议内容包括投资的品种选择、投资组合以及理财规划建议等。《证券投资顾问业务暂行规定》通过多个法条对证券公司、证券投资咨询机构及证券投资顾问的职责做了规定：

（1）证券投资顾问应当根据了解的客户情况，在评估客户风险承受能力和服务需求的基础上，向客户提供适当的投资建议服务。

（2）证券投资顾问向客户提供投资建议，应当具有合理的依据。投资建议的依据包括证券研究报告或者基于证券研究报告、理论模型以及分析方法形成的投资分析意见等。

（3）证券投资顾问依据本公司或者其他证券公司、证券投资咨询机构的证券研究报告作出投资建议的，应当向客户说明证券研究报告的发布人、发布日期。

（4）证券投资顾问向客户提供投资建议，应当提示潜在的投资风险，禁止以任何方式向客户承诺或者保证投资收益。鼓励证券投资顾问向客户说明与其投资建议不一致的观点，作为辅助客户评估投资风险的参考。

（5）证券投资顾问向客户提供投资建议，知悉客户作出具体投资决策计划的，不得向他人泄露该客户的投资决策计划信息。

（6）证券公司、证券投资咨询机构应当按照公平、合理、自愿的原则，与客户协商并书面约定收取证券投资顾问服务费用的安排，可以按照服务期限、客户资产规模收取服务费用，也可以采用差别佣金等其他方式收取服务费用。证券投资顾问服务费用应当以公司账户收取。禁止证券公司、证券投资咨询机构及其人员以个人名义向客户收取证券投资顾问服务费用。

（7）以软件工具、终端设备等为载体，向客户提供投资建议或者类似功能服务的，应当执行本规定。

（8）证券投资顾问不得通过广播、电视、网络、报刊等公众媒体，作出买入、卖出或者持有具体证券的投资建议。

（9）证券公司从事证券经纪业务，附带向客户提供证券及证券相关产品投资建议服务，不就该项服务与客户单独作出协议约定、单独收取证券投资顾问服务费用的，其投资建议服务行为参照执行本规定的有关要求。

【真题回顾（201610）】证券投资顾问向客户提供建议，应当（　　），禁止以任何方式向客户承诺或者保证投资收益。

A. 提供投资顾问的服务能力和过往业绩

B. 提示具体买卖时点

C. 不基于证券研究报告

D. 提示潜在的投资风险

答案：D

解析：机构应当规范证券投资顾问业务推广和客户招揽行为，禁止对服务能力和过往业绩进行虚假、不实、误导性的营销宣传，禁止以任何方式承诺或者保证投资收益。

证券投资顾问向客户提供的投资建议内容包括投资品种的选择、投资组合以及理财规划建议等，证券投资顾问的主要职责包括：证券投资顾问应当向客户提示潜在的投资风险，禁止以任何方式向客户承诺或者保证投资者收益。

# 第三节　工作规程

【大纲要求】

| 内容 | 程度 |
|---|---|
| 1. 证券投资顾问业务管理制度 | 熟悉 |
| 2. 证券投资顾问业务合规管理和风险控制机制 | 熟悉 |
| 3. 证券投资顾问业务推广、协议签订、服务提供、客户回访和投诉处理等业务环节 | 熟悉 |
| 4. 证券投资顾问业务的原则 | 掌握 |
| 5. 证券投资顾问业务的要求 | 熟悉 |
| 6. 证券投资顾问业务的流程 | 熟悉 |
| 7. 证券投资顾问业务风险揭示书的要求 | 熟悉 |
| 8. 证券投资顾问服务协议的要求 | 熟悉 |
| 9. 证券投资顾问向客户提供投资建议的相关依据 | 熟悉 |
| 10. 证券投资顾问业务投资者适当性管理的要求 | 熟悉 |
| 11. 证券投资顾问业务客户回访机制 | 熟悉 |
| 12. 证券投资顾问业务客户投诉处理机制 | 熟悉 |
| 13. 对证券投资顾问业务各环节留痕管理的要求 | 掌握 |
| 14. 证券投资顾问的禁止性行为的要求 | 掌握 |
| 15. 证券投资顾问应具备的职业操守 | 掌握 |
| 16. 证券投资顾问人员管理制度 | 熟悉 |
| 17. 证券投资顾问按照证券信息传播的有关规定通过公众媒体开展业务的要求 | 熟悉 |

【内容精讲】

## 一、证券投资顾问业务管理制度

《证券法》明确规定了证券公司和经国务院证券监督管理机构批准从事证券服务业务的投资咨询机构可以从事证券投资咨询业务。

《证券投资顾问业务暂行规定》第七条规定，向客户提供证券投资顾问服务的人员，应当具有证券投资咨询执业资格，并在中国证券业协会注册登记为证券投资顾问。证券投资顾问不得同时注册为证券分析师。

【真题回顾（201705）】下列对提供证券投资顾问服务的人员的要求，正确的有（　　）。

A. 证券投资顾问可以同时注册为证券分析师

B. 应当具有证券投资咨询执业资格

C. 须在中国证券业协会注册登记为证券投资顾问

D. 证券投资顾问不能同时注册为证券分析师

答案：BCD

解析：根据《证券投资顾问业务暂行规定》第七条，向客户提供证券投资顾问服务的人员，应当具有证券投资咨询执业资格，并在中国证券业协会注册登记为证券投资顾问。证券投资顾问不得同时注册为证券分析师。

## 二、证券投资顾问业务合规管理和风险控制机制

《证券投资顾问业务暂行规定》第九条规定，证券公司、证券投资咨询机构应当建立健全证券投资顾问业务管理制度、合规管理和风险控制机制，覆盖业务推广、协议签订、服务提供、客户回访、投诉处理等业务环节。

1. 合规管理

经营活动合乎法律、规则和准则等规定，叫做合规。合规风险是指因没有遵循法律、规则和准则可能遭受法律制裁、监管处罚、重大财务损失和声誉损失的风险。

证券投资顾问业务的合规性除了满足《公司法》《证券法》等法律外，还需满足《证券投资顾问业务暂行规定》等行政法规，以及部门规章、协会通知等各种规定。所以合规工作要紧跟监管动态，随时根据上级文件规范本单位的各种运营经营活动合法合规。

2. 风险控制机制

《证券投资顾问业务暂行规定》第十条规定，证券公司、证券投资咨询机构从事证券投资顾问业务，应当保证证券投资顾问人员数量、业务能力、合规管理和风险控制与服务方式、业务规模相适应。

证券投资顾问业务的风险控制机制和合规管理相辅相成，控制机制内容繁杂，这里我们只列出如下内容：

（1）根据投资顾问建议的不同，分别制定审核流程；

（2）定期进行风险评估、投资顾问绩效评估，检查服务流程的有效性和合规性；

（3）证券投资顾问对服务客户的资产组合进行账户跟踪服务，结合客户的风险承受能力，对客户作出风险提示等。

【真题回顾（201606）】证券公司、证券投资咨询机构从事证券投资顾问业务，应当保证证券投资顾问（　　）与服务方式、业务规模相适应。

A. 人员数量　B. 业务能力　C. 合规管理　D. 风险控制

答案：ABCD

解析：根据《证券投资顾问业务暂行规定》第十条，证券公司、证券投资咨询机构从事证券投资顾问业务，应当保证证券投资顾问人员数量、业务能力、合规管理和风险控制与服务方式、业务规模相适应。

## 三、证券投资顾问业务推广、协议签订、服务提供、客户回访和投诉处理等业务环节

1. 业务推广

《证券投资顾问业务暂行规定》对证券公司、证券投资咨询机构的业务推广通过多条法规做了详细规定：

（1）证券公司、证券投资咨询机构应当规范证券投资顾问业务推广和客户招揽行为，禁止对服务能力和过往业绩进行虚假、不实、误导性的营销宣传，禁止以任何方式承诺或者保证投资收益。

（2）证券公司、证券投资咨询机构通过广播、电视、网络、报刊等公众媒体对证券投资顾问业务进行广告宣传，应当遵守《广告法》和证券信息传播的有关规定，广告宣传内容不得存在虚假、不实、误导性信息以及其他违法违规情形。证券公司、证券投资咨询机构应当提前5个工作日将广告宣传方案和时间安排向公司住所地证监局、媒体所在地证监局报备。

（3）证券公司、证券投资咨询机构通过举办讲座、报告会、分析会等形式，进行证券投资顾问业务推广和客户招揽的，应当提前5个工作日向举办地证监局报备。

2. 协议签订

《证券投资顾问业务暂行规定》第十四条规定，证券公司、证券投资咨询机构提供证券投资顾问服务，应当与客户签订证券投资顾问服务协议，并对协议实行编号管理。协议应当包括下列内容：

（1）当事人的权利义务；

（2）证券投资顾问服务的内容和方式；

（3）证券投资顾问的职责和禁止行为；

（4）收费标准和支付方式；

（5）争议或者纠纷解决方式；

（6）终止或者解除协议的条件和方式。

证券投资顾问服务协议应当约定，自签订协议之日起 5 个工作日内，客户可以书面通知方式提出解除协议。证券公司、证券投资咨询机构收到客户解除协议书面通知时，证券投资顾问服务协议解除。

3. 服务提供

《证券投资顾问业务暂行规定》第十七条规定，证券公司、证券投资咨询机构应当为证券投资顾问服务提供必要的研究支持。证券公司、证券投资咨询机构的证券研究不足以支持证券投资顾问服务需要的，应当向其他具有证券投资咨询业务资格的证券公司或者证券投资咨询机构购买证券研究报告，提升证券投资顾问服务能力。

4. 客户回访和投诉处理

《证券投资顾问业务暂行规定》通过多条法规对客户回访和投诉处理做了相关规定：

（1）证券公司、证券投资咨询机构应当建立健全证券投资顾问业务管理制度、合规管理和风险控制机制，覆盖业务推广、协议签订、服务提供、客户回访、投诉处理等业务环节。

（2）证券公司、证券投资咨询机构向客户提供证券投资顾问服务，应当告知客户下列基本信息：

①公司名称、地址、联系方式、投诉电话、证券投资咨询业务资格等；

②证券投资顾问的姓名及其证券投资咨询执业资格编码；

③证券投资顾问服务的内容和方式；

④投资决策由客户作出，投资风险由客户承担；

⑤证券投资顾问不得代客户作出投资决策。

证券公司、证券投资咨询机构应当通过营业场所、中国证券业协会和公司网站，公示第①、第②项信息，方便投资者查询、监督。

（3）证券公司、证券投资咨询机构从事证券投资顾问业务，应当建立客户回访机制，明确客户回访的程序、内容和要求，并指定专门人员独立实施。

（4）证券公司、证券投资咨询机构从事证券投资顾问业务，应当建立客户投诉处理机制，及时、妥善处理客户投诉事项。

（5）证券公司、证券投资咨询机构应当对证券投资顾问业务推广、协议签订、服务提供、客户回访、投诉处理等环节实行留痕管理。向客户提供投资建议的时间、内容、方式和依据等信息，应当以书面或者电子文件形式予以记录留存。

（6）证券公司、证券投资咨询机构以合作方式向客户提供证券投资顾问服务，应当对服务方式、报酬支付、投诉处理等作出约定，明确当事人的权利和义务。

【注】证券公司应当统一组织回访客户，对新开户客户应当在 1 个月内完成回访，对原有客户的回访比例不低于上年末客户总数的 10%。客户回访应当留痕，相关资料应当保存不少于 3 年。

【真题回顾（201610）】证券公司、证券投资咨询机构通过广播、电视、网络、报刊等公众媒体对证券投资顾问业务进行广告宣传，应当遵守（　　）和证券信息传播的有关规定，广告宣传内容不得存在虚假、不实、误导性信息及其他违法违规的情形。

A.《证券法》

B.《广告法》

C.《证券、期货投资咨询管理暂行办法》

D.《证券投资顾问业务暂行规定》

答案：B

解析：根据《证券投资顾问业务暂行规定》第二十五条，证券公司、证券投资咨询机构通过广播、电视、网络、报刊等公众媒体对证券投资顾问业务进行广告宣传，应当遵守《广告法》和证券信息传播的有关规定，广告宣传内容不得存在虚假、不实、误导性信息以及其他违法违规情形。

【真题回顾（201703、201606）】证券投资顾问禁止对服务能力和过往业绩进行（　　）的营销宣传。

A. 虚假　　B. 不实　　C. 误导性　　D. 审慎性

答案：ABC

解析：根据《证券投资顾问业务暂行规定》第二十四条，证券公司、证券投资咨询机构应当规范证券投资顾问业务推广和客户招揽行为，禁止对服务能力和过往业绩进行虚假、不实、误导性的营销宣传，禁止以任何方式承诺或者保证投资收益。

【真题回顾（201705、201604）】证券公司、证券投资咨询机构通过举办（　　）等形式，进行证券投资顾问业务推广和客户招揽的，应当提前 5 个工作日向举办地证监局报备。

A. 讲座　B. 报告会　C. 分析会　D. 网上推介会

答案：ABC

解析：根据《证券投资顾问业务暂行规定》第二十六条，证券公司、证券投资咨询机构通过举办讲座、报告会、分析会等形式，进行证券投资顾问业务推广和客户招揽的，应当提前5个工作日向举办地证监局报备。

## 四、证券投资顾问业务的原则

证券投资顾问业务的基本原则是依法合规、诚实守信、公平维护客户利益。具体阐述见《证券投资顾问业务暂行规定》第三、第四和第五条。

**第三条**　证券公司、证券投资咨询机构从事证券投资顾问业务，应当遵守法律、行政法规和本规定，加强合规管理，健全内部控制，防范利益冲突，切实维护客户合法权益。

**第四条**　证券公司、证券投资咨询机构及其人员应当遵循诚实信用原则，勤勉、审慎地为客户提供证券投资顾问服务。

**第五条**　证券公司、证券投资咨询机构及其人员提供证券投资顾问服务，应当忠实客户利益，不得为公司及其关联方的利益损害客户利益；不得为证券投资顾问人员及其利益相关者的利益损害客户利益；不得为特定客户利益损害其他客户利益。

【真题回顾（201611）】证券公司、证券投资咨询机构及其人员提供证券投资顾问服务，应当忠实（　　）利益。

A. 客户　B. 投资顾问个人　C. 公司　D. 公司股东

答案：A

解析：《证券投资顾问业务暂行规定》第五条规定，证券公司、证券投资咨询机构及其人员提供证券投资顾问服务，应当忠实客户利益，不得为公司及其关联方的利益损害客户利益；不得为证券投资顾问人员及其利益相关者的利益损害客户利益；不得为特定客户利益损害其他客户利益。

## 五、证券投资顾问业务的要求

1. 执业资格

《证券投资顾问业务暂行规定》第七条规定，向客户提供证券投资顾问服务的人员，应当具有证券投资咨询执业资格，并在中国证券业协会注册登记为证券投资顾问。证券投资顾问不得同时注册为证券分析师。

2. 管理制度建设

《证券投资顾问业务暂行规定》中与证券投资顾问业务管理制度建设相关的法条为：

**第八条** 证券公司、证券投资咨询机构应当制定证券投资顾问人员管理制度，加强对证券投资顾问人员注册登记、岗位职责、执业行为的管理。

**第九条** 证券公司、证券投资咨询机构应当建立健全证券投资顾问业务管理制度、合规管理和风险控制机制，覆盖业务推广、协议签订、服务提供、客户回访、投诉处理等业务环节。

**第十条** 证券公司、证券投资咨询机构从事证券投资顾问业务，应当保证证券投资顾问人员数量、业务能力、合规管理和风险控制与服务方式、业务规模相适应。

3. 投资顾问业务的适当性管理

《证券投资顾问业务暂行规定》中的相关法条为：

**第十一条** 证券公司、证券投资咨询机构向客户提供证券投资顾问服务，应当按照公司制定的程序和要求，了解客户的身份、财产与收入状况、证券投资经验、投资需求与风险偏好，评估客户的风险承受能力，并以书面或者电子文件形式予以记载、保存。

**第十五条** 证券投资顾问应当根据了解的客户情况，在评估客户风险承受能力和服务需求的基础上，向客户提供适当的投资建议服务。

4. 对客户的告知义务

《证券投资顾问业务暂行规定》第十二条规定，证券公司、证券投资咨询机构向客户提供证券投资顾问服务，应当告知客户下列基本信息：

（1）公司名称、地址、联系方式、投诉电话、证券投资咨询业务资格等；

（2）证券投资顾问的姓名及其证券投资咨询执业资格编码；

（3）证券投资顾问服务的内容和方式；

（4）投资决策由客户作出，投资风险由客户承担；

（5）证券投资顾问不得代客户作出投资决策。

证券公司、证券投资咨询机构应当通过营业场所、中国证券业协会和公司网站，公示第（1）、第（2）项信息，方便投资者查询、监督。

5. 风险揭示

《证券投资顾问业务暂行规定》第十三条规定，证券公司、证券投资咨询机构应当向客户提供风险揭示书，并由客户签收确认。风险揭示书内容与格式要求由中国证券业协会制定。

6. 证券投资顾问服务协议

《证券投资顾问业务暂行规定》第十四条规定，证券公司、证券投资咨询机构提供证券投资顾问服务，应当与客户签订证券投资顾问服务协议，并对协议实行编号管理。

【真题回顾（201703、201604）】证券公司、证券投资咨询机构从事证券投资顾问业务，应当保证证券投资顾问（　　）与服务方式、业务规模相适应。

A. 人员数量　　B. 业务能力　　C. 合规管理　　D. 风险控制

答案：ABCD

解析：根据《证券投资顾问业务暂行规定》第十条，证券公司、证券投资咨询机构从事证券投资顾问业务，应当保证证券投资顾问人员数量、业务能力、合规管理和风险控制与服务方式、业务规模相适应。

## 六、证券投资顾问业务的流程

1. 服务模式的选择和设计

根据客户的需求和特征，选择和设计个性化或者标准化的顾问服务模式。

2. 客户签约

了解客户情况，评估客户的风险承受能力，为客户选择适当的投资顾问服务或产品，告知客户服务内容、方式、收费以及风险情况，由客户自主选择是否签约。

目前，投资顾问服务协议体现为多种形式，如客户提交书面“服务申请表”开通服务、客户在网上交易平台申请开通服务、与公司总部签订投资顾问服务协议等。

3. 形成服务产品

公司总部或者证券营业部的投资顾问团队根据证券研究报告以及其他公开证券信息，分析证券投资品种、理财产品的风险特征，形成具体的投资建议或者标准化顾问服务产品，提供给直接面对客户的投资顾问服务人员。

4. 服务提供

投资顾问服务人员通过面对面交流、电话、短信、电子邮件等方式向客户提供投资建议服务。证券公司通过适当的技术手段，记录、监督投资顾问服务人员与客户的沟通过程，实现过程留痕。

【模拟练习】证券投资顾问可以根据客户的需求和特征，选择和设计

(　　)的顾问服务模式。

A. 个性化　　　　　　　　　　　　B. 标准化

C. 个性化或者标准化　　　　　　　D. 个性化和标准化

答案：C

解析：根据客户的需求和特征，选择和设计个性化或者标准化的顾问服务模式。

## 七、证券投资顾问业务风险揭示书的要求

《证券投资顾问业务暂行规定》第十三条规定，证券公司、证券投资咨询机构应当向客户提供风险揭示书，并由客户签收确认。风险揭示书内容与格式要求由中国证券业协会制定。

根据《证券投资顾问业务风险揭示书必备条款》中更为详细的规定，“证券投资顾问业务风险揭示书”至少应包含下列内容：

(1) 提示投资者在接受证券投资顾问服务前，必须了解提供服务的证券公司、证券投资咨询机构是否具备证券投资咨询业务资格，其提供服务的人员是否具备证券投资咨询执业资格并已经注册登记为证券投资顾问。

(2) 提示投资者在接受证券投资顾问服务前，必须了解证券投资顾问业务的含义，理解投资者接受证券投资顾问服务后需自主作出投资决策并独立承担投资风险。

(3) 提示投资者在接受证券投资顾问服务前，必须了解证券公司、证券投资咨询机构及其人员提供的证券投资顾问服务不能确保投资者获得盈利或本金不受损失。

(4) 提示投资者在接受证券投资顾问服务前，必须了解证券公司、证券投资咨询机构及其人员提供的投资建议具有针对性和时效性，不能在任何市场环境下长期有效。

(5) 提示投资者在接受证券投资顾问服务前，必须了解作为投资建议依据的证券研究报告和投资分析意见等，可能存在不准确、不全面或者被误读的风险，投资者可以向证券投资顾问了解证券研究报告的发布人和发布时间以及投资分析意见的来源，以便在进行投资决策时作出理性判断。

(6) 提示投资者在接受证券投资顾问服务前，必须了解所在的证券公司、证券投资咨询机构证券投资顾问服务的收费标准和方式，按照公平、合理、自愿的原则与证券公司、证券投资咨询机构协商并书面约定收取证券投资顾问服

务费用的安排。证券投资顾问服务收费应向公司账户支付，不得向证券投资顾问人员或其他个人账户支付。

（7）提示投资者在接受证券投资顾问服务前，必须了解证券公司、证券投资咨询机构及其人员可能存在道德风险。如投资者发现投资顾问存在违法违规行为或利益冲突情形，如泄露客户投资决策计划、传播虚假信息、进行关联交易等，投资者可以向证券公司、证券投资咨询机构投诉或向有关部门举报。

（8）提示投资者在接受证券投资顾问服务前，必须了解证券公司、证券投资咨询机构存在因停业、解散、撤销、破产，或者被中国证监会撤销相关业务许可、责令停业整顿等原因导致不能履行职责的风险。

（9）提示投资者在接受证券投资顾问服务前，必须了解证券公司、证券投资咨询机构的投资顾问人员存在因离职、离岗等原因导致更换投资顾问服务人员并影响服务连续性的风险。

（10）提示投资者在接受证券投资顾问服务前，应向证券公司、证券投资咨询机构说明自身资产与收入状况、投资经验、投资需求和风险偏好等情况并接受评估，以便于证券公司根据投资者的风险承受能力和服务需求，向投资者提供适当的证券投资顾问服务。

（11）提示投资者在接受证券投资顾问服务前，应向证券公司、证券投资咨询机构提供有效的联系方式和服务获取方式，如有变动须及时向所在的证券公司、证券投资咨询机构进行说明。如因投资者自身原因或不可抗力因素导致投资者未能及时获取证券投资顾问服务，责任将由投资者自行承担。

（12）提示投资者在接受证券投资顾问服务时，应保管好自己的证券账户、资金账户和相应的密码，不要委托证券投资顾问人员管理自己的证券账户、资金账户，代理买卖证券；否则由此导致的风险将由投资者自行承担。

（13）证券公司、证券投资咨询机构以软件工具、终端设备等为载体，向客户提供投资建议或者类似功能服务的，应提示投资者在接受该软件工具、终端设备等前，必须仔细阅读相关说明书，了解其实际功能、信息来源、固有缺陷和使用风险。由于投资者自身原因导致该软件工具、终端设备等使用不当或受到病毒入侵、黑客攻击等不良影响的，由此导致的风险将由投资者自行承担。如表示该软件工具、终端设备具有选择证券投资品种或者提示买卖时机功能的，应提示投资者了解其方法和局限。

（14）风险揭示书还应以醒目文字载明以下内容：

①本风险揭示书的揭示事项仅为列举性质，未能详尽列明投资者接受证券投资顾问服务所面临的全部风险和可能导致投资者投资损失的所有因素；

②投资者在接受证券投资顾问服务前，应认真阅读并理解相关业务规则、证券投资顾问服务协议及本风险揭示书的全部内容；

③接受证券投资顾问服务的投资者，自行承担投资风险，证券公司、证券投资咨询机构不以任何方式向投资者作出不受损失或者取得最低收益的承诺；

④特别提示：投资者应签署本风险揭示书，表明投资者已经理解并愿意自行承担接受证券投资顾问服务的风险和损失。

【真题回顾（201611）】证券公司、证券投资咨询机构应当向客户提供风险揭示书，并由客户签收确认。风险揭示书内容与格式要求由（　　）制定。

A. 中国证监会　　B. 交易所

C. 公司　　D. 中国证券业协会

答案：D

解析：根据《证券投资顾问业务暂行规定》第十三条，证券公司、证券投资咨询机构应当向客户提供风险揭示书，并由客户签收确认。风险揭示书内容与格式要求由中国证券业协会制定。

【真题回顾（201610）】证券投资顾问应提示投资者在接受证券投资顾问服务前，必须了解证券公司、证券投资咨询机构及其人员提供的投资建议具有（　　），不能在任何市场环境下长期有效。

A. 针对性　　B. 时效性　　C. 广泛性　　D. 持续性

答案：AB

解析：根据中国证券业协会制定的《证券投资顾问业务风险揭示书必备条款》，“证券投资顾问业务风险揭示书”应包含的内容有：提示投资者在接受证券投资顾问服务前，必须了解证券公司、证券投资咨询机构及其人员提供的投资建议具有针对性和时效性，不能在任何市场环境下长期有效。

## 八、证券投资顾问服务协议的要求

《证券投资顾问业务暂行规定》第十四条规定，证券公司、证券投资咨询机构提供证券投资顾问服务，应当与客户签订证券投资顾问服务协议，并对协议实行编号管理。协议应当包括下列内容：

（1）当事人的权利义务；

（2）证券投资顾问服务的内容和方式；

（3）证券投资顾问的职责和禁止行为；

（4）收费标准和支付方式；

（5）争议或者纠纷解决方式；

（6）终止或者解除协议的条件和方式。

证券投资顾问服务协议应当约定，自签订协议之日起5个工作日内，客户可以书面通知方式提出解除协议。证券公司、证券投资咨询机构收到客户解除协议书面通知时，证券投资顾问服务协议解除。

【模拟练习】证券投资顾问服务协议应当约定，自签订协议之日起5个工作日内，客户可以用（ ）方式提出解除协议。

A. 口头 B. 书面 C. 口头或书面 D. 口头和书面

答案：B

解析：根据《证券投资顾问业务暂行规定》第十四条，证券投资顾问服务协议应当约定，自签订协议之日起5个工作日内，客户可以书面通知方式提出解除协议。证券公司、证券投资咨询机构收到客户解除协议书面通知时，证券投资顾问服务协议解除。

### 九、证券投资顾问向客户提供投资建议的依据

《证券投资顾问业务暂行规定》第十六条规定，证券投资顾问向客户提供投资建议，应当具有合理的依据。投资建议的依据包括证券研究报告或者基于证券研究报告、理论模型以及分析方法形成的投资分析意见等。另外，第二十条规定，证券投资顾问向客户提供投资建议，知悉客户作出具体投资决策计划的，不得向他人泄露该客户的投资决策计划信息。

（1）任何机构或个人就证券市场、证券品种的走势，投资证券的可行性以口头、书面、电脑网络或者中国证监会认定的其他形式向公众提供分析、预测或建议，必须先行取得中国证监会授予的证券投资咨询业务资格证书。

（2）证券投资咨询机构及其执业人员从事证券投资咨询活动必须客观公正、诚实信用，不得以虚假信息、内幕信息或者市场传言为依据向客户或投资者提供分析、预测或建议；预测证券市场、证券品种的走势或者就投资证券的可行性进行建议时需有充分的理由和依据，不得主观臆断；证券投资分析报告、投资分析文章等形式的咨询服务产品不得有不负责任的煽动性语言。

（3）证券投资咨询机构或其执业人员在预测证券品种的走势或对投资证券的可行性提出建议时，应明确表示在自己所知情的范围内本机构、本人以及财产上的利害关系人与所评价或推荐的证券是否有利害关系。

## 十、证券投资顾问业务投资者适当性管理的要求

《证券投资顾问业务暂行规定》第十五条规定，证券投资顾问应当根据了解的客户情况，在评估客户风险承受能力和服务需求的基础上，向客户提供适当的投资建议服务。

## 十一、证券投资顾问业务客户回访机制

《证券投资顾问业务暂行规定》第二十一条规定，证券公司、证券投资咨询机构从事证券投资顾问业务，应当建立客户回访机制，明确客户回访的程序、内容和要求，并指定专门人员独立实施。

证券公司应当统一组织回访客户，对新开户客户应当在 1 个月内完成回访，对原有客户的回访比例应当不低于上年末客户总数的 10%，回访内容应当包括但不限于客户身份核实、客户账户变动确认、证券营业部及证券业从业人员是否违规代客户操作账户、是否向客户充分揭示风险、是否存在全权委托行为等情况。客户回访应当留痕，相关资料应当保存不少于 3 年。

【模拟练习】证券公司应当统一组织回访客户，对新开户客户应当在(　　)个月内完成回访，对原有客户的回访比例应当不低于上年末客户总数的(　　)。

A. 2；10%　　B. 1；15%　　C. 2；15%　　D. 1；10%

答案：D

解析：证券公司应当统一组织回访客户，对新开户客户应当在 1 个月内完成回访，对原有客户的回访比例应当不低于上年末客户总数的 10%。客户回访应当留痕，相关资料应当保存不少于 3 年。

## 十二、证券投资顾问业务客户投诉处理机制

《证券投资顾问业务暂行规定》对此做了明确规定：

（1）证券公司、证券投资咨询机构从事证券投资顾问业务，应当建立客户投诉处理机制，及时、妥善处理客户投诉事项。

（2）证券公司、证券投资咨询机构以合作方式向客户提供证券投资顾问服务，应当对服务方式、报酬支付、投诉处理等作出约定，明确当事人的权利和

义务。

另外，证券公司及证券营业部应当在公司网站及营业场所显著位置公示客户投诉电话、传真、电子信箱，保证投诉电话至少在营业时间内有人值守。证券公司及证券营业部应当建立客户投诉书面或者电子档案，保存时间不少于3年。每年4月底前，证券公司和证券营业部应当汇总上一年度证券经纪业务投诉及处理情况，分别报证券公司住所地及证券营业部所在地证监局备案。

【真题回顾（201703、201609）】证券公司及证券营业部应当建立客户投诉书面或者电子档案，保存时间不少于（　　）年。

A. 7　　B. 5　　C. 3　　D. 1

答案：C

解析：证券公司及证券营业部应当在公司网站及营业场所显著位置公示客户投诉电话、传真、电子信箱，保证投诉电话至少在营业时间内有人值守。证券公司及证券营业部应当建立客户投诉书面或者电子档案，保存时间不少于3年。

## 十三、证券投资顾问业务各环节留痕管理的要求

《证券投资顾问业务暂行规定》第二十八条规定，证券公司、证券投资咨询机构应当对证券投资顾问业务推广、协议签订、服务提供、客户回访、投诉处理等环节实行留痕管理。向客户提供投资建议的时间、内容、方式和依据等信息，应当以书面或者电子文件形式予以记录留存。

证券投资顾问业务档案的保存期限自协议终止之日起不得少于5年。

【真题回顾（201604）】证券公司、证券投资咨询机构应当对证券投资顾问（　　）等环节实行留痕管理。

A. 业务推广　　B. 协议签订　　C. 服务提供　　D. 客户回访

E. 投诉处理

答案：ABCDE

解析：根据《证券投资顾问业务暂行规定》第二十八条，证券公司、证券投资咨询机构应当对证券投资顾问业务推广、协议签订、服务提供、客户回访、投诉处理等环节实行留痕管理。向客户提供投资建议的时间、内容、方式和依据等信息，应当以书面或者电子文件形式予以记录留存。

## 十四、证券投资顾问的禁止性行为的要求

证券投资顾问的禁止性行为在《证券法》《证券投资顾问业务暂行规定》《证券业从业人员执业行为准则》以及部门或中国证券业协会的通知要求中都有涉及，我们总结如下：

（1）严禁相互诋毁及相互争夺客户；

（2）严禁泄露客户开户资料及透露公司的商业机密；

（3）严禁提供虚假信息，欺诈客户或为增加佣金收入而有意误导客户交易；

（4）严禁向客户作出投资保底、亏损有限或必定盈利等不切合实际的承诺；

（5）严禁向客户收取或索取酬谢，严禁串通客户损害公司或其他客户的声誉和利益；

（6）严禁以任何形式在公司内部现有客户中开发客户或将自行到营业部柜台开户的客户据为己有；

（7）严禁接受客户的全权委托，严禁接受未经客户授权的非全权委托，不得代理客户办理提款、转托管、撤销指定及销户手续；

（8）中国证监会、中国证券业协会或法律、行政法规禁止的其他行为。

【模拟练习】下列属于证券投资咨询机构从业人员特定禁止行为的有(　　)。

A. 接受他人委托从事证券投资

B. 与委托人约定分享证券投资收益，分担证券投资损失

C. 向委托人承诺证券投资收益

D. 中国证监会禁止的其他行为

答案：ABCD

解析：证券投资咨询机构、财务顾问机构、证券资信评级机构的从业人员特定禁止行为包括：（1）接受他人委托从事证券投资。（2）与委托人约定分享证券投资收益，分担证券投资损失，或者向委托人承诺证券投资收益。（3）依据虚假信息、内幕信息或者市场传言撰写和发布分析报告或评级报告。（4）中国证监会、中国证券业协会禁止的其他行为。

## 十五、证券投资顾问应具备的职业操守

关于职业操守的规定比较分散，并且包括很多常识性方面，我们对此总结如下：

（1）证券公司、证券投资咨询机构开展证券投资顾问业务应当遵守诚实守信的执业道德，高度珍惜证券投资顾问的职业信誉；在执业过程中应当坚持独立判断原则，不因上级、客户或其他投资者的不当要求而放弃自己的独立立场。

（2）证券投资顾问应当依据公开披露的信息资料和其他合法获得的信息，进行科学的分析研究，审慎、客观地提出投资分析、预测和建议，不得断章取义，不得篡改有关信息资料。

（3）证券投资顾问应当本着对客户与投资者高度负责的精神执业，对与投资分析、预测及咨询服务相关的主要因素进行尽可能全面、详尽、深入的调查研究，采取必要的措施避免遗漏与失误，切实履行应尽的职业责任，向投资者或客户提供规范的专业意见。

（4）证券投资顾问向客户提供投资建议，知悉客户作出具体投资决策计划的，不得向他人泄露该客户的投资决策计划信息。

（5）证券投资顾问提出建议和结论不得违背社会公众利益。证券投资顾问不得利用自己的身份、地位和在执业过程中所掌握的内幕信息为自己或他人牟取非法利益，不得故意向客户或投资者提供存在重大遗漏、虚假信息和误导性陈述的投资分析、预测或建议。

【真题回顾（201606）】证券投资顾问向客户提供投资建议，知悉客户作出具体投资决策计划的，（　　）泄露该客户的投资决策计划信息。

A. 可以向公司的其他投资顾问

B. 可以向公司的其他客户

C. 不得向他人

D. 在客户不知情的情况下可以向他人

答案：C

解析：根据《证券投资顾问业务暂行规定》第二十条，证券投资顾问向客户提供投资建议，知悉客户作出具体投资决策计划的，不得向他人泄露该客户的投资决策计划信息。

## 十六、证券投资顾问人员管理制度

《证券投资顾问业务暂行规定》第八条规定，证券公司、证券投资咨询机构应当制定证券投资顾问人员管理制度，加强对证券投资顾问人员注册登记、岗位职责、执业行为的管理。

## 十七、证券投资顾问按照证券信息传播的有关规定通过公众媒体开展业务的要求

《证券投资顾问业务暂行规定》中的多个法条涉及这个方面的规定：

（1）证券公司、证券投资咨询机构通过广播、电视、网络、报刊等公众媒体对证券投资顾问业务进行广告宣传，应当遵守《广告法》和证券信息传播的有关规定，广告宣传内容不得存在虚假、不实、误导性信息以及其他违法违规情形。证券公司、证券投资咨询机构应当提前5个工作日将广告宣传方案和时间安排向公司住所地证监局、媒体所在地证监局报备。

（2）鼓励证券公司、证券投资咨询机构组织安排证券投资顾问人员，按照证券信息传播的有关规定，通过广播、电视、网络、报刊等公众媒体，客观、专业、审慎地对宏观经济、行业状况、证券市场变动情况发表评论意见，为公众投资者提供证券资讯服务，传播证券知识，揭示投资风险，引导理性投资。

（3）证券投资顾问不得通过广播、电视、网络、报刊等公众媒体，作出买入、卖出或者持有具体证券的投资建议。

【真题回顾（201604）】证券公司、证券投资咨询机构通过（　　）等公众媒体对证券投资顾问业务进行广告宣传，应当遵守《广告法》和证券信息传播的有关规定。

A. 广播　　B. 电视　　C. 网络　　D. 报刊

答案：ABCD

解析：根据《证券投资顾问业务暂行规定》第二十五条，证券公司、证券投资咨询机构通过广播、电视、网络、报刊等公众媒体对证券投资顾问业务进行广告宣传，应当遵守《广告法》和证券信息传播的有关规定，广告宣传内容不得存在虚假、不实、误导性信息以及其他违法违规情形。

【真题回顾（201609）】证券投资顾问可以通过广播、电视、网络、报刊等公众媒体，客观、专业、审慎地对（　　）发表评论意见，为公众投资者提供

证券资讯服务，传播证券知识，揭示投资风险，引导理性投资。

A. 宏观经济、行业状况、证券市场变动情况

B. 特定上市公司

C. 特定指数期货合约

D. 特定分级基金

答案：A

解析：鼓励证券公司、证券投资咨询机构组织安排证券投资顾问人员，按照证券信息传播的有关规定，通过广播、电视、网络、报刊等公众媒体，客观、专业、审慎地对宏观经济、行业状况、证券市场变动情况发表评论意见，为公众投资者提供证券资讯服务，传播证券知识，揭示投资风险，引导理性投资。

【真题回顾（201607）】按照《证券投资顾问业务暂行规定》的要求，投资顾问通过广播、电视、网络进行咨询与投资顾问业务，应当提前(　　)个工作日报住所地证监局、媒体所在地证监局备案。

A. 2　　B. 3　　C. 5　　D. 7

答案：C

解析：根据《证券投资顾问业务暂行规定》第二十五条，证券公司、证券投资咨询机构应当提前5个工作日将广告宣传方案和时间安排向公司住所地证监局、媒体所在地证监局报备。

# 第四节　法律责任

【大纲要求】

| 内容 | 程度 |
|---|---|
| 证券公司、证券投资咨询机构及其人员从事证券投资顾问业务，违反法律、行政法规和相关规定的法律后果、监管措施及法律责任 | 掌握 |

【内容精讲】

《证券投资顾问业务暂行规定》第三十三条明确规定，证券公司、证券投资咨询机构及其人员从事证券投资顾问业务，违反法律、行政法规和本规定的，中国证监会及其派出机构可以采取责令改正、监管谈话、出具警示函、责令增加内部合规检查次数并提交合规检查报告、责令清理违规业务、责令暂停

新增客户、责令处分有关人员等监管措施；情节严重的，中国证监会依照法律、行政法规和有关规定作出行政处罚；涉嫌犯罪的，依法移送司法机关。

执业从业人员连续三年不在机构从事证券业务的，受到刑事处罚的，被市场禁入的，因违法或违纪行为被机构开除的，以及违反职业道德的，由协会注销其执业证书。

另外，《证券法》第二百零七条规定，在证券交易活动中作出虚假陈述或者信息误导的，责令改正，处以三万元以上二十万元以下的罚款。该条款的主体包括证券投资咨询机构及证券投资咨询从业人员在内的一切机构与个人。

《证券法》第二百二十六条规定，未经国务院证券监督管理机构批准，擅自设立证券登记结算机构的，由证券监督管理机构予以取缔，没收违法所得，并处以违法所得一倍以上五倍以下的罚款。投资咨询机构、财务顾问机构、资信评级机构、资产评估机构、会计师事务所未经批准，擅自从事证券服务业务的，责令改正，没收违法所得，并处以违法所得一倍以上五倍以下的罚款。证券登记结算机构、证券服务机构违反本法规定或者依法制定的业务规则的，由证券监督管理机构责令改正，没收违法所得，并处以违法所得一倍以上五倍以下的罚款；没有违法所得或者违法所得不足十万元的，处以十万元以上三十万元以下的罚款；情节严重的，责令关闭或者撤销证券服务业务许可。

【真题回顾（201611）】证券公司、证券投资咨询机构及其人员从事证券投资顾问业务，违反法律、行政法规和自律规则，情节严重的，中国证监会依照法律、行政法规和有关规定（　　）；涉嫌犯罪的，依法移送司法机关。

A. 责令改正　　B. 采取监管措施

C. 作出行政处罚　　D. 移送司法机关

答案：C

解析：《证券投资顾问业务暂行规定》第三十三条明确规定，证券公司、证券投资咨询机构及其人员从事证券投资顾问业务，违反法律、行政法规和本规定的，中国证监会及其派出机构可以采取责令改正、监管谈话、出具警示函、责令增加内部合规检查次数并提交合规检查报告、责令清理违规业务、责令暂停新增客户、责令处分有关人员等监管措施；情节严重的，中国证监会依照法律、行政法规和有关规定作出行政处罚；涉嫌犯罪的，依法移送司法机关。

# 第二部分

## 专业基础

# 第二章

# 基本理论

## 第一节　生命周期理论

【大纲要求】

| 内容 | 程度 |
| --- | --- |
| 1. 投资者偏好特征 | 熟悉 |
| 2. 家庭生命周期各阶段的特征、需求和目标 | 熟悉 |
| 3. 家庭生命周期各阶段的理财重点 | 熟悉 |
| 4. 个人生命周期各阶段的理财规划 | 熟悉 |

【内容精讲】

### 一、投资者偏好特征

1. 投资者的共同偏好规则

投资者在投资时主要考虑风险（收益率的方差）和收益（收益率的期望）两个主要因素。若两种证券组合具有相同的风险，投资者肯定会选择预期收益高的一方；若两种证券组合具有相同的预期收益，投资者肯定会选择风险低的一方。

2. 客户风险态度分类

根据客户对风险的态度的不同，可以分为风险厌恶型、风险偏好型和风险中立型三类。

(1) 风险厌恶型

风险厌恶型投资者厌恶风险，对待风险态度消极，因为有风险就意味着可能会产生损失。他们不会为增加收益而承担风险，非常注重资金安全，极力回避风险。他们不愿花太多时间去研究投资策略，注重安全性和简单操作的特点，不愿轻易涉及高收益高风险产品，在选择投资工具时以储蓄存款和政府债券为主。

(2) 风险偏好型

风险偏好型投资者偏好风险，对待风险态度积极，因为风险和收益共存，高风险意味着高收益。他们愿意为获取高收益而承担高风险，不因风险的存在而放弃投资机会。他们追求的目标是高收益，而不满足平均的投资收益，在选择投资工具时以股票、高风险理财产品以及投资工具为主。

(3) 风险中立型

风险中立型投资者介于前两类投资者之间。首先，他们要求投资能够保本并获取稳定安全的低收益；其次，他们还希望投资的收益能够跑赢通货膨胀，不会变相贬值；最后，他们还具有一定的冒险精神，认准合适机会，即便有一定风险，也不会放过，与风险偏好型投资者不同，当风险过高时，就算收益再高，他们也会选择放弃。

3. 根据风险偏好的客户分级

根据客户的风险偏好，可以将客户详细分级，按风险偏好由高到低细分为进取型、成长型、平衡型、稳健型和保守型。

(1) 进取型

进取型投资者愿意用很大的风险去换取很高的收益。这类投资者一般年纪不大、负担较轻、有专业知识技能，追求更高的收益和资产的快速增值，同样，他们对投资的损失也有很强的承受能力。他们敢于冒险，操作的手法大胆，喜欢投资股票、期权、期货、股权等高风险高收益产品与投资工具。

(2) 成长型

成长型投资者追求投资的长期增值，敢于冒风险但又不过度冒险。这类投资者一般拥有一定的资产规模、较高的知识水平、不错的风险承受能力，他们愿意承受一定的风险，追求较高的投资收益，但是不会过度冒险投资那些具有高度风险的投资工具。他们往往选择适合长期持有，既可以有较高收益、风险也不太高的产品，如开放式股票基金、大型蓝筹股票等高风险理财产品外的理财产品和投资工具。

（3）平衡型

平衡型投资者既不厌恶风险也不追求风险，对任何投资都比较理性，往往会仔细分析不同的投资市场、工具与产品，从中寻找风险适中、收益适中的产品，获得社会平均水平的收益，同时承受社会平均风险。因此，这一类型的投资者往往选择房产、黄金、基金等投资工具。平衡型投资者适合投资于中等风险以下的理财产品或投资工具。

（4）稳健型

稳健型投资者追求投资安全和适度增值，风险承受能力有限。稳健型投资者总体来说已经偏向保守，对风险的关注更甚于对收益的关心，更愿意选择风险较低而不是收益较高的产品，喜欢选择既保本又有较高收益机会的结构性理财产品，往往以临近退休的中老年人士为主。因此，稳健型投资者适合投资低风险的理财产品或投资工具。

（5）保守型

保守型投资者追求收益稳定，厌恶风险。通常来说，步入退休阶段的老年人群，低收入家庭，以及性格保守的投资者，往往对风险的承受能力很低，投资时首先考虑保本，然后才考虑追求收益。因此，这类投资者往往选择国债、存款、保本型理财产品、货币与债券基金等低风险、低收益的产品。此类客户只适合投资于风险极低的理财产品或投资工具。

## 二、家庭生命周期各阶段的特征、需求和目标

1. 概念

生命周期的概念应用很广泛，其基本含义可以通俗地理解为“从摇篮到坟墓”的整个过程。在心理学上，生命周期主要是指人的生命周期和家庭的生命周期，是指它的出生、成长、衰老、生病和死亡的过程。

生命周期理论对人们的消费行为提供了全新的解释，该理论指出：理性的自然人应当在相当长的时间内计划个人的消费和储蓄行为，以实现生命周期内收支的最佳配置。也就是说，一个人将综合考虑其当前收支、未来收支、可预期的工作和退休时间等因素来决定目前的消费和储蓄，以保证其消费水平处于预期的平衡状态，而不至于出现大幅波动。

2. 家庭生命周期各阶段的特征、需求和目标

生命周期可分为个人生命周期和家庭生命周期，这里主要介绍家庭生命周期，家庭的生命周期是指家庭形成期、家庭成长期、家庭成熟期和家庭衰老期

的整个过程。这四个阶段的特征和财务状况如表2－1所示。

表2－1 家庭生命周期各阶段的特征及财务状况

| 名称 | 形成期 | 成长期 | 成熟期 | 衰老期 |
| --- | --- | --- | --- | --- |
| 时间特征 | 从结婚到子女幼儿期 | 从子女幼儿期到子女经济独立 | 从子女经济独立到夫妻双方退休 | 从夫妻双方退休到一方去世 |
| 收支特征 | 收入以薪水为主，子女的出生加重了家庭负担 | 收入以薪水为主，支出趋于稳定，子女教育支出加大 | 收入以薪水为主，子女独立后支出减少 | 收入转向以理财及转移性收入为主，医疗费用支出增加，其他费用支出减少 |
| 储蓄特征 | 收入增加且支出增加，储蓄低水平增长 | 收入增加而支出稳定，储蓄逐步增加 | 收入处于峰值状态，支出逐渐减少 | 支出大于收入，财富开始减少 |
| 资产特征 | 资产总量有限，追求高风险高收益投资 | 资产增长变快，开始注重投资风险管理 | 资产达到峰值，开始投资风险控制 | 变现投资资产支付支出，投资趋于固定收益类 |
| 负债特征 | 承担房贷 | 承担房贷 | 房贷余额逐年减少，退休前结清所有大额负债 | 无大额、长期负债 |
| 投资特点 | 保持流动性的同时配置高收益类金融资产 | 保持资产流动性，适当增加固定收益类资产 | 开始注重投资的稳健性，开始增加固定收益类资产的比重，减少高风险资产的持有 | 更加注重投资的安全性，主要投资于储蓄及固定收益类理财产品 |

【真题回顾（201605）】家庭的生命周期包括（　　）。

A. 家庭衰老期　B. 家庭成熟期　C. 家庭形成期　D. 家庭成长期

答案：ABCD

解析：生命周期理论认为家庭的生命周期一般可分为形成期、成长期、成熟期以及衰老期四个阶段。

【真题回顾（201604）】在生命周期内，个人或家庭决定其目前的消费和储蓄需要综合考虑的因素有（　　）。

A. 退休时间　B. 现在收入

C. 可预期的工作　D. 将来收入

答案：ABCD

解析：生命周期理论对人们的消费行为提供了全新的解释，该理论指出自然人在相当长的时间内计划个人的储蓄和消费行为，以实现生命周期内收支的最佳配置，即一个人将综合考虑其当期、将来的收支，以及可预期的工作、退休时间等诸多因素，以决定目前的消费和储蓄，并保证其消费水平处于预期的平稳状态，而不至于出现大幅波动。

【真题回顾（201604）】通常，可积累的财产达到巅峰，要逐步降低投资风险的时期属于家庭生命周期中的（　　）阶段。

A. 家庭成熟期　B. 家庭成长期　C. 家庭衰老期　D. 家庭形成期

答案：A

解析：家庭生命周期包括形成期、成长期、成熟期和衰老期四个阶段。其中，家庭成熟期资产达到巅峰，要逐步降低投资风险，保障退休金的安全。

【真题回顾（201606）】从家庭生命周期的角度分析，家庭收入以理财收入及转移性收入为主的阶段一般称为家庭（　　）。

A. 衰老期　B. 成熟期　C. 成长期　D. 形成期

答案：A

解析：家庭衰老期是指夫妻双方退休到一方过世的阶段。在这一阶段，家庭收入以理财收入和转移性收入为主；医疗费用支出增加，其他费用支出减少；支出大于收入，储蓄逐步减少。

## 三、家庭生命周期各阶段的理财重点

家庭生命周期中的不同阶段理财重点不同，专业理财从业人员，如证券投资顾问等可根据客户家庭所处的生命周期阶段帮助客户选择适合的银行理财产品、保险、信托、信贷等综合理财套餐。

1. 家庭形成期

形成期的家庭一般在保险方面建议提高寿险保额；核心资产配置方面推荐股票占到70%左右；银行理财方面推荐预期收益高、风险适度的理财产品；信贷运用方面推荐使用信用卡以及小额信贷等。

2. 家庭成长期

成长期的家庭可以选择子女教育年金保险来储备高等教育学费；核心资产配置方面开始降低风险，股票占到一半左右；预期收益较高、风险适度的银行理财产品比较受欢迎；贷款方面主要是房屋贷款、汽车贷款。

3. 家庭成熟期

成熟期的家庭喜欢购买养老保险或递延年金来为退休后的生活资金作准备；

他们开始大幅降低股票的配置比例，而更喜欢风险较低、收益稳定的债券或货币基金；在贷款方面，这个阶段基本上已经还清，也不会再增加新的贷款。

4. 家庭衰老期

针对衰老期家庭，可以推荐其投保长期看护险，或将养老险转为即期年金；他们极为厌恶风险，喜欢风险低、收益稳定的银行理财产品；在信贷方面，一般已经无贷款或反按揭。

## 四、个人生命周期各阶段的理财规划

按年龄层可以把个人生命周期分为6个阶段，各阶段有不同的特点，理财规划也千差万别。如表2-2所示。

表2-2　个人生命周期各阶段特征及财务状况

| 名称 | 探索期 | 建立期 | 稳定期 | 维持期 | 高原期 | 退休期 |
|---|---|---|---|---|---|---|
| 对应年龄 | 15~24岁 | 25~34岁 | 35~44岁 | 45~54岁 | 55~60岁 | 60岁后 |
| 家庭形态 | 以父母家庭生活为中心 | 恋爱结婚、育有子女 | 子女接受初中级教育 | 子女开始接受高等教育 | 子女开始独立生活 | 夫妻二人 |
| 理财活动 | 求学深造、提高收入 | 房屋贷款 | 还房贷、筹集子女教育金 | 收入增加、筹集退休金 | 负担减轻、准备退休 | 享受生活规划、遗产 |
| 投资工具 | 活期、定期存款、基金定投 | 活期存款、股票、基金定投 | 房产投资、股票、基金 | 多元投资组合 | 降低投资组合风险 | 固定收益投资为主 |
| 保险计划 | 意外险、寿险 | 寿险、储蓄险 | 养老险、定期寿险 | 养老险、投资性保险 | 长期看护险、退休年金 | 领退休年金至终老 |

【真题回顾（201611）】从个人理财生命周期的角度看，既要通过提高劳动收入积累尽可能多的财富，也要善于运用投资工具创造更多财富，既要清偿各种中长期债务，又要为未来储备财富，属于（　　）。

A. 稳定期　B. 维持期　C. 退休期　D. 高原期

答案：B

解析：维持期是事业发展的黄金时期，年龄为45~54岁，收入和财富积累都处在人生的最佳时期，更是财务规划的关键时期，在清偿各种中长期债务的同时，要准备子女的教育费用，父母赡养费及筹划自己的退休生活。

# 第二节　货币的时间价值

**【大纲要求】**

| 内容 | 程度 |
| --- | --- |
| 1. 货币时间价值概念及影响因素 | 了解 |
| 2. 时间价值与利率的基本参数 | 熟悉 |
| 3. 现值和终值的计算 | 熟悉 |
| 4. 复利期间和有效年利率的计算 | 熟悉 |
| 5. 年金的计算 | 熟悉 |

**【内容精讲】**

## 一、货币时间价值概念及影响因素

1. 概念

货币时间价值是指货币随着时间的推移而发生的增值。货币之所以具有时间价值，是因为：

（1）现在持有的货币可以投资，从而获得投资回报；

（2）货币的购买力会受到通货膨胀的影响而降低；

（3）未来的投资收入预期具有不确定性。

【真题回顾（201703、201609）】大家普遍认为今天的一元比昨天的一元更值钱，是因为（　　）。

A. 对货币的占用具有机会成本

B. 投资有风险，需要提供风险补偿

C. 需要对通货膨胀损失进行补偿

D. 现在消费比将来延期消费带来的满足要大

答案：ABC

解析：货币的时间价值是指货币在无风险的条件下，经历一定时间的投资和再投资而发生的增值。时间价值存在的原因有三个：一是现在持有的货币可以投资，从而获得投资回报；二是货币的购买力会受到通货膨胀的影响而降低；三是未来的投资收入预期具有不确定性。

2. 影响因素

（1）时间。时间的长短是影响货币时间价值的首要因素，时间越长，货币时间价值越大。

（2）收益率或通货膨胀率。收益率是决定货币在未来增值程度的关键因素，而通货膨胀率则是使货币购买力缩水的反向因素。

（3）单利与复利。单利始终以最初的本金为基数计算收益，而复利则以本金和利息为基数计息，从而产生利上加利、息上加息的收益倍增效应。复利的理解可以参考俗语中的“驴打滚”。

【真题回顾（201606、201607）】下列各项中，（　　）属于货币时间价值的影响因素。

A. 通货膨胀率　　B. 计息方式　　C. 市场利率　　D. 时间

答案：ABCD

解析：货币的时间价值受到时间、收益率或通货膨胀率、计息方式（单利或复利）的影响。

## 二、时间价值与利率的基本参数

（1）货币现在的价值，也就是期初价值，称为现值，符号表示为 $PV$，是 Present Value 的缩写。

（2）货币在未来某个时间点上的价值，也就是期末价值，称为终值，符号表示为 $FV$，是 Future Value 的缩写。

（3）时间，是货币价值的参照系，通常用 $t$ 表示。

（4）利率，是影响金钱时间价值程度的波动要素，通常用 $r$ 表示。将未来某时点资金的价值折算为现在时点的价值称为贴现。因此，在现值计算中，利率 $r$ 也被称为贴现率。

## 三、现值和终值的计算

1. 单利

（1）单利终值的计算方法

单利终值是指一定金额的本金按照单利计算若干期后的本利和。根据单利始终以最初的本金为基数计算收益的特点，可以得到单利终值的计算公式：

$$FV = PV \times (1 + r \times t)$$

例如，甲手里有 10000 元人民币，他把这部分钱存入银行，设定为 3 年定期，利率为 3%，那么他在 3 年后取出时得到多少？

根据上述计算公式，我们可以得到：

$$FV = PV \times (1 + r \times t)$$
$$= 10000 \times (1 + 3\% \times 3)$$
$$= 10900(\text{元})$$

（2）单利现值的计算方法

单利现值是指未来的一笔资金在现在所能体现的价值，是由终值求现值的过程，一般称为贴现或折现，所使用的利率为折现率。

根据单利终值的计算公式，我们可以推出单利现值的计算公式：

$$PV = \frac{FV}{1 + r \times t}$$

【模拟练习】甲从乙处借钱，约定单利计息，年利率 5%，如果 5 年后需还乙 10000 元人民币，那么他从甲处借得（　　）元。

A. 12000　　B. 10000　　C. 8000　　D. 9000

答案：C

解析：代入单利现值公式，得

$$PV = \frac{FV}{1 + r \times t} = \frac{10000}{1 + 5\% \times 5} = 8000(\text{元})$$

2. 复利

（1）复利终值的计算方法

复利终值是指一定金额的本金按照复利计算若干期后的本利和。根据复利是以本金和利息为基数计息的特点，可以得到复利终值的计算公式：

$$FV = PV \times (1 + r)^t$$

在会计上，$(1 + r)^t$ 称为复利终值系数，用符号（$FV,r,t$）表示。

（2）复利现值的计算方法

复利现值是指未来发生的一笔收付款项在现在所能体现的价值，也就是将未来的一笔收付款项按适当的折现率进行折现而计算出的现在的价值。

复利现值的计算公式：

$$PV = \frac{FV}{(1 + r)^t} = FV \times (1 + r)^{-t}$$

其中，$(1 + r)^{-t}$ 称为复利现值系数，用符号（$PV,r,t$）表示。

【模拟练习】李先生拟在 5 年后用 200000 元购买一辆车，银行年复利率为

12%，李先生现在应存入银行（　　）元。

A. 120000　　B. 134320　　C. 113485　　D. 150000

答案：C

解析：根据复利计算多期现值公式 $PV=\frac{FV}{(1+r)^{t}}=FV\times(1+r)^{-t}$，代入相应数值可得 $PV=113485$（元）。

## 四、复利期间和有效年利率的计算

1. 复利期间

复利期间是指计算复利的时间间隔，复利期间数量是指一年内计算复利的次数。如果以季度作为复利期间，那么它对应的复利期间数量为4；如果以月作为复利期间，那么它对应的复利期间数量为12。

如果用 $m$ 表示复利期间数量，$t$ 表示总的复利时间段，则终值计算公式为

$$FV=PV\times(1+\frac{r}{m})^{m\times t}$$

2. 有效年利率

有效年利率是指在按照给定的计息期利率和每年复利次数计算利息时，能够产生相同结果的每年复利一次的年利率，用 $EAR$ 表示。如果用 $r$ 表示名义利率，$m$ 表示一年内记复利次数，则

$$EAR=(1+\frac{r}{m})^{m}-1$$

【模拟练习】假定年利率为10%，每半年计息一次，则有效年利率为（　　）。

A. 11%　　B. 10%　　C. 5%　　D. 10.25%

答案：D

解析：根据有效年利率的计算公式 $EAR=(1+\frac{r}{m})^{m}-1$，可知答案为D。

3. 连续复利

根据有效年利率的计算公式可知，随着复利次数的增加，有效年利率也会不断增加，但增加的速度会越来越慢。如图2－1所示。

特殊地，当复利期间变得无限小的时候，相当于连续计算复利，被称为连续复利计算，公式为

$$FV=PV\times e^{r\times t}$$

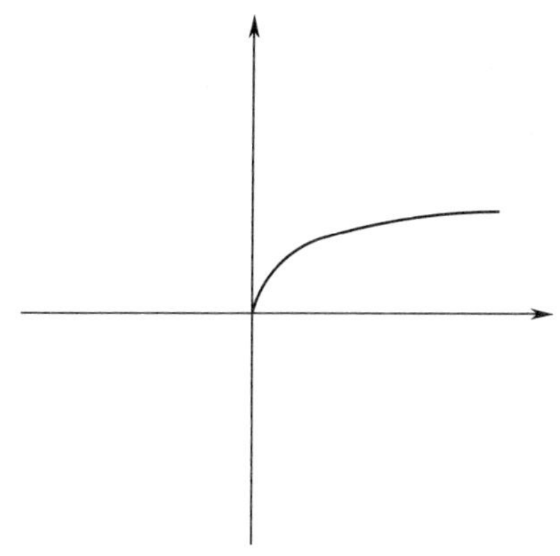

**图 2－1　有效年利率随复利次数增加的变动情况**

其中，$e$ 为自然常数，也叫自然对数的底数，约等于 2. 71828。

【真题回顾（201607）】随着复利次数的增加，同一个名义年利率求出的有效年利率会不断（　　），且速度会越来越（　　）。

A. 增加；慢　　B. 增加；快　　C. 增加；快　　D. 降低；快

答案：A

解析：不同复利期间投资的年化收益率称为有效年利率（EAR）。名义年利率 $r$ 与有效年利率 $EAR$ 之间的换算为 $EAR = \left(1 + \frac{r}{m}\right)^{m} - 1$。其中，$r$ 是指名义年利率，$EAR$ 是指有效年利率，$m$ 是指一年内复利次数。因此，随着复利次数的增加，有效年利率也会不断增加，但增加的速度越来越慢，当复利期间无限小时，相当于连续复利。

## 五、年金的计算

1. 年金的概念

年金（普通年金）是一组在某个特定的时段内金额相等、方向相同、时间间隔相同、不间断的现金流。年金通常用 PMT 表示。例如，退休后每个月固定从社保部门领取的养老金就是一种年金，退休后从保险公司领取的养老金也是一种年金，定期定额缴纳的房屋贷款月供、每个月进行定期定额购买基金的月投资额款、向租房者每月固定收取的租金等均可视为一种年金。

年金的类型除了普通年金外，还有永续型、增长型、增长永续型。

（1）永续年金是一组在无限期内金额相等、方向相同、时间间隔相同、不间断的现金流；

（2）增长型年金是一组在某个特定的时段内方向相同、时间间隔相同、不间断、金额虽然不同但每期增长率相等的现金流；

（3）增长型永续年金是一组在无限期内方向相同、时间间隔相同、不间断、金额虽然不同但每期增长率相等的现金流。

【模拟练习】年金必须满足三个条件，不包括（　　）。

A. 每期的金额固定不变

B. 流入流出方向固定

C. 在所计算的期间内每期的现金流量必须连续

D. 流入流出必须都发生在每期期末

答案：D

解析：年金（普通年金）是指在一定期限内时间间隔相同、不间断、金额相等、方向相同的一系列现金流。期初年金的现金流发生在当期期初，因此 D 项错误。

2. 普通年金的现值和终值计算

（1）普通年金的现值计算

年金又分为期初年金和期末年金，差别在于现金流发生的时间点，在每期期初收到的现金流称为期初年金，在每期期末收到的现金流称为期末年金。期末年金和期初年金并无实质差别，只是现金流发生的时间点不同，因此计算方法基本相似。

年金的期末现值为一定时间内每期期末首付款项复利现值之和。假设，年金现值为 $PV$，每年付款额为 $C$，年利率为 $r$，付款时间为 $t$ 年，根据复利现值计算公式可得

$$PV_{期末} = C \times (1+r)^{-1} + C \times (1+r)^{-2} + \cdots + C \times (1+r)^{-t}$$

根据等比数列的性质，可得

$$PV_{期末} = \left(\frac{C}{r}\right) \times \left[1 - \frac{1}{(1+r)^{t}}\right]$$

期初年金的现值等于期末年金现值的 $(1+r)$ 倍，即

$$PV_{期初} = \left(\frac{C}{r}\right) \times \left[1 - \frac{1}{(1+r)^{t}}\right] \times (1+r)$$

（2）普通年金的终值计算

年金的终值是指一定时间内每期期末收付的本利和，也就是将每一期的金额，按照复利计算到最后一期期末的终值的累加和。假设，年金终值为 $FV$，

每年付款额为 $C$，年利率为 $r$，付款时间为 $t$ 年，根据复利终值计算公式可得

$$FV_{期末} = C + C \times (1+r)^1 + C \times (1+r)^2 + \cdots + C \times (1+r)^{t-1}$$

根据等比数列的性质，可得

$$FV_{期末} = \left(\frac{C}{r}\right) \times [(1+r)^t - 1]$$

期初年金的终值等于期末年金终值的 $(1+r)$ 倍，即

$$FV_{期初} = \left(\frac{C}{r}\right) \times [(1+r)^t - 1] \times (1+r)$$

3. 永续型年金的现值计算

根据永续型年金的性质，可得永续年金期末现值计算公式为

$$PV = C \times (1+r)^{-1} + C \times (1+r)^{-2} + \cdots$$

根据等比数列的性质，可得

$$PV = \frac{C}{r}$$

【真题回顾（201703）】某校准备设立永久性奖学金，每年计划颁发36000 元奖金，若年复利率为 12%，该校现在应向银行存入（　　）元本金。

A. 450000　　B. 300000　　C. 350000　　D. 360000

答案：B

解析：永续年金期末现值计算公式为 $PV = \frac{C}{r}$，可得 $PV = \frac{36000}{12\%} = 300000$（元）。

4. 增长型年金的现值和终值计算

增长型年金是一组在某个特定的时段内方向相同、时间间隔相同、不间断、金额虽然不同但每期增长率相等的现金流。

（1）增长型年金现值的计算

$$PV = C \times (1+r)^{-1} + C \times (1+g)(1+r)^{-2} + \cdots + C \times (1+g)^{t-1}(1+r)^{-t}$$

经过推导，得出：

当 $r \neq g$ 时，$PV = \frac{C}{r-g} \times \left[1 - \left(\frac{1+g}{1+r}\right)^t\right]$；

当 $r = g$ 时，$PV = \frac{t \times C}{1+r}$。

（2）增长型年金终值的计算

$$FV = C \times (1+g)^{t-1} + C \times (1+g)^{t-2}(1+r) + \cdots + C \times (1+g)(1+r)^{t-2} + C \times (1+r)^{t-1}$$

推导得出：

当 $r \neq g$ 时，$FV = \frac{C \times (1+r)^t}{r-g} \times \left[1 - \left(\frac{1+g}{1+r}\right)^t\right]$；

当 $r = g$ 时，$PV = t \times C \times (1+r)^{t-1}$ 。

5. 增长型永续年金的现值计算

根据增长型永续年金的定义，可得其期末现值的计算公式为

$$PV = \frac{C}{r-g}$$

【模拟练习】在一定期限内，时间间隔相同、不间断、金额不相等但每期增长率相等、方向相同的系列现金流是（　　）。

A. 期初年金　　B. 永续年金　　C. 增长型年金　　D. 期末年金

答案：C

解析：上述描述符合增长型年金（等比增长型年金）的定义。

# 第三节　证券投资理论

**【大纲要求】**

| 内容 | 程度 |
| --- | --- |
| 1. 证券组合的含义 | 掌握 |
| 2. 证券组合可行域和有效边界的含义 | 熟悉 |
| 3. 证券组合可行域和有效边界的一般图形 | 熟悉 |
| 4. 有效证券组合的含义和特征 | 熟悉 |
| 5. 最优证券组合的含义和选择原理 | 熟悉 |
| 6. 战略性资产配置、战术性资产配置和动态资产配置 | 熟悉 |

**【内容精讲】**

## 一、证券组合的含义

证券组合管理理论最早由美国著名经济学家马科维茨于 1952 年系统提出。此后，学界一直在用量化方法不断丰富和完善组合管理的理论和实际投资管理方法，并使之成为投资学中的主流理论之一。

投资学中的“组合”一词通常是指个人或机构投资者所拥有的各种资产的总称。如果没有特别说明，证券组合是指个人或机构投资者所持有的各种有价证券的总称，通常包括各种类型的债券、股票及存款单等。

证券组合按不同的投资目标可以分为避税型、收入型、增长型、收入和增长混合型、货币市场型、国际型及指数化型等。

1. 避税型

避税型证券组合通常投资于市政债券，而债券收益是免税的。

2. 收入型

收入型证券组合追求基本收益（利息、股息收益）的最大化。能够带来基本收益的证券有附息债券、优先股及一些避税债券。

3. 增长型

增长型证券组合以资本升值（未来价格上升带来的价差收益）为目标，投资风险较大。投资于此类证券组合的投资者往往愿意通过延迟获得基本收益来求得未来收益的增长。

4. 收入和增长混合型

收入和增长混合型证券组合试图在基本收益与资本增长之间达到某种均衡，因此也称为“均衡组合”。

5. 货币市场型

货币市场型证券组合是由各种货币市场工具构成的，如国库券、高信用等级的商业票据等，主要特点是安全性很强。

6. 国际型

国际型证券组合投资于海外不同国家，是组合管理的时代潮流。实证研究结果表明，这种证券组合的业绩总体上强于只在本土投资的组合。

7. 指数化型

指数化型证券组合模拟某种市场指数，以求获得市场平均的收益水平。

【真题回顾（201705、201610）】根据投资目标不同，证券组合可以分为（　　）。

A. 激进型、稳健型、均衡型　　B. 国内型、国际型、混合型

C. 保值型、增值型、平衡型　　D. 收入型、增长型、指数化型等

答案：D

解析：证券组合按不同的投资目标可以分为避税型、收入型、增长型、收入型和增长混合型、货币市场型、国际型及指数化型。因此本题选 D。

【真题回顾（201607）】以未来价格上升带来的价格收益为投资目标的证券

组合属于（　　）。

A. 平衡型　　B. 增长型　　C. 收入型　　D. 货币市场型

答案：B

解析：增长型证券组合以资本升值为目标，投资风险较大。

【真题回顾（201609）】由股票和债券构成的收入型证券组合追求（　　）最大化。

A. 股息收入　　B. 资本利得　　C. 资本收益　　D. 债息收入

答案：AD

解析：收入型证券组合的特点是追求基本收益（利息和股息）的最大化，由股票和债券构成的收入型证券组合的基本收益包括股息和债息收入。

## 二、证券组合可行域和有效边界的含义

如果用两个数字特征（期望收益率和标准差）来描述一种证券，那么任意一种证券都可用在以期望收益率为纵坐标和标准差为横坐标的坐标系中的一点来表示；相应地，任何一个证券组合也可以由组合的期望收益率和标准差确定坐标系中的一点。这一点将随着组合的权数变化而变化。

1. 可行域的含义

证券组合的可行域是指所有可能的证券组合。

2. 有效边界的含义

有效边界描述了一项投资组合的风险与回报之间的关系，在以风险为横轴、预期回报率为纵轴的坐标系上显示为一条曲线，所有落在这条曲线上的风险回报组合都是在一定风险或最低风险下可以获得的最大回报。

## 三、证券组合可行域和有效边界的一般图形

1. 两种证券组合的可行域

假设两种证券分别为证券 A 和证券 B，那么证券 A 和证券 B 的组合线是在期望收益率和标准差的坐标系中描述证券 A 和证券 B 所有可能的组合。若证券 A 的期望为 $E(r_A)$，方差为$\sigma_A$，权重为 $x_A$；证券 B 的期望为 $E(r_B)$，方差为$\sigma_B$，权重为 $x_B$；显然，$x_A + x_B = 1$；那么证券 A 和证券 B 的组合 $P$ 的组合线由下列方程确定：

$$E(r_p) = x_A E(r_A) + (1 - x_A) E(r_B)$$

$\sigma_p{}^2 = (x_A\sigma_A + x_B\sigma_B)^2 = x_A{}^2\sigma_A{}^2 + (1-x_A)^2\sigma_B{}^2 + 2x_A(1-x_A)\sigma_A\sigma_B\rho_{AB}$

其中，$\rho_{AB}$ 表示两种证券的相关性。

（1）完全正相关下的组合线

完全正相关时，$\rho_{AB}=1$，则 $\sigma_p{}^2 = (x_A\sigma_A + x_B\sigma_B)^2 = x_A{}^2\sigma_A{}^2 + (1-x_A)^2\sigma_B{}^2 + 2x_A(1-x_A)\sigma_A\sigma_B$，又因为不允许卖空，即 $x_A>0, x_B>0$；则得到 $\sigma_p = x_A\sigma_A + (1-x_A)\sigma_B$。

可见，$E(r_p)$ 与 $x_A$ 是线性关系，$\sigma_A$ 与 $x_A$ 是线性关系，所以，$\sigma_p$ 与 $E(r_p)$ 之间也是线性关系，那么组合线就是连接证券 A 和证券 B 的直线，如图 2－2 所示。

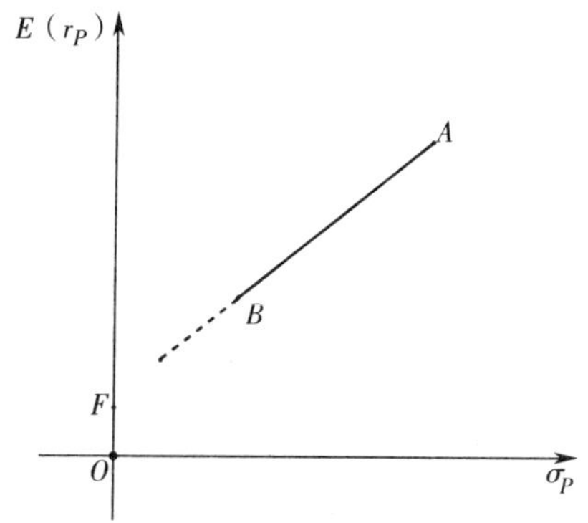


**图 2－2　$\rho_{AB}=1$ 时的两种证券组合线**

（2）完全负相关下的组合线

完全负相关时，$\rho_{AB}=-1$，则 $\sigma_p{}^2 = (x_A\sigma_A + x_B\sigma_B)^2 = x_A{}^2\sigma_A{}^2 + (1-x_A)^2\sigma_B{}^2 - 2x_A(1-x_A)\sigma_A\sigma_B$，则得到 $\sigma_p = |x_A\sigma_A - (1-x_A)\sigma_B|$。

此时，$\sigma_p$ 与 $E(r_p)$ 是分段线性关系，组合线如图 2－3 所示。

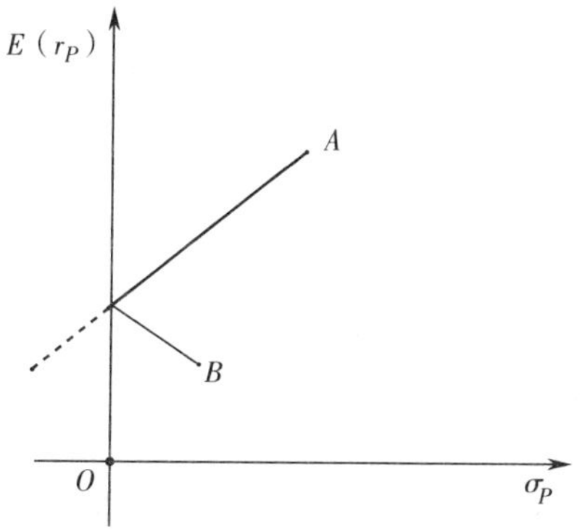


**图 2－3　$\rho_{AB}=-1$ 时的两种证券组合线**

由图 2 -3 可以看出，按适当比例买入 A、B 两种证券可以得到一个无风险组合，得到一个稳定的收益率（此时两种证券的风险互相抵消）。此时，对应组合线与预期回报率纵轴的交点，即 $\sigma_p=0$，从而得到

$$x_A=\frac{\sigma_B}{\sigma_A+\sigma_B}$$

$$x_B=\frac{\sigma_A}{\sigma_A+\sigma_B}$$

代入风险收益率公式，得到

$$E(r_p)=x_AE(r_A)+(1-x_A)E(r_B)=\frac{\sigma_BE(r_A)+\sigma_AE(r_B)}{\sigma_A+\sigma_B}$$

（3）不相关情形下的组合线

完全不相关时，$\rho_{AB}=0$，则 $\sigma_p{}^2=(x_A\sigma_A+x_B\sigma_B)^2=x_A{}^2\sigma_A{}^2+(1-x_A)^2\sigma_B{}^2$，该方程确定的是 $\sigma_p$ 与 $E(r_p)$ 曲线是经过 A、B 两点的双曲线，组合线如图 2 -4 所示。

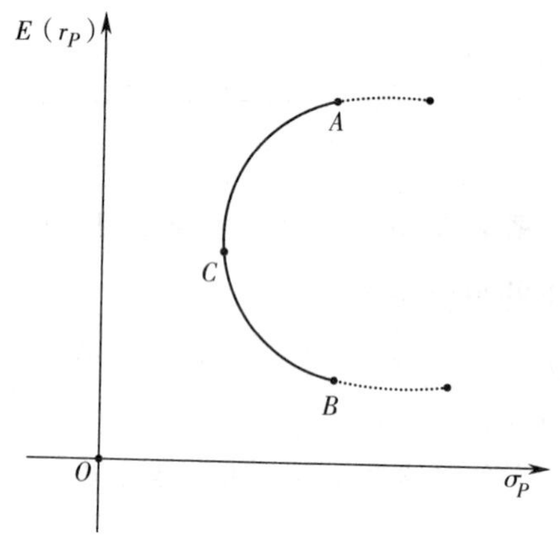


**图 2 -4　$\rho_{AB}=0$ 时的两种证券组合线**

为了得到方差最小的证券组合，对公式 $\sigma_p{}^2=x_A{}^2\sigma_A{}^2+(1-x_A)^2\sigma_B{}^2$ 求极小值，可得最小方差 $\frac{\sigma_A{}^2\sigma_B{}^2}{\sigma_A{}^2+\sigma_B{}^2}<min(\sigma_A{}^2,\sigma_B{}^2)$，即可以通过按适当比例买入两种证券，而获得总体风险比任一种证券风险都小的组合。

图 2 -4 中，C 点为最小方差组合。组合线上介于 A、B 之间的点代表的组合由同时买入证券 A 和证券 B 构成，越靠近 A 点，买入证券 A 越多，买入证券 B 越少。而 A 点附近虚线上的点代表的组合由卖空证券 B 买入证券 A 形成，越向横轴远端移动，卖空证券 B 越多，买入证券 A 越多；反之，B 点附近虚线

上的点代表的组合由卖空证券 A 买入证券 B 形成，越向横轴远端移动，组合中卖空证券 A 越多，买入证券 B 越多。

（4）一般情形下的组合线

在不完全相关的情形下，即 $-1 < \rho_{AB} < 1$，在一般情形下所确定的曲线是一条双曲线。相关系数的取值决定了结合线在 A 与 B 之间的弯曲程度。当 $\rho_{AB}=1$ 时，弯曲程度最小，成直线；当 $\rho_{AB}=-1$ 时，弯曲程度最大，成折线；一般情况下介于两者之间，比正完全相关弯曲程度大，比负完全相关弯曲程度小。

图 2－5 显示的是一般情形下的组合线形状，可见，相关系数越小，在不卖空的情况下，证券组合的风险越小，特别是负完全相关的情况下，可获得无风险组合。在不卖空的情况下，证券组合降低风险的程度由证券间的关联程度决定。

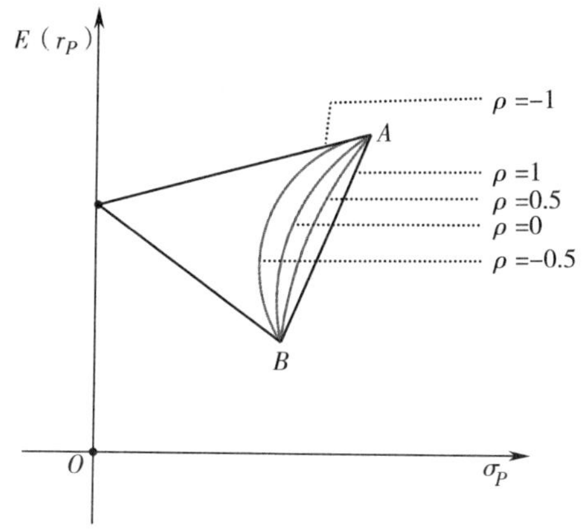


**图 2－5　两种相关系数不同时的证券组合线**

2. 多种证券组合的可行域

由多种证券（不少于三种证券）构造证券组合时，组合可行域是所有合法证券组合的期望收益率和标准差确定出的坐标系中的一个区域，其形状如图 2－6 和图 2－7 所示。

由于多种证券组合可行域的数学推导相对比较复杂，大家只需记住，可行域满足一个共同的特点：左边界必然向外凸或呈线性，即不会出现凹陷。

【真题回顾（201609）】证券组合可行域的形状满足的一个共同特征是（　　）。

A. 左边界必然向原点凹或呈线性

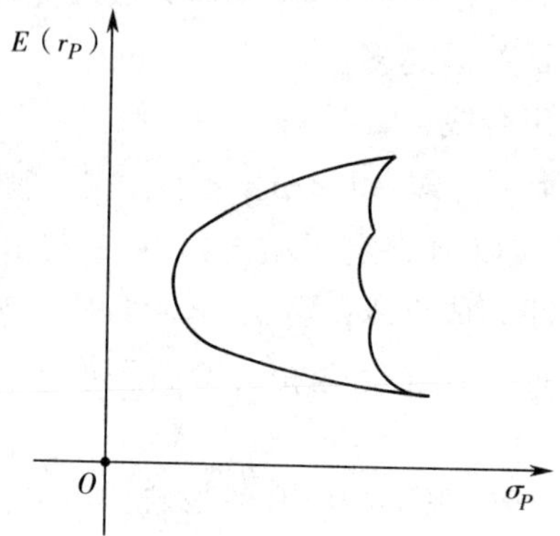


图 2－6　不允许卖空时组合的可行域

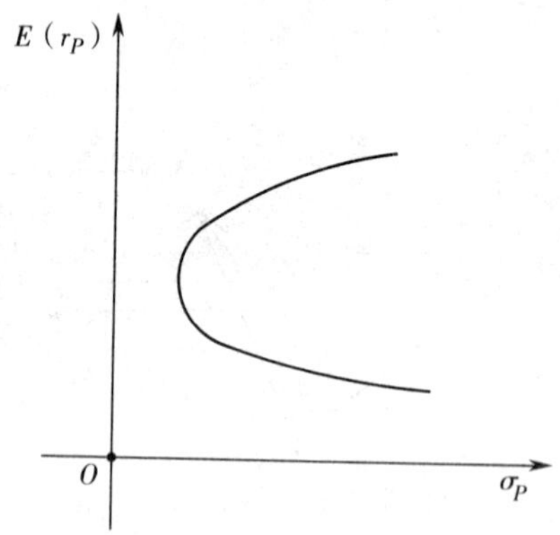


图 2－7　允许卖空时组合的可行域

B. 左边界必然向外凸或呈线性

C. 左边界呈线性

D. 左边界向外凸

答案：B

解析：由多种证券（大于等于 3）构造证券组合时，组合可行域是所有证券组合构成的期望方差坐标系中的一个区域。可行域满足一个共同的特点：左边界必然向外凸或呈线性，即不会出现凹陷。

3. 证券组合的有效边界

根据投资者的共同偏好规则，投资者在选取证券投资组合时，在相同的收益率方差中会选取期望收益率高的组合，在相同期望收益率中会选取方差较小的组合，上述选择会形成证券组合的有效边界，即图 2－8 中的实线曲线部分。

其中，A 点是上边界和下边界的交汇点，其代表的组合在所有可行组合中方差最小，因而被称为最小方差组合。

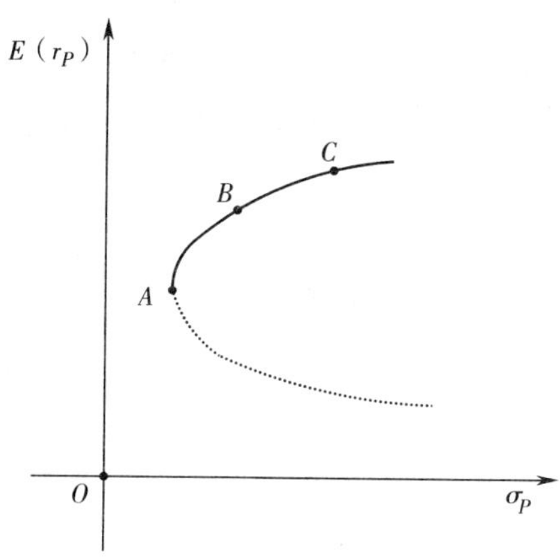


**图 2－8　有效边界**

## 四、有效证券组合的含义和特征

1. 含义

按照投资者的共同偏好规则，排除投资组合中那些被所有投资者都认为差的组合，把排除后余下的这些组合称为有效证券组合。对于可行域内部及下边界上的任意可行组合，均可以在有效边界上找到一个有效组合比它好。但有效边界上的不同组合，比如 B 和 C，按共同偏好规则不能区分优劣。因而有效组合相当于有可能被某位投资者选为最佳组合的候选组合，不同投资者可以在有效边界上选择任一位置。

2. 特征

有效组合是有效边界上的点所对应的证券组合。一个厌恶风险的理性投资者，不会选择有效边界以外的点。有效组合的特征如下：

（1）在期望收益率水平相同的组合中，其方差是最小的；

（2）在方差水平相同的组合中，其期望收益率是最高的。

【真题回顾（201611）】关于可行域说法正确的有（　　）。

A. 可行域可能是平面上的一条线

B. 可行域可能是平面上的一个区域

C. 可行域就是有效边界

D. 可行域是由有效组合构成的

答案：AB

解析：证券组合的可行域表示了所有可能的证券组合，它为投资者提供了一切可行的组合投资机会。人们在所有可行的投资组合中进行选择，按照投资者的共同偏好规则，得到的组合称为有效证券组合，有效边界是可行域的上边界部分。

## 五、最优证券组合的含义和选择原理

1. 无差异曲线

若有两种证券组合 A 和 B，且满足：$\sigma_B{}^2 < \sigma_A{}^2$，$E(r_B) < E(r_A)$，此时 B 的风险低于 A 的风险，同时其收益期望也低于 A 的收益期望，因此根据投资者的共同偏好规则，无法区分优劣。

同时，同一个投资者，根据其对风险和收益的偏好，当期望收益率的增加能够补偿风险的增加时，投资者对这两种证券组合的满意程度相同，认为两种证券组合无差异。

因此，对于特定投资者，任意给定一个证券组合，根据他对风险的态度，可以得到一系列满意程度相同（无差异）的证券组合，这些组合恰好在 $E-\sigma$ 坐标系上形成一条曲线，我们将这条曲线视为该投资者的一条无差异曲线。

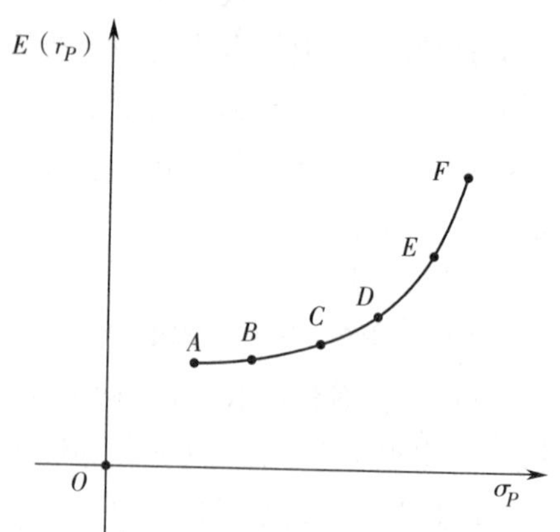


**图 2-9　满意程度相同的证券或组合**

比如某个投资者认为，尽管图 2-9 中的证券组合 A、B、C、D、E、F 的收益风险各异，但是给他带来的满足程度相同，因此这 6 个证券组合是无差异的，用一条平滑曲线将这些点连接起来，就可近似看成一条无差异曲线。当这样的组合很多时，它们在平面上便形成了严格意义上的无差异曲线。

不同投资者对应的无差异曲线不同，多个投资者的无差异曲线就形成了无差异曲线簇。如图 2－10 所示。由图 2－10 可知，C 组合的风险最低，而期望收益率又最高，因此比组合 A 和组合 B 都好。

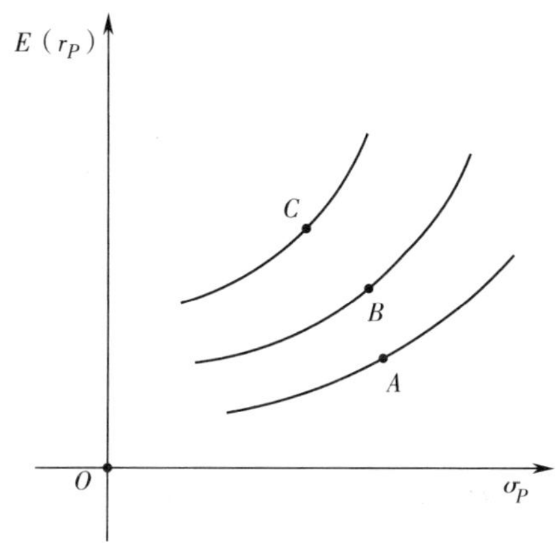


**图 2－10　无差异曲线簇**

投资者都是追求收益而厌恶风险的，虽然偏好不同的投资者，其无差异曲线的形状有所差异，但无差异曲线都具有如下特点：

（1）无差异曲线是向上弯曲的曲线；

（2）不同投资者的无差异曲线形成分散在整个平面的曲线簇；

（3）无差异曲线的位置越高，其上的投资组合给投资者带来的满意程度就越高；

（4）无差异曲线向上弯曲的程度大小反映了投资者承受风险的能力强弱。

2. 最优证券组合的含义

最优证券组合是使投资者最满意的有效组合，它是无差异曲线簇与有效边界的切点所表示的组合。由于每个投资者的无差异曲线的形状往往不一致，最终所找到各自的最优投资者组合往往也是不一样的。

3. 最优证券组合的选择原理

根据共同偏好规则，投资者需要在有效边界上找到一个具有下述特征的有效组合：相对于其他有效组合，该组合所在的无差异曲线位置最高（投资者满意程度最高），即无差异曲线簇（表示投资者的偏好）与有效边界的切点所表示的组合。不同投资者的无差异曲线簇可获得各自的最佳证券组合。

如图2－11所示，无差异曲线为$l$，有效边界为$m$，那么最优证券组合为两线的切点B。因为，此时组合B在其所有有效组合中获得的满意度最高，其他有效边界上的点都落在$l$下方的无差异曲线上。

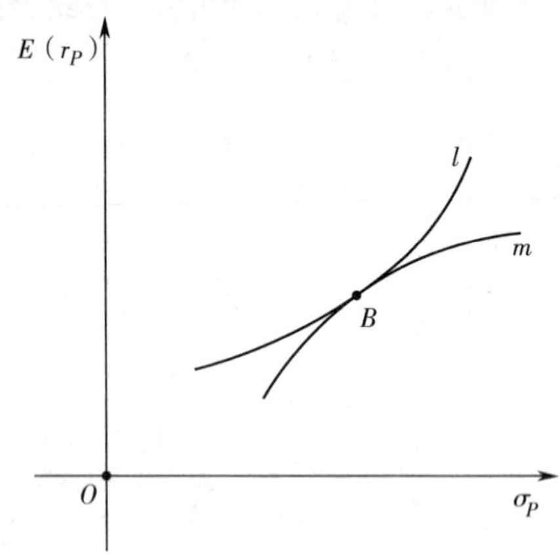


**图2－11　投资者的最优证券组合**

【模拟练习】在资产组合理论中，最优证券组合为（　　）。

A. 有效边界上斜率最大点

B. 无差异曲线与有效边界的交叉点

C. 无差异曲线簇与有效边界的切点

D. 无差异曲线上斜率最大点

答案：C

解析：特定投资者的无差异曲线簇与有效边界的切点所表示的组合就是该投资者的最优证券组合，不同投资者的无差异曲线簇与有效边界的切点不同，因而不同投资者可获得各自的最优证券组合。

## 六、战略性资产配置、战术性资产配置和动态资产配置

1. 资产配置概念

资产配置是指依据所要达到的理财目标，按资产的风险最低与报酬最佳的原则，将资金有效地分配在不同类型的资产上，构建达到增强投资组合报酬与控制风险的资产投资组合。

资产配置之所以能对投资组合的风险与报酬产生一定的影响力，在于其可以利用各种资产类别、各自不同的报酬率及风险特性以及彼此价格波动的相关

性，来降低投资组合的整体投资风险。通过资产配置投资，除了可以降低投资组合的下跌风险，更可稳健地增强投资组合的报酬率。

维持最佳资产投资组合，必须经过完整缜密的资产配置流程，内容包含投资目标规划、资产类别的选择、资产配置策略与比例配置、定期检视与动态分析调整等。投资者欲构建一组最佳资产配置，只要依照上述资产配置流程建立规律性的投资循环，便可有效率地建立及维持资产配置最适化，进而达成中长期投资理财目标。

根据投资决策的灵活性不同，分为主动型投资策略与被动型投资策略。主动型投资策略是指投资者根据市场情况的变动对投资组合进行积极调整，并通过灵活的投资操作获取超额收益，通常将战胜市场作为基本目标；被动型投资策略是指根据事先确定的投资组合构成及调整规则进行投资，不根据市场环境的变化主动地实施调整。在现实中，完全主动和完全被动之间存在广泛的中间地带，通常将指数化投资策略视为被动型投资策略的代表，但由此发展而来的各种指数增强型或指数优化型策略已经带有了主动投资的成分。

按照策略适用期限的不同，分为战略性投资策略和战术性投资策略。

【模拟练习】有效市场假说是（　　）证券投资策略的理论依据。

A. 交易型　　B. 被动型　　C. 积极型　　D. 投资组合保险

答案：B

解析：被动型投资策略是指根据事先确定的投资组合构成及调整规则进行投资，不根据对市场环境的变化主动地实施调整。其理论依据主要是市场有效性假说，如果所有证券价格均充分反映了可获得的信息，则买入并持有证券，被动接受市场变化而不进行调整，更有可能获取市场收益，并避免了过多的交易成本和误判市场走势造成的损失。

2. 战略性投资策略

战略性投资策略也称为“战略性资产配置策略”或者长期资产配置策略，特点是着眼于长期投资期限，追求收益与风险最佳匹配的投资策略。因其着眼于长期，故不会随市场行情的短期变化而轻易变动。常见的长期投资策略包括：

（1）买入持有策略。确定恰当的资产组合，并在诸如3～5年的适当持有时间内保持这种组合。买入持有策略是一种典型的被动型投资策略，通常与价值型投资相联系，具有最小的交易成本和管理费用，但不能反映环境的变化。

（2）固定比例策略。保持投资组合中各类资产占总市值的比例固定不变。在各类资产的市场表现出现变化时进行相应调整，买入下跌的资产，卖出上涨的资产。

（3）投资组合保险策略。投资组合保险策略是一大类投资策略的总称，这些策略的共性是强调投资人对最大风险损失的保障。其中，固定比例投资组合保险策略最具代表性。其基本做法是将资产分为风险较高和较低（通常采用无风险资产，如国债）两种，首先确定投资者所能承受的整个资产组合的市值底线，然后以总市值减去市值底线得到安全边际，将这个安全边际乘以事先确定的乘数就得到了风险性资产的投资额。市场情况变化时，需要相应调整风险资产的权重。

【模拟练习】以下关于战略性投资策略的说法，正确的有（　　）。

A. 常见的战略性投资策略包括买入持有策略、多—空组合策略和投资组合保险策略

B. 战略性投资策略和战术性投资策略的划分是基于投资品种不同

C. 战略性投资策略是基于对市场前景预测的短期主动型投资策略

D. 战略性投资策略不会在短期内轻易变动

答案：D

解析：A 项，常见的长期投资策略包括买入持有策略、固定比例策略和投资组合保险策略；B 项，证券投资策略按照策略适用期限的不同，分为战略性投资策略和战术性投资策略；C 项，战术性投资策略通常是一些基于对市场前景预测的短期主动型投资策略。

3. 战术性投资策略

战术性投资策略也称为战术性资产配置策略，是基于对市场前景预测的短期主动型投资策略。常见的战术性投资策略包括：

（1）交易型策略。根据市场交易中经常出现的规律性现象，制定某种获利策略。代表性策略包括均值—回归策略、动量策略或趋势策略。均值—回归策略通常假定证券价格或收益率走势存在一个正常值或均值，高于或低于此均值时会发生反向变化，投资者可以依据该规律进行低买高卖。动量策略也称“惯性策略”，其基本原理是“强者恒强”，投资者买入所谓“赢家组合”（历史表现优于大盘的组合），试图获取惯性高收益。趋势策略与动量策略的操作思路类似，只不过动量策略更侧重量化分析，而趋势策略往往会与技术分析相联系。

（2）多—空组合策略。有时又称为“成对交易策略”，通常需要买入某个看好的资产或资产组合，同时卖空另外一个看淡的资产或资产组合，试图抵消市场风险而获取单个证券的阿尔法收益差额。

（3）事件驱动型策略。根据不同的特殊事件（如公司结构变动、行业政策变动、突发自然或社会事件等）制定相应的灵活投资策略。

4. 动态资产配置

动态资产配置是根据资本市场环境及经济条件对资产配置状态进行动态调整，从而增加投资组合价值的积极战略。一般是建立在一些分析工具基础上的客观、量化过程，遵循“回归均衡”的原则。

动态资产配置策略，是指动态地根据市场情况在不同类型的资产之间配置资金。当股市上升时，将更大比例的资金投向股票，从股市的任何进一步上升中充分地获利；相反，当股市下跌时，要及时削减投资于股票的资金比例，换成低风险的债券或存款，防止进一步的损失；股市达到某一低点时，资金应全部转向存款，确保股市再跌情况下组合价值不再下降，如此便建立了基金的保底水平。投资组合持有部分现金和部分股票，组合对市场波动的反应就会温和一些。

## 第四节　资本资产定价理论

**【大纲要求】**

| 内容 | 程度 |
|---|---|
| 1. 资本资产定价模型的假设条件 | 熟悉 |
| 2. 资本市场线和证券市场线的定义、图形及其经济意义 | 熟悉 |
| 3. 证券系数 β 的含义和应用 | 了解 |
| 4. 资本资产定价模型的应用 | 熟悉 |
| 5. 套利定价理论的原理 | 熟悉 |
| 6. 套利组合的概念及计算 | 掌握 |
| 7. 运用套利定价方程计算证券的期望收益率 | 熟悉 |
| 8. 套利定价模型的应用 | 熟悉 |

**【内容精讲】**

### 一、资本资产定价模型的假设条件

1. 资本资产定价模型简介

资本资产定价模型（Capital Asset Pricing Model，CAPM）是由美国学者夏

普（William Sharpe）、林特尔（John Lintner）、特里诺（Jack Treynor）和莫辛（Jan Mossin）等人于1964年在马科维茨证券组合理论和资本市场理论的基础上发展起来的，主要研究证券市场中资产的预期收益率与风险资产之间的关系（为了补偿某一特定程度的风险，投资者应该获得多少的报酬率），以及均衡价格是如何形成的，是现代金融市场价格理论的支柱，广泛应用于投资决策和公司理财领域。

2. CAPM 假设条件

（1）投资者都依据期望收益率评价证券组合的收益水平，依据方差（或标准差）评价证券组合的风险水平，并按照投资者的共同偏好规则选择最优证券组合。

（2）投资者对证券的收益、风险及证券间的关联性具有完全相同的预期。

（3）资本市场没有摩擦。该假设意味着：在分析问题的过程中，不考虑交易成本及对红利、股息和资本利得的征税，信息在市场中自由流动，任何证券的交易单位都是无限可分的，市场只有一个无风险借贷利率，在借贷和卖空上没有限制。

上述假设中，前两条是对投资者的规范，最后一条是对现实市场的简化。

基于这样的假设，资本资产定价模型研究的重点在于探求风险资产收益与风险的数量关系，即为了补偿某一特定程度的风险，投资者应该获得多少的报酬率。

【真题回顾（201605）】资本资产定价理论是在马科维茨投资组合理论的基础上提出的，下列不属于其假设条件的是（　　）。

A. 资本市场没有摩擦

B. 投资者对证券的收益、风险及证券间的关联性具有完全相同的预期

C. 资产市场不可分割

D. 投资者都依据期望收益率评价证券组合的收益水平，依据方差（或标准差）评价证券组合的风险水平

答案：C

解析：资本资产定价模型的假设条件包括：①投资者都依据期望收益率评价证券组合的收益水平，依据方差（或标准差）评价证券组合的风险水平，并按照投资者的共同偏好规则选择最优证券组合。②投资者对证券的收益、风险及证券间的关联性具有完全相同的预期。③资本市场没有摩擦。该假设是指：在分析问题的过程中，不考虑交易成本和对红利、股息及资本利得的征税，信息市场中自由流动，任何证券的交易单位都是无限可分的，市场只有一个无风

险借贷利率，在借贷和卖空上没有限制。

## 二、资本市场线和证券市场线的定义、图形及其经济意义

1. 资本市场线的定义和图形

资本市场线（Capital Market Line，CML）是指表明有效组合的期望收益率和标准差之间的一种简单的线性关系的一条射线。它是沿着投资组合的有效边界，由风险资产和无风险资产构成的投资组合。

用 $\sigma_p$ 表示有效组合 P 的标准差，用 $E(r_p)$ 表示有效组合 P 的期望收益率（又称为收益率均值），则由均值标准差可以组成一个数学中的二维平面，称为均值标准差平面。

在资本资产定价模型假设下，当市场达到均衡时，市场组合 M 成为一个有效组合，而所有有效组合都可视为无风险证券 F 与市场组合 M 的再组合；这些有效组合在期望收益率和标准差的坐标系中刚好构成连接无风险资产 F 与市场组合 M 的射线 FM，这条射线称为资本市场线。如图 2－12 所示。

资本市场线揭示了有效组合的收益和风险之间的均衡关系，其方程为

$$E(r_p) = r_F + \left[\frac{E(r_M) - r_F}{\sigma_M}\right]\sigma_p$$

其中，$E(r_p)$、$\sigma_p$ 是有效组合 P 的期望收益率和标准差；$E(r_M)$、$\sigma_M$ 是市场组合 M 的期望收益率和标准差；$r_F$ 表示无风险收益率。

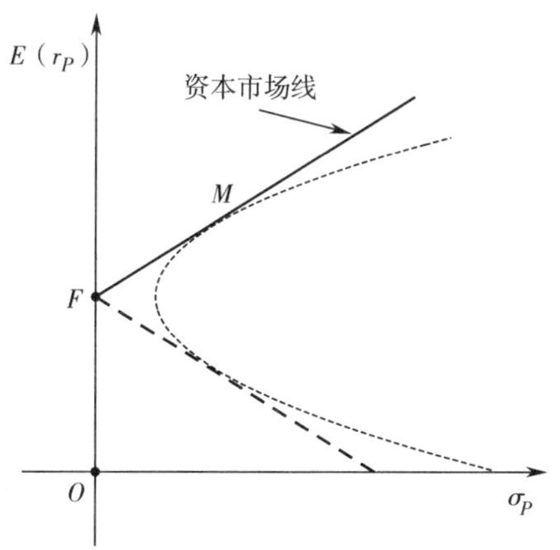


图 2－12　资本市场线

2. 资本市场线的经济意义

资本市场线方程系统阐述了有效组合的期望收益率和风险之间的关系。有效组合的期望收益率由两部分构成：

（1）无风险利率 $r_F$，由时间创造，是对放弃即期消费的补偿；

（2）$\left[\frac{E(r_M)-r_F}{\sigma_M}\right]\sigma_p$ 表示风险溢价，是对承担风险 $\sigma_p$ 的补偿，与承担的风险的大小成正比。其中的系数 $\frac{E(r_M)-r_F}{\sigma_M}$ 代表了对单位风险的补偿，称为风险的价格。

3. 证券市场线的定义和图形

证券市场线（Security Market Line，SML），是资本资产定价模型（CAPM）的图示形式，可以反映证券报酬率与系统风险程度 $\beta$ 系数之间的关系以及市场上所有风险性资产的均衡期望收益率与风险之间的关系。

单个证券和证券组合的 $\beta$ 系数都可以作为风险的合理测定，它们的期望收益与由系数测定的系统风险之间存在线性关系。证券市场线即以 $\beta_p$ 为横坐标、$E(r_p)$ 为纵坐标，衡量由 $\beta$ 系数测定的系统风险与期望收益间线性关系的直线，如图 2－13 所示。

证券市场线用数学公式表示为

$$E(r_p)=r_F+[E(r_M)-r_F]\times\beta_p$$

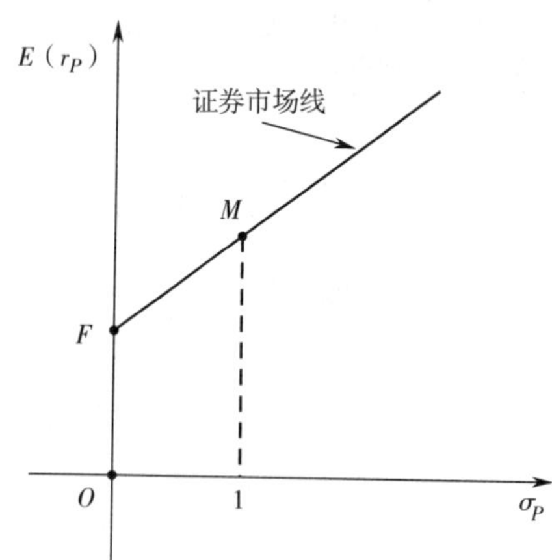


**图 2－13　证券市场线**

4. 证券市场线的经济意义

跟资本市场线类似，证券市场线表示任意证券或组合的期望收益率由以下两部分构成：

（1）无风险利率 $r_F$，由时间创造，是对放弃即期消费的补偿；

（2）$[E(r_M)-r_F]\times\beta_p$ 为风险溢价，是对承担风险的补偿，它与承担的风险 $\beta_p$ 的大小成正比。其中的系数 $[E(r_M)-r_F]$ 代表了对单位风险的补偿，称为风险的价格。

【真题回顾（201703、201611）】下列关于证券市场线的表述，正确的有（　　）。

A. 证券市场线上的任何一个点都是有效组合

B. 证券市场线上代表了有效组合预期回报率和 $\beta$ 系数之间的均衡关系

C. 证券市场线意味着与市场组合协方差更大的证券具有更高的预期回报率

D. 证券市场线的斜率越高意味着承担的系统风险越大

答案：C

解析：资本市场线揭示了有效组合的收益风险均衡关系，资本市场线上的任何一点都是有效组合，所以 A 错。证券市场线揭示的是任意证券或组合的期望收益率与风险之间的关系，所以 B 错。证券市场线的定义公式为 $E(r_p)=r_p+[E(r_M)-r_F]\times\beta_p]$，可知斜率为 $[E(r_M)-r_F]$，代表对单位风险的补偿，值越大，表明投资者越厌恶风险；$\beta$ 系数用来衡量证券承担系统风险的大小，$\beta$ 系数越大意味着承担的系统性风险越大，所以 D 错误。本题选 C。

5. 资本市场线与证券市场线的区别

（1）资本市场线的横轴是“标准差”（既包括系统风险又包括非系统风险）；证券市场线的横轴是“$\beta$ 系数”（只包括系统风险）。

（2）资本市场线是由风险资产和无风险资产构成的投资组合的有效边界，仅适用于有效组合。测度风险的工具是整个资产组合的标准差。证券市场线描述的是市场均衡条件下单项资产或资产组合（无论是否已经有效地分散风险）的期望收益与风险之间的关系。适用于单项资产或资产组合（无论是否有效分散风险）。测度风险的工具是单项资产或资产组合的 $\beta$ 系数。

（3）资本市场线揭示的是“持有不同比例的无风险资产和市场组合情况下”风险和报酬的权衡关系；证券市场线揭示的是“证券本身的风险和报酬”之间的对应关系。

（4）资本市场线中的“风险组合的期望报酬率”与证券市场线中的“平均股票的要求收益率”含义不同；“资本市场线”中的“$\sigma$（标准差）”不是证券市场线中的“$\beta$ 系数”。

（5）资本市场线表示的是“期望报酬率”，即投资“后”期望获得的报酬率；证券市场线表示的是“要求收益率”，即投资“前”要求得到的最低收益率。

（6）资本市场线的作用在于确定投资组合的比例；证券市场线的作用在于根据“必要报酬率”，利用股票估价模型，计算股票的内在价值。

（7）资本市场线和证券市场线的斜率都表示风险价格，但含义不同，前者表示整体风险的风险价格，后者表示系统风险的风险价格。

【真题回顾（201604）】关于资本市场线 SML 和证券市场线 CML 下列说法正确的有（　　）。

A. 两者都表示有效组合的收益与风险关系

B. SML 适合于所有证券或组合的收益风险关系，CML 只适合于有效组合的收益风险关系

C. SML 以 $\beta$ 描绘风险，而 CML 以 $\sigma$ 描绘风险

D. SML 是 CML 的推广

答案：BCD

解析：A 项，资本市场线 SML 表明有效投资组合的期望收益率与风险是一种线性关系；而证券市场线 CML 表明任一投资组合的期望收益率与风险是一种线性关系。

## 三、证券系数 $\beta$ 的含义和应用

1. 证券系数 $\beta$ 的含义

（1）$\beta$ 系数反映证券或证券组合方差的贡献率，市场组合方差是市场中每一证券（或组合）与市场组合协方差的加权平均值，加权值是单一证券（或组合）的投资比例。因此，$\beta_r$（$\sigma_{iM}/\sigma^2_M$）可以作为单一证券（组合）的风险测定。

（2）$\beta$ 系数反映了证券或组合的收益水平对市场平均收益水平变化的敏感性。

（3）$\beta$ 系数是衡量证券承担系统风险水平的指数（贝塔系数是统计学上的概念，它所反映的是某一投资对象相对于大盘的表现情况）。$|\beta|>1$，证券的波动幅度大于市场组合，为“激进型”；$|\beta|=1$，证券的波动幅度与市场组合相当，为“平均风险”；$|\beta|<1$，证券的波动幅度小于市场组合，为“防卫型”。

2. 证券系数$\beta$的应用

（1）证券的选择

牛市时，在估值优势相差不大的情况下，投资者会选择$\beta$系数较大的股票，以期获得较高的收益；熊市时，投资者会选择$\beta$系数较小的股票，以减少股票下跌的损失。

（2）风险控制

风险控制部门或投资者通常会控制$\beta$系数过高的证券投资比例。另外，针对衍生证券的对冲交易，通常会利用系数控制对冲的衍生证券头寸。

（3）投资组合绩效评价

评价组合业绩基于风险调整后的收益进行考量，即既要考虑组合收益的高低，也要考虑组合所承担风险的大小。

【真题回顾（201604）】下列关于$\beta$系数说法正确的是（　　）。

A. $\beta$系数的值越大，其承担的系统风险越小

B. $\beta$系数是衡量证券系统风险水平的指数

C. $\beta$系数的值在 0 到 1 之间

D. $\beta$系数是证券总风险大小的度量

答案：B

解析：$\beta$系数衡量的是证券的系统风险，$\beta$值越大，证券的系统风险越大；$\beta$系数的绝对值分为大于 1、小于 1 和等于 1 三种情况；当证券的收益率与市场组合收益率负相关时，$\beta$系数为负数。

【真题回顾（201605）】关于$\beta$系数的含义，下列说法中正确的有(　　)。

A. $\beta$系数绝对值越大，表明证券或组合对市场指数的敏感性越弱

B. $\beta$系数为曲线斜率，证券或组合的收益与市场指数收益呈曲线相关

C. $\beta$系数为直线斜率，证券或组合的收益与市场指数收益呈线性相关

D. $\beta$系数绝对值越大，表明证券或组合对市场指数的敏感性越强

答案：CD

解析：证券或组合的收益与市场指数收益呈线性相关，$\beta$系数为直线斜率，反映了证券或组合的收益水平对市场平均收益水平变化的敏感性。$\beta$系数值绝对值越大，表明证券或组合对市场指数的敏感性越强。

## 四、资本资产定价模型的应用

资本资产定价模型的应用包括资产估值和资源配置两个方面。

1. 资产估值

在资产估值方面，资本资产定价模型主要被用来判断证券是否被市场错误定价。根据资本资产定价模型，每一证券的期望收益率应等于无风险利率加上该证券由 $\beta$ 系数测定的风险溢价，公式为

$$E(r_i) = r_F + [E(r_M) - r_F] \times \beta_i$$

通过上述计算公式，当我们获得市场组合期望收益率的估计和该证券的风险 $\beta_i$ 的估计时，我们就能计算市场均衡状态下证券 $i$ 的期望收益率 $E(r_i)$。

另外，市场对证券在未来所产生的收入流（股息加期末价格）有一个预期值，这个预期值与证券 $i$ 的期初市场价格及其预期收益率 $E(r_i)$ 之间有如下关系：

$$E(r_i) = \frac{E(\text{股息} + \text{期末价格})}{\text{期初价格}} - 1$$

假设市场处在均衡状态下，则上述两个 $E(r_i)$ 应有相同的值，因此，推导出均衡期初价格应为

$$\text{均衡的期初价格} = \frac{E(\text{股息} + \text{期末价格})}{1 + E(r_i)}$$

于是，我们可以将现行的实际市场价格与均衡的期初价格进行比较。两者不等，则说明市场价格被误定，在理论上被误定的价格应该有回归的要求。利用这一点，我们便可获得超额收益。具体来讲，当实际价格低于均衡价格时，说明该证券是廉价证券，我们应该购买该证券；相反，当实际价格高于均衡价格时，我们应卖出该证券，将资金用于购买其他廉价证券。

【真题回顾（201605）】证券 X 的期望收益率为 0.11，$\beta$ 是 1.5，无风险收益率为 0.05，市场期望收益率为 0.09。根据资本资产定价模型，这只证券（　　）。

A. 被低估　　B. 被高估　　C. 定价公平　　D. 价格无法判断

答案：C

解析：根据 CAPM 模型，其风险收益率 = 0.05 + 1.5 ×（0.09 − 0.05） = 0.11，其与证券的期望收益率相等，说明市场给其定价既没有高估也没有低估，是比较合理的。

2. 资源配置

资本资产定价模型在资源配置方面的一项重要应用，就是根据对市场走势的预测来选择具有不同 $\beta$ 系数的证券或组合以获得较高收益或规避市场风险。

证券市场线表明，$\beta$ 系数反映了证券或组合对市场变化的敏感性，因此当

有很大把握预测牛市到来时，应选择那些高 $\beta$ 系数的证券或组合。这些高 $\beta$ 系数的证券将成倍地放大市场收益率，带来较高的收益。相反，在熊市到来之际，应选择那些低 $\beta$ 系数的证券或组合，以减少因市场下跌而造成的损失。

### 五、套利定价理论的原理

1. 假设条件

（1）投资者都是追求收益的，同时也是厌恶风险的。

（2）所有证券的收益都受到一个共同因素 F 的影响，并且证券的收益率具有如下的构成形式：

$$r_i = A_i + b_i F_1 + \varepsilon_i$$

其中，$r_i$ 指证券 $i$ 的实际收益率；$A_i$ 是因素指标 $F_1$ 为 0 时证券 $i$ 的收益率；$b_i$ 是因素指标 $F_1$ 的系数，反映证券 $i$ 的收益率 $r_i$ 对因素指标 $F_1$ 变动的敏感性，也称“灵敏度系数”；$F_1$ 是指影响证券的那个共同因素 F 的指标值；$\varepsilon_i$ 是指证券 $i$ 收益率 $r_i$ 的残差项。

（3）投资者能够发现市场上是否存在套利机会，并利用该机会进行套利。

上述三项假设各有各的功能。第一项是对投资者偏好的规范；第二项是对收益生成机制的量化描述；第三项是对投资者处理问题能力的要求。

依据证券组合收益率的计算公式和上述假设（2）中的公式，我们可以得出，任何一个由 N 种证券并按比重 $x_1, x_2, \cdots, x_N$ 构成的组合 P，其收益的生成也具有假设（2）中公式所描述的形式，即

$$r_p = A_p + b_p F_1 + \varepsilon_p$$

其中，$r_p$ 为证券组合 P 的实际收益率；$A_p$ 为因素指标 $F_1$ 为 0 时证券组合 P 的收益率，$b_p$ 为因素指标 $F_1$ 的系数，$b_p = x_1 b_1 + x_2 b_2 + \cdots + x_N b_N$，反映证券组合 P 的收益率 $r_p$ 对因素指标 $F_1$ 变动的敏感性，也称为“灵敏度系数”；$F_1$ 是影响证券组合 P 的那个共同因素 F 的指标值；$\varepsilon_p$ 是证券组合 P 的收益率 $r_p$ 的残差项，数学表达式为 $\varepsilon_p = x_1 \varepsilon_1 + x_2 \varepsilon_2 + \cdots + x_N \varepsilon_N$。

2. 套利定价模型

套利组合理论认为，当市场上存在套利机会时，投资者会不断进行套利交易，从而不断推动证券的价格向套利机会消失的方向变动，直到套利机会消失为止，此时证券的价格即为均衡价格，市场也就进入均衡状态。此时证券或组合的期望收益率具有下述构成形式：

$$E(r_i) = \lambda_0 + b_i \lambda_1$$

上式通常称为套利定价模型，其中，$E(r_i)$ 是指证券 $i$ 的期望收益率；$\lambda_0$ 是与证券和因素 F 无关的常数；$\lambda_1$ 是对因素 F 具有单位敏感性的因素风险溢价。

前面的式子是在假定市场上所有证券仅受到一个共同因素影响的前提条件下得出的。事实上，在多因素共同影响所有证券的情况下，套利定价模型也是成立的，其一般表现形式为

$$E(r_i) = \lambda_0 + b_{i1}\lambda_1 + b_{i2}\lambda_2 + \cdots + b_{iN}\lambda_N$$

其中，$E(r_i)$ 是指证券 $i$ 的期望收益率；$\lambda_0$ 是与证券和因素 F 无关的常数；$b_{ik}$ 是证券 $i$ 对第 $k$ 个影响因素的灵敏度系数；$\lambda_k$ 是对因素 $F_k$ 具有单位敏感性的因素风险溢价。

套利定价模型表明，市场均衡状态下，证券或组合的期望收益率完全由所承担的因素风险决定；承担相同因素风险的证券或证券组合都应该具有相同期望收益率；期望收益率与因素风险的关系，可由期望收益率的因素敏感性的线性函数反映。

## 六、套利组合的概念及计算

1. 套利组合的概念

套利组合，是指满足下述三个条件的证券组合：

（1）该组合中各种证券的权数满足 $w_1 + w_2 + \cdots + w_N = 0$ 。

（2）该组合的因素灵敏度系数为0，即 $w_1 b_1 + w_2 b_2 + \cdots + w_N b_N = 0$ 。其中，$b_i$ 表示证券 $i$ 的因素灵敏度系数。

（3）该组合具有正的期望收益率，即 $w_1 E(r_1) + w_2 E(r_2) + \cdots + w_N E(r_N) > 0$ 。其中，$E(r_i)$ 表示证券 $i$ 的期望收益率。

套利定价理论认为，如果市场上不存在（找不到）套利组合，那么市场上就不存在套利机会。

2. 套利组合的计算

套利组合的计算就是依据套利组合的概念，来计算套利组合的期望收益率。

$$\begin{cases} w_1 + w_2 + \cdots + w_N = 0 \\ w_1 b_1 + w_2 b_2 + \cdots + w_N b_N = 0 \\ w_1 E(r_1) + w_2 E(r_2) + \cdots + w_N E(r_N) > 0 \end{cases}$$

根据上式，可知满足上式的表达式 $E = w_1 E(r_1) + w_2 E(r_2) + \cdots + w_N$

$E(r_N)$ 的解与证券的权数相关，并且方程组能对权数的取值作一定限制，最终的期望收益率 E 并不是随意无限大。

举例：假如，有一个套利组合（$w_1, w_2, w_3$）满足 $b_1 = 1, b_2 = 2, b_3 = 3$；$E(r_1) = 0.20, E(r_2) = 0.15, E(r_3) = 0.25$；得到

$$\begin{cases} w_1 + w_2 + w_3 = 0 \\ w_1 + 2w_2 + 3w_3 = 0 \\ 0.2w_1 + 0.15w_2 + 0.25w_3 > 0 \end{cases}$$

在已知条件下，显然这个方程的解有无数个，取满足上述方程的一组解（0.1，－0.2，0.1），得到套利组合的期望收益率为

$$E = 0.2 \times 0.1 - 0.15 \times 0.2 + 0.25 \times 0.1 = 0.015 = 1.5\%$$

单纯从数学上分析，对前两个方程消元，得到

$$w_1 = w_3; w_2 = -2w_3$$

代入收益率方程得：$E = 0.2 \times w_3 - 0.15 \times 2w_3 + 0.25w_3 = 0.15w_3$。很明显，$w_3$ 取值越大，盈利就越多，但显然现实中的约束很多，不可能有无限高的收益。例如，当投资者持有第二种证券的比例为20%且不允许卖空时，则投资者此时盈利最大化的操作是全部卖掉证券二，买入证券一10%，买入证券三10%，此时，期望收益率增加量为

$$E = 0.2 \times 0.1 - 0.15 \times 0.2 + 0.25 \times 0.1 = 0.015 = 1.5\%$$

## 七、运用套利定价方程计算证券的期望收益率

套利定价模型的一般表现形式为

$$E(r_i) = \lambda_0 + b_{i1}\lambda_1 + b_{i2}\lambda_2 + \cdots + b_{iN}\lambda_N$$

计算证券期望收益率的过程就是根据已知条件，代入计算得出 $E(r_i)$ 的值。其中，$E(r_i)$ 是指证券 $i$ 的期望收益率；$\lambda_0$ 是与证券和因素 F 无关的常数；$b_{ik}$ 是证券 $i$ 对第 $k$ 个影响因素的灵敏度系数；$\lambda_k$ 是对因素 $F_k$ 具有单位敏感性的因素风险溢价。

## 八、套利定价模型的应用

套利定价模型在实践中的应用一般有两个方面：

（1）可以运用统计分析模型对证券的历史数据进行分析，以分离出那些统

计上显著影响证券收益的主要因素。

（2）根据上步确定的与证券收益有关的影响因素，通过对证券的历史数据进行回归以获得相应的灵敏度系数，再运用公式 $E(r_i) = \lambda_0 + b_{i1}\lambda_1 + b_{i2}\lambda_2 + \cdots + b_{iN}\lambda_N$ 预测证券的收益。

## 第五节　有效市场假说

【大纲要求】

| 内容 | 程度 |
|---|---|
| 1. 预期效用理论 | 熟悉 |
| 2. 认知过程的偏差 | 熟悉 |
| 3. 过度自信和心理账户的概念 | 熟悉 |
| 4. 羊群效应 | 熟悉 |
| 5. 时间偏好和损失厌恶效应 | 熟悉 |
| 6. 前景理论 | 了解 |
| 7. 金融市场中的个体心理与行为偏差的概念 | 熟悉 |
| 8. 金融市场中的群体行为与金融泡沫 | 熟悉 |
| 9. 金融市场泡沫的特征和规律 | 掌握 |
| 10. 行为资产定价理论 | 了解 |
| 11. 有效市场假说的概念、假设条件 | 了解 |
| 12. 有效市场假说与行为金融理论的联系与区别 | 了解 |
| 13. 强式有效、弱式有效、半强式有效的基本特征 | 掌握 |
| 14. 有效市场假说在证券投资中的应用 | 掌握 |

【内容精讲】

### 一、预期效用理论

1. 定义

预期效用理论又称期望效用函数理论，是 20 世纪 50 年代冯·纽曼和摩根斯坦在公理化假设的基础上，运用逻辑和数学工具，建立的不确定条件下对理性人选择进行分析的框架。

预期效用理论的成立，是有其公理化的假设前提和人们逻辑化的决策偏好顺序的。决策是人们从多种备选方案或事件中作出的选择，经济学对决策问题的探究主要针对的是不确定条件下的决策；效用是一个抽象的概念，在经济学中用来表示从消费物品中得到的主观享受或满足，它是无法准确度量的，与价钱和消费并不必然正相关；而偏好则是人们对不同方案或事件状态进行价值与效用的辨优，偏好是建立在消费者可以观察到的选择行为之上的，我们对每一种选择的偏好度是有一定顺序的。因此，决策、效用与偏好是紧密相连的，它们共同构成了人类一切经济行为的起点。

2. 预期效用函数

如果某个随机变量 X 以概率 $P_i$ 取值 $x_i(i=1,2,\cdots,n)$，并且某人在取得 $x_i$ 时的效用为 $u(x_i)$，那么该随机变量的效用值可以表示为

$$U(X)=E[u(X)]=P_1u(x_1)+P_2u(x_2)+\cdots+P_nu(x_n)$$

其中，$E[u(X)]$ 表示关于随机变量 X 的期望效用。因此，$U(X)$ 称为期望效用函数。

3. 基础假定

预期效用理论认为人们是风险厌恶的，也就是一条下凹的效用函数曲线。预期效用理论建立在决策主体偏好理性的一系列严格的公理化假定体系基础上，它们是现代决策理论的基石，这些公理化的价值衡量标准假定主要包括优势性、恒定性、传递性。

（1）优势性

如果期望 A 至少在一个方面优于期望 B，并且在其他方面都不亚于 B，那么 A 优于 B，这就是优势性。优势性简单而有说服力，它是标准决策理论的基石。

（2）恒定性

各个期望的优先顺序不依赖于它们的描述方式，或者说同一个决策问题即使在不同的表示方式下也将产生同样的选择。恒定性原则被人们普遍认同，以至于人们将它默认为公理而不需要验证。

（3）传递性

一般地，只要 A 优于 B，B 优于 C，那么 A 就优于 C，这就是偏好的传递性。

4. 缺陷

现实中，人们在不确定性决策中存在着很多系统性违背预期效应理论的公理化假设，这对预期效用理论提出了质疑。预期效用理论的缺陷可以总结为两

个部分：理性人的假设和悖论的挑战。

（1）理性人假设。实际上，投资者并不是纯粹的理性人，其决策和行为还受到其复杂的心理机制和其他外部条件的影响。

（2）预期效用理论在一系列选择实验中受到了一些悖论的挑战。如确定性效应、同结果效应、同比率效应、反射效应、孤立效应、偏好反转、隔离效应等。

①确定性效应

在预期效用理论中总的效用是直接用概率作为权重，来对各个可能性收益的效用进行加权。然而现实中，与某种概率性的收益相比，人们赋予确定性的收益更多权重，这种现象被称为“确定性效应”。

②同结果效应

1952 年，法国经济学家、诺贝尔经济学奖获得者阿莱提出了同结果效应，也称为阿莱悖论。阿莱的实验是对 100 人测试所设计的赌局：赌局 A，100% 的机会得到 100 万元；赌局 B，10% 的机会得到 500 万元，89% 的机会得到 100 万元，1% 的机会什么也得不到。实验结果：绝大多数人选择 A 而不是 B，虽然赌局 A 的期望值小于赌局 B 的期望值。

然后阿莱使用新赌局对这些人继续进行测试：赌局 C，11% 的机会得到 100 万元，89% 的机会什么也得不到；赌局 D，10% 的机会得到 500 万元，90% 的机会什么也得不到。实验结果：绝大多数人选择 D 而非 C，虽然赌局 C 的期望值小于赌局 D 的期望值。

关于一致偏好情形的发生，阿莱解释为接近必然时对安全的偏好。

③同比率效应

1979 年，麦克里蒙（MacCrimmon）和拉森（Larsson）根据阿莱悖论“同结果效应”，又研究了一个“同比率效应”问题。他们在实验中提出了两套新的选择方案，第一套方案 C1 和 C2 分别是：方案 C1，100% 的可能性获得 100 万法郎；方案 C2，80% 的可能性获得 500 万法郎，20% 的可能性一无所获。第二套方案 D1 和 D2 分别是：方案 D1，5% 的可能性获得 100 万法郎，95% 的可能性一无所获；方案 D2，4% 的可能性获得 500 万法郎，96% 的可能性一无所获。麦克里蒙和拉森注意到在方案 C1 和 C2 中，赢钱的概率比为 1/0.8，与方案 D1 和 D2 的比率 0.05/0.04，是相等的，因此他们将这一现象定义为“同比率效应”。在这种情况下，人们通常选择 C1 > C2，D2 > D1，虽然比率相同，但选择相反。因此可得出：与同结果效用类似，如果对一组收益概率进行相同比率的变换，也会产生不一致的选择，这就是“同比率效应”。

④反射效应

Kahneman 和 Tversky 设计的实验说明，人在面临盈利与亏损时的偏好是存在明显差异的。

第一个实验：假设有两个赌局：E，有 80% 的概率得到 4000 元；F，肯定得到 3000 元。

第二个实验在第一个实验的基础上进行，只是把收益（Gains）改成损失（Losses）。

假设有两个赌局：K，有 80% 的概率输掉 4000 元；L，有 100% 的概率输掉 3000 元。

在第一个实验中，有 80% 的受访者选择 F 赌局，即选择确实性可得（100% 得到）3000 元，而不选择有 80% 机会得到 4000 元的赌局（虽然此选择的期望值是 3200 元）；第二个实验，赌局的结果是损失，K 赌局有 80% 的概率损失 4000 元，L 赌局是 100% 损失 3000 元，那么有 92% 的受访者选择 K 赌局。我们可以发现，实验一与实验二的结果完全相反，也就是说，赌徒面对损失时的选择，恰好跟面对收益时相反。但传统的期望效用理论认为，赌徒在不确定条件下，对收益的选择应该是没有差别的，都是以期望效用（值）最大化作为选择的圭臬。但实验的结果显示，面对损失的前景，决策者的选择并不是与期望效用理所展示的方向相同。这正是前景理论中的反射效应所揭示的含义。这个含义是说：决策者对损失前景的偏好顺序恰好与收益前者相反，表现出爱好风险的倾向。这个实验正好解释了为何大部分人在赌博赢了钱时，注码越下越小，越来越谨慎；但输了钱时，就越赌越大，越来越爱好风险，即所谓赢缩输谷的策略。

⑤孤立效应

孤立效应是指当个人面对不同前景的选项进行选择时，他会忽视所有前景所共有的部分，孤立效应会导致一个前景的描述方法变化改变个人决策者决策的结论。

为了简化在不同选项中的选择，人们通常忽略各选项共有的部分而集中于它们之间相互有区别的部分。这一选择方式可能会引起不一致的偏好，因为预期可以以不止一种方式将选项分解成共同的和有区别的部分，不同的分解方式有时会导致不同的偏好，人们通常忽略选择中所共有的部分，这种现象称为“孤立效应”。

⑥偏好反转

偏好反转是指决策者在相同评价条件但不同的引导模式下，对方案的选择偏好出现差异，甚至逆转的现象。

⑦隔离效应

隔离效应是指即使某一信息对决策并不重要，或即使他们不考虑所披露信息也能作出相同的决策，但人们依然愿意等待直到信息披露以后再作出决策。

## 二、认知过程的偏差

心理学知识表明，人类在不确定性条件下的判断与决策过程是一个复杂的信息加工过程，这一过程中往往存在各种偏差，从而导致了对理性决策的偏离。投资者在判断与决策中出现认知偏差的原因主要有：

（1）人性存在自私、趋利避害等弱点；

（2）投资者的认知中存在诸如有限的短时记忆容量，不能全面了解信息等生理能力方面的限制；

（3）投资者的认知中存在信息获取、加工、输出、反馈等阶段的行为、心理偏差的影响。

认知过程的偏差主要有启发式偏差和框定依赖偏差两种。

1. 启发式偏差

人们所应用的问题决策过程可分为算法和启发法两类。算法是客观地、精确地指明解题的步骤。启发法，也称为经验法则或拇指法则，是主观的、凭借经验的解题方法，通常是笼统和片面的。算法和启发法是两类性质完全不同的问题解决策略。启发式偏差，是指智力正常、教养良好的人却作出了错误的判断和决策。

人们在决策过程中依赖经验法则而不是算法来对事物进行判断，这个过程中可能产生的认知偏差有：

（1）依据事物的相似性而进行推断的代表性启发偏差；

（2）根据自身记忆的强度而进行推断的可得性启发偏差；

（3）锚定于一些不相关信息的错定与调整性偏差；

（4）受制于自身的感情、直觉、本能的情感启发性偏差等。

这四种方法既会得出正确的推理结果，又可能导致错误的推理结论。错误的推理结果以心理偏差的形式表现出来。

2. 框定依赖偏差

人们在决策中，会因为事物的呈现方式或背景变化而产生框定依赖偏差，这一偏差导致了对理性决策的优势性和恒定性的违背。对信息干扰的背景包括对比效应、首因效应、近因效应、晕轮效应等。

（1）对比效应。认知心理学中，因同时或先后受到性质不同或相反的刺激物的作用，引起感受发生变化的现象，称为对比效应。

（2）首因效应。人与人第一次交往中给别人留下的印象，会在对方的头脑中形成并占据着主导地位，这种效应称为首因效应，也就是通常说的先入为主。

（3）近因效应。近因效应与首因效应相反，是指在多种刺激一次出现的时候，印象的形成主要取决于后来出现的刺激，即交往过程中，我们对他人最近、最新的认识占了主体地位，掩盖了以往形成的对他人的评价，所以也称为"新颖效应"。

（4）晕轮效应。晕轮效应最早是由美国著名心理学家桑戴克于20世纪20年代提出的。他认为，人们对人的认识和判断往往只从局部出发，扩散而得出整体印象，常常以偏概全，这一心理现象被称为"晕轮效应"。

【模拟练习】投资者在判断与决策中出现认知偏差的原因主要有（　　）。

A. 人性存在自私等弱点

B. 人性存在趋利避害等弱点

C. 投资者的认知中存在诸如有限的短时记忆容量等生理能力方面的限制

D. 投资者的认知中存在诸如不能全面了解信息等生理能力方面的限制

答案：ABCD

解析：人们在决策过程中依赖经验法则而不是算法来对事物进行判断，这个过程中可能产生的认知偏差有：依据事物的相似性而进行推断的代表性启发偏差；根据自身记忆的强度而进行推断的可得性启发偏差；锚定于一些不相关信息的锚定与调整性偏差；受制于自身的感情、直觉、本能的情感启发性偏差等。

### 三、过度自信和心理账户的概念

1. 过度自信

过度自信是指人们过于相信自己的判断能力，高估成功的概率，把成功归功于自己的能力，而低估运气、机遇和外部力量在其中的作用的认知偏差。投资者是过度自信的，尤其对其自身知识的准确性过度自信，从而系统性地低估某类信息并高估其他信息。

投资者的过度自信对他们处理信息有直接和间接的影响，直接影响是使投资者过分依赖自己收集到的信息而忽视公司会计报表；间接影响则是在过滤信息时，注重那些能够增强他们自信的信息，而忽视那些削弱他们自信的信息。过度自信对金融市场上的交易量、市场效率、波动性、投资者期望效用等都有影响。

2. 心理账户

心理账户是指人们在心里无意识地把财富划归不同的账户进行管理，运用不同的记账方式和心理运算规则，也就是错误地将一些偶尔或轻易得到的资金的价值估计得比自己正常获得的资金的价值低。其存在使投资者在作出决策时往往违背一些简单的经济运行法则，作出许多非理性的投资或消费行为。

人们通过三种心理账户对面对的选择得失进行评价：

（1）最小账户，仅仅与可选方案间的差异有关，而与各个方案的共同特性无关；

（2）局部账户，描述的是可选方案的结果与参考水平之间的关系，这个参考水平由决策的背景决定；

（3）综合账户，从更广的类别对可选方案的得失进行评价。

## 四、羊群效应

1. 定义

羊群行为也就是“从众行为”，属于心理学的研究范畴，《乌合之众》算是早期的一本著作，对群体行为的研究就已经十分的深入，这里我们只讲羊群效应跟投资业务方面的联系。羊群效应会导致投资者在交易过程中存在学习与模仿现象，从而导致他们在一段时间内出现相同的交易行为。

投资者的羊群行为既不利于个人的投资收益，也不利于金融市场的稳定。对投资者而言，羊群行为的投资者在市场中获得的收益率比较低，而对整个金融市场而言，羊群行为所导致的群体一致性行为会促使股票价格对价值的偏离，形成一种正反馈机制，导致股票市场的非理性繁荣和恐慌，加剧了股票市场的系统性风险。

2. 原因

金融投资决策中的羊群行为是普遍存在的，其发生的原因可以归纳为以下几个方面：

（1）投资者信息不对称、不完全。模仿他人的行为以节约自己搜寻信息的成本。

（2）推卸责任的需要。后悔厌恶心理使决策者为了避免个人决策失误可能带来的后悔和痛苦，而选择与其他人相同的策略，或听从他人的建议。

（3）减少恐惧的需要。人类属于群体动物，偏离大多数人往往会产生一种孤独和恐惧感。

（4）缺乏知识经验以及其他一些个性方面的特征。如知识水平、智力水平、接收信息的能力、思维的灵活性、自信心等都是产生羊群行为的影响因素。

## 五、时间偏好效应和损失厌恶效应

1. 时间偏好效应

时间偏好是指人们在现在消费与未来消费之间的偏好，就是人们对现在的满意程度与对将来的满意程度的比值。人们越不喜欢现在，时间偏好就越低。

现代心理学表明，人们是按照双曲线而不是传统经济学认为的指数曲线来贴现将来预测的效用值的。双曲线贴现的特征是：人们对近期的增加时差要比远期增加的时差的贴现值要大。因此，一个人今天对将来某个时差与将来同一个时差的偏好是不同的。比如，当面对今天和明天时，我们可能会特别注意今天的处境；但是如果要做一件事的时间是99天后或100天后，人们通常会觉得这两天没有什么差别。人们的时间不一致偏好，在经济的各个领域中都有普遍的表现。

2. 损失厌恶效应

损失厌恶是指人们在面对收益和损失的决策时表现出不对称性。人们面对同样数量的收益和损失时，损失会使他们产生更大的情绪波动，这就是损失厌恶效应。期望理论认为，损失厌恶反映了人们的风险偏好并不是一致的，面对收益，人们表现为风险厌恶；面对损失，人们则表现为风险寻求。

（1）损失厌恶与禀赋效应

禀赋效应（Endowment Effect，禀赋是某一事务在处理前的自然状态）是与损失厌恶相关联的现象，由卡尼曼提出。禀赋效应是指个人一旦拥有某项物品，那么他对该物品价值的评价要比未拥有之前大大增加。这一现象可以用“损失厌恶”理论来解释，该理论认为一定量的损失给人们带来的效用降低要多过相同的收益给人们带来的效用增加。因此人们在决策过程中对利害的权衡是不均衡的，对“避害”的考虑远大于对“趋利”的考虑。出于对损失的畏惧，人们在出卖商品时往往会索要过高的价格。

卡尼曼曾发现捕猎野鸭者愿意平均每人支付 247 美元的费用以维持适合野鸭生存的湿地环境，但若要他们放弃在这块湿地捕猎野鸭，他们要求的赔偿却高达平均每人 1044 美元。禀赋效应的存在会导致买卖双方的心理价格出现偏差，从而影响市场效率。因此，两种方案被选择时，选择维持现状的居多，新方案往往不受欢迎。也就是说，如果将现状视为参考水平，那么决策者偏爱维持现状，因为盈利的诱惑力不足以抵消其对损失的厌恶感。

（2）短视的损失厌恶

在股票投资中，长期收益可能会周期性地被短期损失所打断，短视的投资者把股票市场视同赌场，过分强调潜在的短期损失。投资者不愿意承受这种短期损失的现象被称为“短视的损失厌恶”。投资者可能没有意识到，通货膨胀的长期影响可能会远远超过短期内股票的涨跌。

短视的损失厌恶是建立在两个概念之上的：一是投资者是损失厌恶的，即决策者倾向于把损失看得更重一些，损失带来的受伤害的感受是收益带来的良好感受的两倍多；二是投资者是“短视”的，他们会经常性地评价他们的投资组合，即使长期投资的投资者也要考虑短期的收益和损失。

## 六、前景理论

1. 定义

前景理论，也称为展望理论、预期理论，属于行为经济学的研究范畴，通过修正最大主观期望效用理论发展而来，由心理学教授卡尼曼和沃特斯基提出。这个理论的假设之一是，每个人基于初始状况的不同，对风险会有不同的态度。前景理论是指在实际生活中，人们的选择行为往往受到个人偏好、社会规范、观念习惯的影响，因而决策不一定能够实现期望收益最大化。前景理论实质上是关于不确定条件下人们的决策行为的理论，是行为金融学的重要内容。

它与锚定效应、泰勒的“心理账户”原理共同构成了行为经济学的三大基石；与后悔理论、过度反应理论及过度自信理论共同被誉为金融学的四大研究成果。2002 年，卡尼曼因为“将来自心理研究领域的综合洞察力应用在了经济学当中，尤其是在不确定情况下的人为判断和决策方面作出了突出贡献”，摘得 2002 年度诺贝尔经济学奖的桂冠。

前景理论是描述性范式的一个决策模型，它假设风险决策过程分为编辑和评价两个过程。在编辑阶段，个体凭借框架（Frame）、参照点（Reference

Point）等采集和处理信息，在评价阶段依赖价值函数（Value Function）和主观概率的权重函数（Weighting Function）对信息进行判断。

2. 编辑阶段

编辑是对不同的“前景”进行简化和重新编码。重新编码包括了编码、整合、分解、删除等主要操作。在人们的决策中观察到的很多异常都源自编辑阶段。在编辑阶段，个体凭借框架、参照点等采集和处理信息。

（1）框架是对问题的表征形式，同一个问题可以有多种表征形式，不同的框架导致决策产生不同的结果。框架受多种因素影响：框架维度、框架焦点、框架的边界、框架易于固化。不同的知识经验、生活环境、价值观可以为不同的人设定不同的框架，决策框架一旦形成，就倾向于稳定和固化。

（2）参照点是表征信息、形成获益或损失框架、作出决策的重要依据。人们在评价事物时，总要与一定的参考物相比较，当对比的参考物不同时，即使相同的事物也会得到不同的比较结果，参照点是一种主观评价标准。由于参照点的动态变化，投资者在收益区也可能表现出风险偏好，在损失区也可能表现出风险厌恶。

3. 评价阶段

在前景理论中，继编辑阶段之后的第二个阶段就是评价。也就是说，假设决策者对每一个被编辑过的前景加以评价，然后选择最高价值的前景，选择加权“价值函数”的最大值 V，V 是各价值 v 与权重 $\pi$ 的加权线性和。评价阶段依赖价值函数和权重函数对信息进行判断。

（1）价值函数

价值函数如图 2－14 所示。价值函数是经验型的，它有三个特征：大多数人在面临获得时是风险规避的；大多数人在面临损失时是风险偏爱的；人们对损失比对获得更敏感。

因此，人们在面临获得时往往小心谨慎，不愿冒险；而在面对失去时会很不甘心，容易冒险。人们对损失和获得的敏感程度是不同的，损失时的痛苦感远远超过获得时的快乐感。

长久以来，主流经济学都假设每个人作决定时都是“理性”的，然而现实情况并非如此；前景理论加入了人们对发生概率高低等条件的不对称心理效用，从而成功解释了许多看来不理性的现象。

价值函数的特征：

①价值的载体是财富或福利的改变而不是它们的最终状态，并以对参照点的偏离程度为标准，朝两个方向（分别是收益和损失）偏离且呈反射形状，即

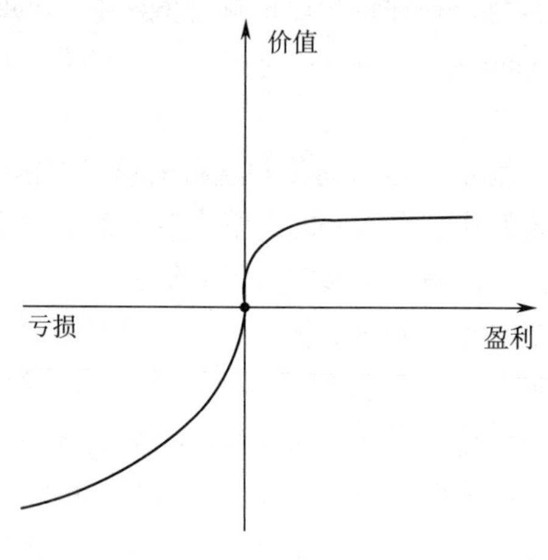


**图 2-14 价值函数**

“反射效应”。

②价值函数在参照点之上（收益区域）是凹的，表现为风险规避，即在确定性收益与非确定性收益中偏好前者；在参照点下（损失区域）是凸的，表现为风险喜好，即在确定性损失与非确定性损失中偏好后者，且对收益和损失的敏感性都是递减的。

③价值函数对财富变化的态度是损失的影响大于收益，即收益变化的斜率小于损失变化的斜率。

（2）权重函数

人们倾向于高估低概率事件、低估中高概率事件，而在中间阶段人们对概率的变化相对不敏感。但对极低概率赋予 0 的权重，而对极高概率赋予 1 的权重。

决策权重函数概率 P 是一个非线性函数，这个函数单调上升，它系统性地给小概率事件过多的权重，给大概率事件过小的权重。决策权重函数如图 2-15所示。

①权重函数 $\pi(P)$ 具有“确定性效应”。前景理论认为人们对概率的评价存在“确定性效应”。“确定性效应”导致权重函数的非线性，因此，前景理论将决策权重看成概率 P 的一个非线性函数 $\pi(P)$ 。

【注】现实中，与某种概率性的收益相比，人们赋予确定性的收益更多权重，这种现象被称为“确定性效应”。

②决策权重函数的特点

决策权重倾向于高估小概率事件［$\pi(P) > P$］和低估高概率事件

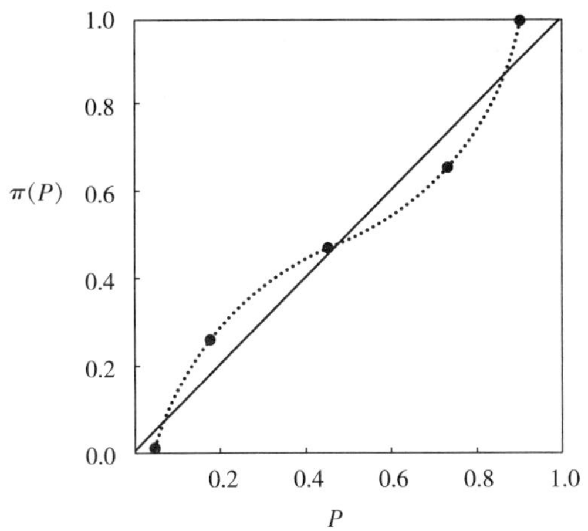


**图 2－15　权重函数**

[ $\pi(P) < P$ ]，也就是说，对不可能的事情赋予了很多的权重，对很有可能的事情却赋予低的权重；在中间阶段，人们对概率的变化不敏感。

（3）对期望效用理论和前景理论的理解

卡尼曼和特沃斯基认为，事实上两种方法都是必需的：期望效用理论描绘了理性行为的特征；而前景理论则描述了有限理性人的实际行为。期望效用理论为某些简单、透明的决策问题提供了标准；但大多数现实生活中的决策问题是复杂的，需要更加丰富的行为模型。

## 七、金融市场中的个体心理与行为偏差的概念

投资者在进行投资决策时，其行为模式会受到认知与心理因素的影响而发生偏差，尤其是在金融市场的不确定性条件下，这种行为模式的非理性偏差更为明显。金融市场个体投资者出现的心理和行为偏差主要有处置效应、过度交易行为、有限注意力驱动的交易、羊群行为、本土偏差和恶性增资等偏差。

1. 处置效应

处置效应指由于损失厌恶心理的存在，投资者倾向于过快地卖出盈利的股票而过长时间地持有亏损的股票，即“出盈保亏”效应。

2. 过度交易行为

过度自信的存在使投资者进行频繁的买卖交易，从而出现过度交易的行为，而过度交易往往导致投资者的收益降低或亏损增加。

3. 有限注意力驱动的交易

有限注意力使人们对某一事物的注意必须以牺牲对另一事物的注意为代价。因此，在投资者投资决策过程中，会过多地关注明显的信息而忽略隐晦的信息，因而产生注意力驱动的交易行为。有限注意力的投资者对显著性的事件表现出过度反应，投资决策倾向于受到注意力等驱动交易。同时，有限注意力会造成股票收益率的联动和盈余公告后公司超额收益率的漂移。

4. 本土偏差

熟悉偏好心理使投资者倾向于购买自己所在公司、距离比较近的公司或本国公司的股票，因而产生本土偏差，这将导致投资组合的风险分散不足。本土偏差的形成有两种原因：一是信息幻觉，具有强烈本地偏好的投资者可能认为他们拥有信息优势，虽然这种优势并不存在；二是熟悉性偏好与控制力幻觉，熟悉性偏差认为，人们喜欢在自己比较熟悉的环境下行动，投资者购买本国、本地以及本公司的股票是因为他们对这些公司更熟悉，虽然这种熟悉同公司的基本面信息没有关系。

5. 恶性增资

由于损失厌恶、过度自信、证实偏差等心理因素的共同作用，人们面对失败的投资项目时倾向于继续追加投资，因而形成恶性增资行为，这一行为会继续扩大已经产生的损失。

## 八、金融市场中的群体行为与金融泡沫

1. 金融泡沫的定义

金融资产经历连续上涨后，市场价格显著大于实际价格，便形成了金融泡沫。其产生的根源是过度的投资引起资产价格的过度膨胀，导致经济的虚假繁荣。

2. 个体行为偏差与金融泡沫

（1）有限注意导致金融泡沫。投资者因为有限注意而只关注上涨的股票，由此可能形成正反馈机制，促使价格进一步上涨，又引起其他投资者的注意，导致股票价格严重超过其基本价值，就可能导致股市泡沫的产生。

（2）信息层叠导致金融泡沫。投资者都只观察他人的信息和公共信息而忽略自己的私人信息，私人信息没有贡献到公共信息中去，公共信息池中的信息难以得到更新，就可能导致股票价格严重偏离其基本价值，导致金融泡沫。

3. 机构投资行为与金融泡沫

（1）声誉效应导致金融泡沫。声誉效应的核心观点是，与一个另类但可能成功的策略相比，人们更愿意表现出羊群行为，成为群体失败中的一员。

（2）“共同承担责备效应”的存在导致了羊群行为。决策者具有与别人趋同的愿望，以推卸决策错误的责任。

4. 委托代理中的风险转嫁导致金融泡沫

代理人可以享受资产价格（收益）上升带来的全部好处，但对损失只承担有限责任，投资代理人可以通过申请破产保护等方式将超过一定限度的损失转嫁给投资委托人（资金的贷出方），即代理投资内生的风险转嫁问题。因此，代理人的有限责任和委托代理双方的风险收益不对称可能使代理人倾向于选择高风险的资产。

当市场上有相当一部分投资决策者是投资代理人时，内生的风险转嫁激励会使风险资产的均衡价格超过基本价值，均衡价格与基本价值的差即成为资产的价格泡沫。

5. 社会因素对金融泡沫的推动

共享信息机制限制了自由思想的交流，使群体行为发生收敛，可能会产生羊群行为，推动金融泡沫。在影响羊群行为的众多社会因素中，社会互动是核心内容。

## 九、金融市场泡沫的特征和规律

尽管历史上的金融泡沫事件各有不同，但金融泡沫的产生、演变和发展有其共同的规律和特点。其特征可归纳为乐观的预期、大量盲从投资者的涌入、庞氏骗局、价格与价值的严重背离、泡沫破裂和经济冲击五大特征。

1. 乐观的预期

这包括对未来走势的乐观估计、媒体的乐观报道、机构的乐观预测，证实偏差，放大正面的、积极的、乐观的新闻，而对负面的、消极的信息视而不见，对负面的预测不屑一顾，对背道而驰的论调感到愤慨等，而公众的这种盲目乐观可能预示着金融泡沫已经积聚。

2. 大量盲从投资者的涌入

盲从投资者，又称为幼稚投资者，是指在泡沫膨胀到一定程度时，社会的不同阶层纷纷被股市吸引，工人、牧民、司机、买菜的老太太等大多数投资者都把股票投资当成投机的工具，整个社会都陷入了炒股风潮。

3. 庞氏骗局

庞氏骗局是对金融领域投资诈骗的称呼，即利用新投资人的钱来向老投资者支付利息和短期回报，以制造赚钱的假象进而骗取更多的投资。

当市场处于周期顶端时，人们完全处于过度乐观、过度自信和贪婪之中，人们很容易相信市场能够创造奇迹，利用泡沫环境中人们的过度乐观设置庞氏骗局极易取得成功，所以在市场顶部往往伴随着各种各样的庞氏骗局，这些庞氏骗局能够继续吹大泡沫。

在整个骗局中，投资者是乐观的，庞氏骗局的设局者是乐观的，更为严重的是，监管者也会受到这种乐观情绪的影响而迷失方向，放松监管。

4. 价格与价值的严重背离

泡沫形成时价格的走势是稳步上升的，且进入膨胀期后，价格会加速上升。此时，不论公司经营业绩、财务状况如何，大多数公司的股票价格跟随市场行情而上涨，有股价明显高估的现象。

正反馈效应和羊群行为是金融市场定价产生系统性偏离和泡沫产生及破裂的根源。个体的认知偏差加上金融市场上存在的羊群行为，可能导致投资或投资组合的决策偏差，并使资产价格偏离其内在的价值。在这种正反馈效应的推动下股票市场达到了价格的极端，股市充满了公众的投机心理，换手率大幅上升，交易量大幅提高，股票指数节节攀升，无论是否有业绩支撑，所有股票都会被追逐进而推动价格的上涨，这时候价值投资理念已经完全失去了意义。

5. 泡沫破裂和经济冲击

过度投机最终会因为投资者收支不平衡而产生崩溃，泡沫也就破裂了。

其主要原因在于，在泡沫积聚膨胀时期，很多投资者为了追逐利润投入过多，承担了过大的风险，价格下降导致他们的财务状况急剧恶化，极度恐慌的心理会使他们急于抛售手中的筹码，这就加剧了价格的下滑。最终，泡沫崩溃的速度明显比其形成和膨胀的速度要快。

金融泡沫的形成和破裂，不仅使个人财产受到极大的损失，对国家的经济危害也很大。一方面，企业负债恶性膨胀，大量倒闭；另一方面，泡沫经济破灭后，由于居民财富受到冲击，使消费需求不振，投资需求减少，进而引发通货紧缩和经济衰退。

## 十、行为资产定价理论

1. 定义

行为资产定价模型（BAPM）是谢弗林和斯塔曼在1994年挑战资本资产定价模型（CAPM）的基础上提出来的，是对现代资本资产定价模型的扩展。

金融资产的正确定价是进行一切金融决策的前提和依据。定价原理经历了长期的发展过程，早期的资产定价理论沿用了新古典经济学“理性人”假说，借助预期效用公理化的理论，建立了不确定性条件下完全市场上的一般均衡理论，并成为现代资产定价理论基础。由于在解释股权溢价谜题上存在严重的缺陷，基于效用修正的行为资产定价模型应运而生。该模型建立在一般均衡框架的基础之上，按照心理学所发现的非标准偏好，比如财富偏好、习惯形成、追赶时髦、损失厌恶、妒忌等，修正代表性投资者的效用函数，旨在揭示传统定价理论所不能解释的谜题。

这些模型把对参与者的限制从单纯的预算约束扩展到效用函数本身所包含的行为约束，即投资者在决策时不仅要权衡收益—风险，而且决策本身要受到消费习惯、财富禀赋、对损益的态度等的影响，也即在这些模型中，参与者的理性受到了限制。基于效用函数修正的定价模型更好地刻画了投资者的真实状态，该视角下的行为资产定价模型能够有效地解释金融市场上的各种“异象”，实现了对传统定价理论的延伸，且与传统的金融学得以兼容。

2. BAPM与CAPM的区别

两者的不同之处表现为：

（1）在BAPM模型中，投资者被划分为两类：一是信息交易者。信息交易者是“理性投资者”，他们通常支持现代CAPM，在避免出现认识性错误的同时具有均值方差偏好。二是噪声交易者。噪声交易者通常跳出CAPM模型，不仅易犯认识性错误，而且没有严格的均值方差偏好。当信息交易者占据交易的主体地位时，市场是有效率的；而当噪声交易者占据交易的主体地位时，市场是无效率的。

（2）在BAPM模型中，证券的预期收益是由其“行为贝塔”决定的，行为资产组合（行为贝塔组合）中成长型股票的比例要比市场组合中的高。因此，在BAPM模型中，虽然均值方差有效组合会随时间而改变，但是资本市场组合的问题仍然存在。

（3）BAPM包括功利主义考虑（如产品成本、替代品价格）和价值表达考虑（如个人品位、特殊偏好）。

（4）BAPM 模型既有限度地接受了市场有效性观点，也秉承了行为金融学所奉行的有限理性、有限控制力和有限自利观点。

## 十一、有效市场假说的概念、假设条件

1. 有效市场假说的概念

证券在任一时点的价格都是其对与证券相关的所有信息作出的即时、充分的反应，这被称为有效市场假说，它将资本市场划分为弱式有效市场、半强式有效市场和强式有效市场三种形式。

2. 特征

（1）将资本市场划分为弱式有效市场、半强式有效市场和强式有效市场三种形式。

（2）证券的价格能充分反映该证券的所有可获得的信息，即“信息有效”。

（3）证券的价格能够根据最新信息迅速作出调整。

3. 假设条件

（1）理性人假设。即经济行为人为完全意义上的理性人。

（2）完全信息假设。即所有投资者都可获得与证券相关的所有信息。

（3）投资者均为风险厌恶者假设。即所有投资者都是厌恶风险的。但是，在现实中，并非所有的投资者都是保守型的，也有部分投资者是激进型的，他们偏好风险。

【真题回顾（201610）】关于市场有效性，下列说法错误的是（　　）。

A. 如果股价变动是可以预测的，那么市场是有效的

B. 市场有效性来源于竞争

C. 在有效市场中，指数化投资策略是不可取的

D. 旧信息不能引起股价变动

答案：AC

解析：有效市场假设理论认为，证券在任一时点的价格均对所有相关信息作出了反应，股票价格的任何变化只会由新信息引起，由于新信息是不可预测的，因此股票价格的变化也就是随机变动的。如果认为市场是有效的，那么就没有必要浪费时间和精力进行积极的投资管理，而应采取被动投资策略，即指数化投资策略。

## 十二、有效市场假说与行为金融理论的联系与区别

1. 有效市场假说与行为金融理论的联系

有效市场假说与行为金融理论的联系主要体现为行为金融理论对有效市场假说的修正与创新。

（1）行为金融理论对有效市场假说理论基础的修正

①行为金融理论认为“理性人”假说存在缺陷，很难成立。行为金融理论认为现实中的投资者都容易受情绪的影响，投资决策的主要依据是主观判断。

②行为金融理论认为随机交易假设不成立。人们的行为偏差是系统性的，许多投资者倾向于在相同的时间买卖相同的证券。该行为产生的“羊群行为”，使资产价格进一步偏离其价值。

③行为金融理论认为有效套利者假设很难成立，套利行为对价格的修正力量受到一些条件的限制。

（2）行为金融理论对有效市场假说的创新

①行为金融理论对有效市场假说的范式转换。行为金融理论与有效市场假说有不同的范式基础。有效市场假说的范式基础是以人的决策基于理性预期、风险回避、效用最大化以及相机抉择等为假设前提的，认为市场是有效的，理性的投资者总能抓住每一个由非理性投资者创造的套利机会淘汰非理性投资者，继而用均值—方差的风险测量方法最终确立投资者的最优决策。但是行为金融理论的范式认为，实际决策过程不能很好地遵从于最优决策模型。因此，不但需要讨论如何作出最优决策，而且需要建立一套能够正确反映投资者实际决策行为和市场运用状况的描述性模型来研究投资者行为。行为金融理论范式认为，人的行为心理决策具有重要作用。

②行为金融理论对有效市场假说的理论创新。目前，行为金融理论虽尚未形成一个完整的理论体系，但其理论先行者在行为金融理论的范式基础上，已经成功地进行了一些理论创新，主要包括行为组合理论与行为资产定价模型、BSV 与 DHS。

BSV 模型是由 Barberis、Shleffer 和 Vishny 于 1998 年提出的。BSV 模型认为，人们进行投资决策时存在两种错误范式：一是选择性偏差（Representative bias），比如投资者过分重视近期数据的变化模式，而对产生这些数据的总体特征重视不够。二是保守性偏差（Conservation），投资者不能及时根据变化了的情况修正增加的预测模型。

行为组合理论是在现代资产组合理论的基础上发展起来的，在现实中，投资者实际构建的资产组合是基于对不同资产的风险程度的认识及投资目的所形成的一种金字塔状的行为资产组合。BSV 与 DHS 模型主要是用来解释反应过度与反应不足的。

③行为金融理论对有效市场假说的方法变革。行为金融理论认为，决策者的偏好一般是多面易变的，这种偏好常在决策过程中形成；决策者具有很强的适应性，他们能够根据决策的性质和环境的不同选择过程或技术；决策者寻求满意的而非最优解，更趋向于满意原则而不是最佳原则等。行为金融理论在借鉴心理学和行为经济学研究成果的基础上，总结出了投资者行为心理决策中的一些特点，如回避损失、心理会计、过度自信、控制幻觉、锚定效应、羊群效应等。行为金融理论通过对投资者行为心理决策的分析，成功解释了反应过度、反应不足、动量效应、季节效应、小公司现象等各种异常现象。行为心理决策分析方法也成了行为金融理论有别于现代金融理论的显著特征。

2. 有效市场假说与行为金融理论的区别

有效市场假说与行为金融理论争论的焦点是市场是否有效，起源是理性人假设。

（1）有效市场假说的核心命题是投资者的理性决策

基于投资者追求个人效用最大化的理性行为，市场有效并实现均衡，投资者的理性决策具有如下特征：

①偏好的稳定性和一致性。投资者具有一个稳定的偏好，偏好具有完备性和传递性，并能够理性清晰地把握自己的偏好，实现自始至终的利益最大化。

②手段的一致性。投资者能够准确获取必要的信息，具有完备知识和计算能力，并判断和计算各种方案的结果及由此产生的效用，不同子集的各种选择以系统性的方式相对应。

③追求效用最大化。投资者能够精确计算出预期效用，实现一定约束条件下的最大化效用。在这样的假设条件下，市场是有效的。

（2）行为金融理论认为投资者的决策过程并不符合理性人的假设

人在现实中的选择经常违背新古典经济学提出的完备性、传递性等“公理”，包括：

①缺乏完整的、统一的、能够对所有可能选择进行排序的效用函数，人们的“偏好”经常发生颠倒，只能找出所有备用选择的一部分而不是全部。

②人们对选择后果、不确定未来事件的概率也无从估计并使之保持一致性。行为金融理论从投资者的具体决策过程出发，通过研究发现，投资者的决

策行为还要受到决策人的技能、价值观、知识水平、心理等因素的影响。决策过程中会出现认知偏差，并且认为投资者的偏误是系统性的，而并非随机的，加上套利能力也是有限的，因此市场并不是有效的，并以此为基础来构建模型，解释金融市场的异常现象。

## 十三、强式有效、弱式有效、半强式有效的基本特征

1. 弱式有效市场假说（Weak - Form Market Efficiency）

该假说认为在弱式有效的情况下，市场价格已充分反映出所有过去历史的证券价格信息，包括股票的成交价、成交量，卖空金额、融资金额等，从而投资者不可能通过分析以往价格获得超额利润。也就是说，使用当前及历史价格对未来作出预测是徒劳的。要想获得超额利润，必须寻求历史价格信息以外的信息。

推论一：如果弱式有效市场假说成立，则股票价格的技术分析就失去了作用，基本分析还可能帮助投资者获得超额利润。

【真题回顾（201609）】在弱式有效市场里，正确的有（　　）。

A. 存在内幕信息

B. 投资者对信息进行价值判断的效率受到损害

C. 想要获取超额回报，必须寻求历史价格以外的信息

D. 所有投资者对所披露的信息都能作出全面正确及时和理性的解读和判断

答案：ABC

解析：在弱式有效市场中，只有专业人士，也就是那些掌握专门分析工具和具有较高分析能力的专业人员才能对所披露的信息作出恰当的理解和判断。

2. 半强式有效市场假说（Semi - Strong - Form Market Efficiency）

该假说认为价格已充分反映出所有已公开的有关公司营运前景的信息。这些信息有成交价、成交量、盈利资料、盈利预测值、公司管理状况及其他公开披露的财务信息，以及政府和机构公布的宏观经济形势和政策方面的信息等。假如投资者能迅速获得这些信息，股价应迅速作出反应，这样的市场称为半强式有效市场。

如果市场是半强式有效的，那么仅仅以公开资料为基础的分析将不能提供任何帮助，因此针对当前已公开的资料信息，目前的价格是合适的，未来的价格变化依赖于新的公开信息。在这样的市场中，只有那些利用内幕信息者才能

获得非正常的超额回报。

推论二：如果半强式有效假说成立，则在市场中技术分析和基本分析都失去了作用，只有通过内幕消息才可能获得超额利润。

【真题回顾（201607）】在半强式有效市场中，下列说法错误的有（　　）。

A. 技术分析无助于判断股价走势

B. 小公司股票比大公司股票能持续产生更高的风险调整收益

C. 低市盈率股票能够长期获得正的超常收益

D. 掌握内幕消息的投资者能够获取超额收益

答案：BC

解析：根据半强式有效市场的定义，证券价格反映了包括历史消息在内的所有公开发表信息，此时基本分析和技术分析都不再有效，只有通过内幕消息才能够获取超额收益。BC 两项属于基本分析的内容。

3. 强式有效市场假说（Strong – Form Market Efficiency）

强式有效市场假说认为价格已充分地反映了所有关于公司营运的信息，这些信息包括已公开的或内部未公开的信息。投资者即使掌握内幕信息也无法获得额外盈利。任何专业投资者的边际市场价值都为零。

推论三：在强式有效市场中，没有任何方法能帮助投资者获得超额利润，即使基金机构和有内幕消息者也一样。

由此看来，全球还没有一个市场是真正的强式有效的市场。我国证券市场仍然处于弱式有效市场与半强式有效市场之间，最多是半强式有效市场，因为我们的市场中仍然充满了内幕消息和内部操纵形象。我们经常会发现一种现象，一只股票半年涨了好几倍，我们都不知道是什么原因，结果等到了最高点，公司宣布重组等利好消息，前期的人就借利好出货，这是因为他们早就知道了这个内幕消息，散户与机构在信息上处于不对等的地位。

【真题回顾（201604）】对任何内幕消息的价值都持否定态度的是（　　）。

A. 弱式有效市场假说

B. 半强式有效市场假说

C. 强式有效市场假说

D. 超强式有效市场假说

答案：C

解析：强式有效市场假说认为，当前的股票价格反映了全部信息的影响，全部信息不但包括历史价格信息、全部公开信息，而且还包括私人信息以及未公开的内幕信息等。这是一个极端的假设，其对任何内幕信息的价值均持否定态度。

## 十四、有效市场假说在证券投资中的应用

1. 信奉市场有效性的投资者

信奉市场有效性的投资者认为：在任何时候，市场价格都是公司真实价值的最优估计，任何试图通过挖掘市场无效部分而获利的行为都是得不偿失的。这些投资者相信市场对信息的反应是及时而准确的，边际投资者能够迅速挖掘出市场的任何无效部分并使之消失。市场中能够长期存在的无效部分都是由市场摩擦（如交易费用等）造成的，它们不能通过套利行为来消除。

保罗·萨缪尔森认为积极的投资者持续不断地到处寻找较高的价值，卖出他们认为估价过高的股票并买进他们认为估价过低的股票。这些行动的结果将使当前股票已在价格中对公司的未来前景进行了体现。因此，对并不亲自寻求估价过低或过高的股票的投资者来说，便会出现一种股票价格模式，它购买这种股票或购买另一种股票并无差别。相信市场有效的投资者认为，市场价格反映了股票在现有信息下的真实价格，于是采用消极的策略，比如随机地购买股票。但是由风险分散原理可知，单个股票不能分散非系统风险，于是市场产生了对市场组合投资方式的需求，这就是指数基金。

风险分散和有效市场假说理论导致了指数基金这种新颖投资工具的产生。指数基金是按照某一指数的编制原理而构建组合进行投资的基金。由于省去了技术分析工具和基础分析采用的调研、资料等费用，指数基金的管理费用低于其他投资方式。

2. 不信奉市场有效性的投资者

不信奉市场有效性的投资者采用积极的投资方法。积极的投资方法可分为技术分析方法和基本分析方法。技术分析人员认为，历史的交易数据是驱动价格变动的主要原因，其投资哲学是：价格变动遵循可预测的模式，并且没有足够的投资者能够辨识出这种模式从而导致此模式的消失，市场上的多数投资者是根据情绪而不是理智的分析进行投资决策的。基本分析的核心理论是：公司的真实价值取决于公司未来增长率、现金流和风险等财务指标。任何对真实价值的偏离都被认为是股票价格的高估或低估。投资者使用各种估价方法挑选价格被低估的股票，希望自己持有的投资组合的收益率高于市场平均水平。积极投资者的技术分析法和基本分析法正是市场有效形成的原因。

【真题回顾（201611）】在有效市场中，下列说法错误的是（　　）。

A. 技术分析无效　　　　　　　　B. 事件研究无效

C. 基本分析无效　　　　　　　　D. 组合管理无效

答案：D

解析：在有效市场中，所有投资者都不可能获得超额收益，基于历史信息、公开信息和内幕信息所进行的技术分析、基本分析以及其他分析均无效，此时的投资策略与被动投资类似，保持与市场同步，按照市场综合价格指数组织投资。但是由风险分散原理可知，单只股票不能分散非系统风险，于是市场产生了对市场组合投资方式的需求，这就是指数基金。

# 第三部分

## 专业技能

# 第三章

# 客户分析

## 第一节　信息分析

【大纲要求】

| 内容 | 程度 |
| --- | --- |
| 1. 客户信息的分类 | 熟悉 |
| 2. 客户定量信息和定性信息的内容 | 熟悉 |
| 3. 客户财务信息和非财务信息的内容 | 熟悉 |
| 4. 客户信息收集方法 | 掌握 |

【内容精讲】

### 一、客户信息的分类

按照不同的标准，客户信息可以分为不同的类型，按照理财规划的需要可以分为基本信息、财务信息、个人兴趣及人生规划和目标；按是否属于财务信息可以分为财务信息和非财务信息；按定量和定性的关系可以分为定量信息和定性信息，如表 3－1 所示。

其中，财务信息是指客户当前的收支情况、财务安排以及这些情况的未来发展趋势等。财务信息是制定个人理财规划的基础和根据，决定了客户的目标和期望是否合理，以及完成个人理财规划的可能性。

非财务信息是指除客户财务信息以外的与投资规划有关的信息，包括客户的社会地位、年龄、投资偏好和风险承受能力等。非财务信息帮助理财规划师进一步了解客户，直接影响着理财规划的制定。

**表 3－1　　客户信息分类**

| 分类标准 | 类型 | 具体内容 |
|---|---|---|
| 理财规划需要 | 基本信息 | 大体包括客户的姓名、年龄、联系方式、工作单位与职务、国籍、婚姻状况、健康状况，以及重要的家庭、社会关系信息（包括需要供养父母、子女信息） |
| | 财务信息 | 客户家庭的收支与资产负债状况，以及相关的财务安排（包括储蓄、投资、保险账户情况等） |
| | 个人兴趣及人生规划和目标 | 包括职业和职业生涯发展，客户性格特征、风险属性、个人兴趣爱好及志向，客户的生活品质及要求，受教育程度及投资经验、人生观、财富观等 |
| 是否属于财务信息 | 财务信息 | 客户家庭收支和资产负债状况 |
| | 非财务信息 | 客户基本信息和个人兴趣、发展及预期目标 |
| 定量和定性的关系 | 定量信息 | 家庭各类资产额度；家庭各类负债额度；家庭各类收入额度；家庭各类支出额度；家庭储蓄额度 |
| | 定性信息 | 家庭基本信息；职业生涯发展状况；家庭主要成员的情况；客户的期望和目标 |

注：简单理解，定量是用数字和相应度量单位来表述事物，如身高 176cm、体重 69kg、距离 76km、考试得 99.5 分；定性是用事物的变化的状态和程度所相关的语言来表述事物，如身材较高、体重适中、距离不远、考试结果很好。

【真题回顾（201705、201611）】下列属于客户财务信息的有（　　）。

A. 客户的社会地位　　B. 客户当前的收支情况

C. 客户的投资偏好　　D. 客户的年龄

答案：B

解析：客户的财务信息包括客户家庭的收支与资产负债状况，以及相关的财务安排（包括储蓄、投资、保险账户情况等）。AD 两项属于客户的基本信息，C 项属于个人兴趣及人生规划和目标。

【真题回顾（201610）】关于客户的财务信息，下列说法正确的是(　　)。

A. 客户财务信息包括客户的社会地位、年龄、投资偏好等

B. 客户财务信息指客户当前的收支状况、财务安排等

C. 客户财务信息是制定个人财务规划的基础和根据

D. 客户财务信息不仅包含个人当前的财务状况，还包括其未来发展趋势

答案：BCD

解析：客户的财务信息是指客户家庭收支与资产负债状况，以及相关的财务安排（包括储蓄、投资、保险账户情况等），A 项属于非财务信息。

## 二、客户信息收集方法

客户信息收集的方法包括初级信息的收集方法和次级信息的收集方法。

1. 初级信息的收集方法

初级信息是指只能通过和客户沟通获得的关于客户的个人和财务的资料。这是理财规划师进行分析和拟订计划的基础。收集客户信息的方法有多种，包括开户资料、调查问卷、面谈沟通和电话沟通四种。

（1）开户，是与客户的首次接触，也是了解客户、收集信息的最好时机。填写开户资料时，理财规划师可获得最基础的信息，如客户姓名、性别、证件信息、出生日期、联系地址、电话号码等；可协助客户填写一份类似“客户信息采集表”，内容可以涵盖学历、就业情况、个人兴趣爱好，以及婚姻状况、子女情况等，辅助收集客户信息。

（2）在初次和之后的客户接触中，结合服务和产品销售的需要，为了更全面深入地了解客户，应邀请客户参与或填写有针对性的调查问卷。由于数据调查表的内容较为专业，所以可以采用从业人员提问，客户回答，然后由从业人员填写的方式来进行。如果是客户自己填写调查表，则在开始填写之前，从业人员应对有关的项目加以解释，否则客户提供的信息很可能不符合需要。在收集客户信息的过程中，如果客户出于个人原因不愿意回答某些问题，从业人员应该谨慎地了解客户产生顾虑的原因，并向客户解释该信息的重要性，以及在缺乏该信息情况下可能造成的误差。

（3）面谈沟通是深入了解客户并建立长期良好客户关系的契机，有多种方法能增进与客户的互信了解，获取大量客户信息。

（4）电话、邮件、微信、QQ 等网络聊天工具日益成为理财规划师加强与客户的沟通、全面了解客户的有效工具。优点是工作效率高、营销成本低、计划性强、方便易行；缺点是不能面对面，对客户的周围环境和肢体语言毫无所知。

2. 次级信息的收集方法

次级信息是指从政府部门或金融机构公布的信息中获得的宏观经济信息。次级信息的涉及面广，很多内容容易获得，只需要从业人员在平日的工作中注意收集和积累，建立专门数据库，以便随时调用。但是，政府公布的数据有时并不完全适用于个人，理财规划师在使用时应进行判断和筛选，这样才能保证个人理财规划的客观性和科学性。

【真题回顾（201705、201605）】在开展业务时，（　　）是了解客户、收集信息的最好时机。

A. 开户　　B. 调查问卷　　C. 面谈沟通　　D. 电话沟通

答案：A

解析：开户，通常是与客户的首次接触，也是了解客户、收集信息的最好时机。在填写开户资料时，可以获得客户姓名、性别、证件信息、出生日期、联系地址、电话号码等最基础的信息。

【模拟练习】与客户面谈沟通时，从业人员需要注意的问题有（　　）。

A. 在面见客户前，需要在面谈的主要内容或目的、客户的基本情况和以往接触历史等方面有所准备

B. 在面谈中，言谈举止应符合相关商务和服务礼仪标准要求，突出专业形象和真诚、亲切、自然

C. 应该掌握一些关键的沟通技巧，并能在接触中熟练自如地加以运用

D. 在会面后要针对面谈中客户提出的、有待解决的问题及时向客户回复

答案：ABCD

解析：在面对面接触中，从业人员的注意事项是一个一般性问题，解答过程中可以凭直觉，只要注意相关选项不是特别出格即为正确选项。教材中的具体描述为，在面对面接触中，从业人员需要注意的问题包括：①见面前的准备工作，包括面谈的主要内容或目的、客户的基本情况和以往接触历史等；②在面谈中，言谈举止应符合相关商务和服务礼仪标准要求，突出专业形象和真诚、亲切、自然；③掌握一些关键的沟通技巧，并能在接触中熟练自如地加以运用；④做好会面后的后续跟踪工作，比如电话或邮件致谢，关怀、询问面谈中客户提及的事情或问题，还有面谈中客户提出、有待解答、解决的问题，要及时给予客户回复。

## 第二节　财务分析

**【大纲要求】**

| 内容 | 程度 |
|---|---|
| 1. 个人资产负债表的项目及其内容 | 熟悉 |

续表

| 内容 | 程度 |
| --- | --- |
| 2. 个人现金流量表的项目及其内容 | 熟悉 |
| 3. 预测客户未来收入的方法 | 掌握 |
| 4. 预测客户未来支出的方法 | 掌握 |

**【内容精讲】**

## 一、个人资产负债表的项目及其内容

客户的资产负债表是记录和分析客户资产和负债情况的重要工具，是衡量其财务状况是否良好和稳健的重要指标。

个人资产负债表（the Balance Sheet）又称财务状况表，表示个人在一定日期（通常为各会计期末）的财务状况（资产、负债和净资产）的主要会计报表，资产负债表利用会计平衡原则（会计恒等式为净资产 = 资产 - 负债），将合乎会计原则的“资产、负债、股东权益”科目，以特定日期的静态情况为基准，浓缩成一张报表。

资产负债表体现了客户家庭在统计截止日期的下列内容：

（1）资产分类、额度及其与总资产的占比情况。客户个人/家庭资产主要可以分为金融资产和实物资产两大类，而金融资产可以进一步细分为现金及现金等价物和其他金融资产。资产按其流动性（资产的变现能力和支付能力）划分为固定资产和流动资产。固定资产包括房屋、建筑物、机器、机械、运输工具以及其他与生产经营活动有关的设备、器具、工具等；流动资产也叫短期资产，包括货币资金、活期存款、短期投资、应收票据、应收账款和存货等。

（2）负债分类、额度及其与总负债的占比情况。客户个人/家庭负债可以按用途分为消费负债和投资负债；也可以按期限来分为短期负债和长期负债。短期负债也叫流动负债，是指将在一年（含一年）或者超过一年的一个营业周期内偿还的债务，包括短期借款、应付票据、应付账款、预收账款、应付工资、应付福利费、应付股利、应交税金、其他暂收应付款项、预提费用和一年内到期的长期借款等。长期负债又称为非流动负债，是指偿还期在一年或超过一年的一个营业周期以上的债务，包括长期借款、应付债券、长期应付款等。

（3）净资产额度。净资产是客户总资产减去总负债的差额，可用于衡量在某一时点上客户能够真正支配的财富价值。

【真题回顾（201611）】一笔交易使资产负债表中的总资产和总负债都减少了15000元，这可能是由于下列（　　）交易产生的。

A. 使用现金偿还银行贷款15000元

B. 价值15000元的资产被大火销毁

C. 使用15000元的现金购买设备

D. 收到15000元的应收账款

答案：A

解析：A项使资产（现金）和负债（借款）同时减少；B项使资产减少，负债不变；C项使现金减少，固定资产增加，属于资产内部变动，总资产不变，也不影响负债；D项使现金增加，应收账款减少，属于资产内部变动，总资产不变，不影响负债。

【模拟练习】下列对个人资产负债表的理解错误的一项是（　　）。

A. 资产负债表的记账法遵循会计恒等式“资产=负债+所有者权益”

B. 资产负债表可以反映客户的动态财务特征

C. 资产和负债的结构是报表分析的重点

D. 当负债高于所有者权益时，个人有可能出现财务危机的风险

答案：B

解析：B项，资产负债表是反映某个时点上客户的资产、负债和所有者权益等财务状况信息的报表，反映的是客户的静态财务特征。

## 二、个人现金流量表的项目及其内容

个人现金流量表用于反映个人一定时期的收入与支出情况。现金流量表分为收入、支出和盈余（或赤字）三个部分，一般以12个月为一个时间段，将客户在该时期内的收入、支出情况分别列出。个人现金流量表可以作为衡量个人是否合理使用其收入的工具，还可以为制定个人投资理财规划提供帮助：有助于发现个人消费方式上的潜在问题；有助于找到解决这些问题的方法；有助于更有效地利用财务资源。

现金流量表体现了客户家庭在统计期间的下列内容：主要收入的分类、现金价值及其与总收入的占比情况；主要支出的分类、现金价值及其与总支出的占比情况；结余额度，盈余或赤字=总收入-总支出。

投资顾问对客户的现金流量表进行分析应重点关注以下几点：具体分析各项收入、支出的数额及其在总额中的占比；对客户财务状况影响较大的经常性

项目应重点关注；分析客户的净现金流量，如果客户的现金流量表的结余是赤字，说明客户财务状况欠佳。

【模拟练习】现金流量表中，下列（　　）项目可以不列入表内。

A. 资本利得　　B. 工资收入　　C. 股票市值　　D. 保单分红所得

答案：C

解析：现金流量表用来说明在过去一段时期内个人的现金收入和支出情况。现金流量表只记录涉及实际现金流入和流出的交易。那些额外收入，如红利和利息收入、人寿保险现金价值的累积以及股权投资的资本利得也应列入现金流量表。

## 三、预测客户未来收入的方法

1. 预测客户未来收入的含义

由于客户未来收入会受到各种因素的影响而具有不确定性，从业人员应该进行两种不同的收入预测：

（1）估计客户收入最低情况下的收入。主要了解客户在经济萧条情况下的收入和生活质量，以及相应的保障措施。

（2）客户正常情况下的收入。主要是根据以往收入和宏观经济情况下的合理预期。

2. 未来收入的分类

一般而言，在这种收入预测方法下，客户未来的收入会有一定的涨幅。在预测客户的未来收入时，可以将收入分为常规性收入和临时性收入两类。

（1）常规性收入，也称经常性收入、持久性收入，是人们可以预料的能够长期连续获得的常规性收入，一般在上一年收入的基础上作出合理的预期，如工资、奖金和津贴、股票和债券投资收益、银行存款利息和租金收入等。常规性收入的特点是相对稳定，对消费支出的水平具有决定性的意义。每种收入的性质不同，变化幅度也不一样。工资和奖金等收入可以根据当地的平均工资水平增长幅度进行预测。有些收入（尤其是股票投资收益）随着市场环境的变化有很大的波动，所以如果客户所在地区的经济情况不稳定，有必要对这些收入进行重新估计，而不能以上年的数值为参考。同时，如果客户在未来会增加新的收入来源，从业人员也应该要求其在数据调查表中详细说明。

（2）临时性收入，也称暂时性收入、非常规性收入，是人们由于某种偶然的机会或特殊事件而导致的收入。它是不可预料的，对微观消费影响较大。临时性收入是指临时性的津贴费、补助、稿费、讲课费等。一般情况下，临时性收入的消费倾向较低。从业人员应该根据客户的具体情况重新估计。

3. 预测客户未来收入应关注的重点

（1）对比较确定的收入项目进行预测。收入预算的重点是包括利息收入、租金收入、工作收入等在内的、比较确定而且持续性较稳定的收入项目。有些收入（如证券投资收入和资本利得）往往在短期内有比较大的波动，比较难预测，应排除收入预算中所包括的这类收入项目。

（2）对收入的增长率抱谨慎态度。收入的增长幅度不以客户或理财规划师的主观意志为转移，因此要尽可能地抱以谨慎的态度，甚至假设没有相关的增长率。

（3）关注收入现金流入的时间点。

【模拟练习】为了制定合理的现金预算，需要预测客户的收入，若客户是一位市场销售人员，在这一过程中，主要应该估计（　　）。

A. 客户收入最低时的状况和最高时的状况

B. 客户收入过去的平均状况和最高时的状况

C. 以客户过去的平均收入为基准，作最好与最坏状况下的分析

D. 客户收入最低时的状况和过去平均状况

答案：C

解析：在预测年度收入时，收入稳定的国家机关工作人员或在大企业工作的工薪阶层，可以较准确地预估年度收入；收入淡旺季差异大的市场销售人员或自由职业者，就要以过去的平均收入为基准，作最好与最坏状况下的分析。

## 四、预测客户未来支出的方法

1. 预测客户未来支出的含义

在估计客户的未来支出时，从业人员需要了解两种不同状态下的客户支出：

（1）满足客户基本生活的支出。这里所指的“基本生活”，并非指仅实现基本生存状态的生活水平，而是指在保证客户正常生活水平不变的情况下，考虑了通货膨胀后的支出数额预测。

（2）客户期望实现的支出水平。很多客户在维持现有消费水平的基础上，都期望能够进一步提高生活质量。所以，从业人员要根据客户的要求制定出客户期望实现的支出水平。

无论是预测客户基本生活必需的支出，还是其期望达到的消费水平支出，从业人员都首先要考虑客户所在地区的通货膨胀率的高低，这一数据可以从有关部门公布的经济统计指标中获得。

2. 支出预算项目的主要内容

支出预算项目通常包括但不限于以下内容：

（1）日常生活支出预算项目。包括在衣、食、住、行、家政服务、普通娱乐休闲、医疗等方面的支出预算。

（2）专项支出预算。包括子女教育或财务支持支出预算、赡养支出预算、旅游支出、其他爱好支出预算、保费支出预算、本息还贷支出预算、私家车换购或保养支出预算、家居装修支出预算与其他短期理财目标相关的现金支出预算。

## 第三节　风险分析

【大纲要求】

| 内容 | 程度 |
| --- | --- |
| 1. 客户理财价值观 | 了解 |
| 2. 客户风险偏好的主要类型 | 了解 |
| 3. 客户风险承受能力的影响因素 | 熟悉 |
| 4. 客户风险承受能力的评估方法 | 掌握 |
| 5. 客户风险特征的内容 | 熟悉 |
| 6. 客户风险特征矩阵的编制方法 | 掌握 |
| 7. 投资渠道偏好、知识结构、生活方式、个人性格等对客户证券投资方式和产品选择的影响 | 了解 |

【内容精讲】

### 一、客户理财价值观

1. 客户理财价值观的含义

理财价值观就是投资者对不同理财目标的优先顺序的主观评价。人在成长的过程中，受到社会环境、家庭环境、教育水平、个人经历等方面的影响，逐渐形成了自己独特的价值观。投资顾问的责任不在于改变投资者的价值观，而是让投资者了解在不同价值观下的财务特征和理财方式。

2. 典型的理财价值观

根据对义务性支出和选择性支出的不同态度，可以将理财价值观划分为后享受型、先享受型、购房型和以子女为中心型四种比较典型的理财价值观。

（1）后享受型

后享受型是指将大部分选择性支出投向储蓄，维持高储蓄率，迅速积累财富，期待未来生活品质能得到提高的族群。这类人在工作期间全力以赴、不注重眼前的享受。他们努力工作，储蓄率相对较高。老一辈的人或者思维比较保守的人常常采用后享受型的理财方式。他们期待未来的生活品质能得到提高，最大的期待是早日达到财务独立提早退休，或者在退休后享受远高于目前消费水准的生活。其特色是工作与退休期生活形态差异明显，先牺牲后享受。投资顾问可以建议其投资收益较为稳定的基金或股票，如平衡型基金投资组合保险，购买养老保险或投资型保单。

（2）先享受型

先享受型是指将大部分选择性支出用于现在的消费上，提高目前的生活水准的族群。他们注重眼前的享受，对目前消费效用的要求远大于对未来更佳生活水准的期望。持有这种价值观的人在工作期间的储蓄率较低，赚多少就花多少，因此一旦退休，其积累的净值就不够老年生活所需，往往会降低生活水准或靠生活救济维持生活。投资顾问可以建议其投资稳定型基金或股票，如单一指数型基金，以及基本需求养老险。

（3）购房型

购房型是指将购房作为首要理财目标，房子是他们投注资金的主要方向。义务性支出以房贷为主，对于没有房子的他们来说，储蓄的主要目标就是购房。他们为了拥有自己的房子，不惜节衣缩食，哪怕是扣除房贷后净收入所剩无几、生活水平一般，也在所不惜。投资顾问可以建议其投资中短期表现稳定基金，以及短期储蓄险或房贷寿险。

（4）以子女为中心型

以子女为中心型是指现在的消费投在子女教育上的比重偏高，或储蓄的动机是以获得子女未来接受高等教育储备金为首要目标的群体。投资顾问可以建议其投资中长期比较看好的基金，以及子女教育基金。

【真题回顾（201703、201611）】下列关于理财价值观的说法，错误的是（　　）。

A. 理财规划师的责任在于改变客户错误的价值观

B. 客户在理财过程中会产生义务性支出和选择性支出

C. 不同价值观的投资者对任意性支出的顺序选择会有所不同

D. 理财价值观因人而异，没有对错标准

答案：A

解析：A 项，理财规划师的责任不在于改变投资者的价值观，而是让投资者了解在不同价值观下的财务和理财方式。

## 二、客户风险偏好的主要类型

由于每个人的性格、社会经历、文化程度、判断能力等的不同，他们对风险与收益所持的态度必定会产生差异。根据他们对待投资中风险与收益的态度，可以将客户分为三种类型，即风险厌恶型、风险偏好型和风险中立型。

1. 风险厌恶型

风险厌恶型投资者对待风险态度消极，非常注重资金安全，不愿为增加收益而承担风险，极力回避风险。投资工具以安全性高的储蓄、国债、保险等为主。

2. 风险偏好型

风险偏好型投资者对待风险投资较为积极，愿意为获取高收益而承担高风险，不因风险的存在而放弃投资机会，重视风险分析和回避。适合此类投资模式的投资工具大多风险大、收益率高，投机成分重，如股票、期货等。这类投资者在投资中应当遵循组合设计、设置风险止损点，防止投资失败影响家庭整体财务状况。

3. 风险中立型

风险中立型投资者介于风险厌恶型和风险偏好型投资者之间，期望获得较高收益，但对高风险也望而生畏。投资以储蓄、理财产品及债券为主，结合高收益的股票、基金和信托投资，优化组合模型，均衡收益与风险。

【真题回顾（201610）】关于风险厌恶型客户，下列说法正确的是(　　)。

A. 相比收益而言，更在乎安全性

B. 因风险的存在而放弃投资机会

C. 投资工具选择储蓄存款和政府债券为主

D. 不愿意为增加收益而承担风险

答案：ACD

解析：风险厌恶型客户对待风险态度消极，不愿意为增加收益而承担风险，非常注重资金安全，极力回避风险，以安全性高的储蓄、国债、保险等投资为主。

【真题回顾（201703、201610）】一般而言，风险偏好型客户会倾向于选择（　　）。

A. 垃圾债券　　B. 股指期货

C. 投资于新兴产业的股票型基金　　D. 货币型基金

答案：ABC

解析：风险偏好型客户对待风险投资较为积极，愿意为获取高收益而承担风险，重视风险分析和规避，不因风险的存在放弃投资机会。D 项一般是风险中立型投资者的选择。

## 三、客户风险承受能力的影响因素

客户风险承受能力的影响因素包括客户年龄、财务状况、投资经验、投资目的、收益预期、风险偏好、流动性要求、风险认识以及风险损失承受程度等。

1. 年龄

一般而言，客户年龄越大，所能承受的风险越低。通常情况下，年轻人的人生与事业刚刚起步，面临无数的机会，他们敢于尝试，敢于冒险，偏好较高风险，而到了退休年龄，心态自然就老成持重，理财偏好趋于保守。从不同年龄的个人收入来看，刚刚进入社会的年轻人，虽然储蓄较少但未来预期的收入较多，因此可以承担较高的风险；反之，即将退休的人虽然储蓄较多，但未来预期的收入会减少，因此难以承受较高的风险。

2. 受教育情况

一个人与生俱来的东西很少，后天的学习和工作是知识和经验的主要来源，受教育程度对一个人的消费观念和生活态度影响巨大，进而影响个人对理财服务的需求。一般地，风险承受能力随着受教育程度的增加而增加。掌握专业技能和拥有高学历的人，对风险的认识更清晰，管理风险的能力更强，往往能从事高风险的投资。而对那些投资知识相对缺乏的人来说，高风险投资失败的可能性就要大得多。

3. 收入、职业和财富规模

（1）收入水平。收入的高低决定了个人及家庭的消费和积累，也决定个人对待风险的态度。根据收入的高低，可将家庭分为高收入家庭、中等收入家庭和低收入家庭。一般而言，收入水平与风险承受能力正相关。家庭收入的划分是随着居民财富条件变化而不断变化的，并没有统一的规则。一般而言，家庭收入的划分具有阶段性、区域性特征。

（2）职业。职业与收入密切相关，高收入者一般为企业老板、高薪白领、演艺人员等。高收入者由于职业原因，工作繁忙，压力大，无暇顾及个人理财问题，但对个人理财有较强的需求；中等收入者多为社会公职人员、知识分子、个体老板、效益较好的企业管理人员，这些人收入较为稳定，对消费理财和投资理财有一定兴趣，多厌恶风险；低收入者消费较为谨慎，注重收支的合理安排，对储蓄存款的搭配感兴趣。

（3）财富规模。收入的高低决定着财富的多少，个人生活理财的主要目标市场是财富较少的人，投资理财则把富人作为目标群体。

4. 资金的投资期限

如果用于投资的一项资金可以长时间持续进行投资而无须考虑短时间内变现，那么这项投资可承受的风险能力就较强。相反，如果一项投资要准备随时变现，就要选择更安全、流动性更好的产品，那么这项投资可承受的风险能力就较弱。影响投资风险主要有以下几点因素：

（1）景气循环。金融市场的短期波动难以预测，盈亏很难通过技术操作来控制。若投资时间长，则可跨过几个循环周期，可选择景气周期高峰时卖出得利。

（2）复利效应。短期的投资即使获利丰厚，若没有经过一定时期所产生的复利效应，其收益还是有限的，一旦亏损就会导致短期理财目标无法实现，从而产生一定的风险。

（3）投资期限。根据统计结果，发现报酬率上下限的差异随着投资期限的延长而越来越小，标准差也越来越小，这说明投资时间越长，平均报酬率越稳定。同一种投资工具的风险，可通过延长投资时间来降低，因此投资期限较长可选择短期内风险较高的投资工具。

5. 理财目标的弹性

理财目标的弹性越大，可承受的风险也越高。若理财目标时间短且完全无弹性，则采取存款以保本保息是最佳选择。如果某项投资是为了子女的教育或者父母的赡养，那么这笔资金就必须在保证安全性的前提下在特定时间内获得理想的收益，这样的理财目标既缺乏金额弹性又没有时间弹性，对理财工具的风险偏好较低。相反，如果个人计划一笔资金用于未来购车，则可以有较大的理财目标弹性，可根据收益状况来决定该笔资金的投资期限和购车的时机及档次。

6. 主观风险偏好

投资者主观上可以承受本金损失风险的程度是因人而异的。个人的性格、阅历、胆识、意愿等主观因素所决定的个人态度，直接决定了一个人对不同风险程度的产品的选择与决策。

7. 其他影响因素

除上述影响因素外，客户的性别、家庭情况和就业状况等都会影响到其风险承受能力。不同性别的投资者对风险的承受能力有显著不同。受中国传统文化的影响，中国年长的女性多厌恶风险，对投资不感兴趣，在消费观念上较为保守；年长的男性则较偏爱风险，愿意通过消费贷款来满足消费欲望，对风险投资有兴趣；年轻男女则在风险承受能力上差异不大。

在工薪家庭中，夫妻双方的风险承受能力高于未婚者，因为双方都有相当的经济独立能力，双份收入可以提高风险承受水平。但如果双方在经济上的依赖性比较大，负担较重，则单身人士承受风险的能力要强些。

工作是大多数人经济收入的来源，所以工作的安全性与风险承受能力的大小有很大关系。失业的可能性越大，职业风险就越大，专业人员的风险承受能力要大于非专业人员，风险承受能力随着知识和技能熟练程度的增加而增加。

【真题回顾（201605）】下列对于评估客户投资风险承受能力的表述正确的是（　　）。

A. 已退休客户，应该建议其投资保守型产品

B. 年龄与投资风险承受能力完全无关

C. 理财目标的弹性越大，越无法承担高风险

D. 资金需动用的时间离现在越近，越不能承担风险

答案：AD

解析：B 项，一般而言，客户年龄越大，所能够承受的投资风险越低；C 项，客户理财目标的弹性越大，其可承受的风险也越高。

## 四、客户风险承受能力的评估方法

1. 重要性

风险承受能力是个人理财规划和投资风险管理的重要考虑因素，而现实生活中，客户往往不清楚自己的风险承受能力或风险厌恶程度，他们需要金融理

财师的专业指导与评估。风险承受能力的评估不是为了让金融理财师将自己的意见强加给客户，可接受的风险水平应该由客户自己来确定，金融理财师的角色是帮助客户认识自我，以作出客观的评估和明智的决策。

（1）确定客户风险承受能力评级，由低到高至少包括五级，并可根据实际情况进一步细分。

（2）在客户首次购买理财产品前在银行网点进行风险承受能力评估。

（3）定期或不定期地采用当面或网上银行方式对客户进行风险承受能力持续评估。

（4）制定统一的客户风险承受能力评估书。商业银行应当在客户风险承受能力评估书中明确提示，如客户发生可能影响其自身风险承受能力的情形，再次购买理财产品时应当主动要求商业银行对其进行风险承受能力评估。

（5）为私人银行客户和高资产净值客户提供理财产品销售服务应当按照规定进行客户风险承受能力评估。

（6）商业银行分支机构理财产品销售部门负责人或经授权的业务主管人员应当定期对已完成的客户风险承受能力评估书进行审核。

（7）商业银行应当建立客户风险承受能力评估信息管理系统，用于测评、记录和留存客户风险承受能力评估内容和结果。

【注】高资产净值客户是满足下列条件之一的商业银行客户：

①单笔认购理财产品不少于100万元人民币的自然人；

②认购理财产品时，个人或家庭金融净资产总计超过100万元人民币，且能提供相关证明的自然人；

③个人收入在最近三年内每年超过20万元人民币或者家庭合计收入在最近三年内每年超过30万元人民币，且能提供相关证明的自然人。

2. 常见的方法

（1）定性方法和定量方法

评估方法可以是定性的也可以是定量的。

定性分析主要是通过与客户面对面的交谈来基本判断客户的风险属性。但由于定性分析仅仅是凭金融理财师的直觉，没有严格的量化关系，而且受金融理财师的经验、技巧以及风险偏好的影响，不同的金融理财师可能得出差别较大的结论，因此，我们在采用定性分析的同时还需要采用定量分析，综合运用两种方法以确定投资者的实际风险承受能力。定性分析主要是通过对投资者年龄、财富、工作状况、教育程度、家庭状况、性别等方面的信息进行分析，从而大致确定投资者的风险承受能力。一般而言，年龄是影响投资者风险承受能力的首要因素，年龄越大，风险承受能力越弱；个人财富越多，风险承受能力越强；工作越稳定，收入越高，风险承受能力也越强；受教育程度越高，风险承受能力越强；未婚的风险承受能力高于已婚；男性的风险承受能力高于女性。

定量分析方法，通常采用有组织的形式，如通过设计风险承受能力问卷调查表来收集客户的必要信息，进而将观察结果转化为某种形式的数值，进行分析，来判断客户的风险承受能力。一般而言，设计问卷调查表必须遵循三个原则：一是所设计的问卷调查表必须通俗易懂，尽量避免专业词汇；二是问卷调查表不能有影响投资者独立判断的信息；三是问卷调查表问题在逻辑上前后需要保持一致。设计好投资者风险承受能力问卷调查表后，根据不同的回答赋予相应的分值，然后根据得分确定其风险承受能力。

准确评估客户的风险承受能力是一项非常复杂的工作，实务中一般采用定量分析与定性分析相结合的办法。

（2）客户投资目标

金融理财师首先必须帮助客户明确自己的投资目标。如果客户最关心本金的安全性和流动性，则该客户很可能是风险厌恶者；如果客户的主要目标是高收益，则该客户很可能是风险追求者。

（3）对投资产品的偏好

衡量客户风险承受能力最直接的办法是让客户回答自己所偏好的投资产品，也可以让客户将投资产品从最喜欢到最不喜欢排序，或者给每一种产品进行评级，不同级别代表客户的风险偏好程度。当然，调查结果的准确性也会取决于客户对不同投资产品的风险和预期收益的熟悉程度。

（4）概率和收益的权衡

①确定/不确定性偏好法。向客户展示两项选择，一是确定收益，二是可能收益，让客户二选一。如 1000 元的确定收益与 50% 的获得 2000 元的概率。风险厌恶者会选择 1000 元，风险追求者倾向于选择有可能获得 2000 元的方案。

②最低成功概率法。设计一个两项选择题，一个选项是无风险收益，另一个选项是有风险的，但潜在收益较高，同时列示 5 个成功概率，即 10%、30%、50%、70% 和 90%，问被调查者在多大的成功概率下认为两个选项是无区别的。所选的成功概率越高，说明其风险厌恶程度越高。

③最低收益法。要求投资者就可能的收益而不是收益概率作出选择。比如，一项投资有一半的可能损失 1/3 净资产，有一半的可能得到一笔收益，客户愿意承担此项风险的最低要求收益是多少。要求的收益越高，说明其风险厌

恶程度越高。

【真题回顾（201703、201606）】关于个人风险承受能力评估方法中的定性方法和定量方法，下列说法正确的是（　　）。

A. 定量评估方法不需要对所收集的信息进行量化

B. 定量评估方法主要通过面对面的交谈来收集客户的必要信息

C. 定性评估方法通常采用有组织的形式（如调查问卷）来收集信息

D. 定性评估方法主要通过面对面的交谈来收集客户的必要信息，但没有严格的量化关系

答案：D

解析：D 项，定性评估方法主要通过面对面的交谈来收集客户的必要信息，但没有对所收集的信息给予量化，而定量评估方法要求对所收集的信息给予量化。

【真题回顾（201611）】关于个人风险承受能力的评估方法，下列说法错误的是（　　）。

A. 定性分析法可基本判断客户的风险属性，调查问卷是其常用的形式

B. 衡量客户风险承受能力最直接的方式是调查问卷

C. 在对概率和收益进行权衡时，有风险收益常用的 5 个成功概率是 10%、30%、50%、70% 和 90%

D. 在明确客户投资目标时，若客户最关心本金流动性，则很可能是风险追求者

答案：ABD

解析：A 项，定性分析主要是通过与客户面对面的交谈来基本判断客户的风险属性，调查问卷是定量分析方法常采用的形式；B 项，衡量客户风险承受能力最直接的方式是让客户回答自己所偏好的投资产品，也可以让客户将投资产品从最喜欢到最不喜欢进行排序，或者给每一种产品进行评级，不同级别代表客户的风险偏好程度；D 项，如果客户最关心本金的安全性和流动性，则客户很可能是风险厌恶者。

### 五、客户风险特征的内容

风险是对预期的不确定性，是可以被度量的。客户的风险特征是投资顾问服务要考虑的重要因素之一。客户的风险特征可以由以下三个方面构成：

1. 风险偏好

风险偏好反映的是客户主观上对风险的基本态度，也是一种不确定性在客户心理上产生的影响。其影响因素很多，与客户所处的文化氛围、成长环境有密切关系。

2. 风险认知度

风险认知度反映的是客户对风险的主观评价。通常人们对风险的认知度往往取决于其个人的知识水平和生活经验，不同的人对同一风险的认知度不同。

3. 实际风险承受能力

实际风险承受能力反映的是风险客观上对客户的影响程度。同样的风险对不同人的影响是不一样的。

【真题回顾（201609）】关于客户的风险特征，下列说法正确的是(　　)。

A. 对于相同的风险，每个客户对待的态度是一致的

B. 风险是对预期的不确定性，不可以被度量

C. 客户的风险特征即客户可能产生的最大损失

D. 客户的风险特征是进行客户理财顾问服务要考虑的重要因素之一

答案：D

解析：A 项，风险认知度反映了客户对风险的主观评价，不同的人对同一风险的认知度是不同的；B 项，风险是对预期的不确定性，一般用方差或标准差度量；C 项，客户的风险特征包括风险偏好、风险认知度和风险承受能力。

## 六、客户风险特征矩阵的编制方法

客户风险特征可以用客户风险承受能力和风险承受态度两个指标来分析。

1. 风险承受能力评估

风险承受能力总分 = 年龄因素分数 + 其他因素分数。

（1）年龄因素：总分 50 分，25 岁以下者 50 分，每多一岁减 1 分，75 岁以上 0 分。

（2）其他因素：总分 50 分。如表 3 - 2 所示。

**表 3 - 2　　风险承受能力其他因素评估表**

| 分数 | 10 分 | 8 分 | 6 分 | 4 分 | 2 分 |
|---|---|---|---|---|---|
| 就业情况 | 公教人员 | 上班族 | 佣金收入者 | 自营事业者 | 失业 |
| 家庭负担 | 未婚 | 双薪无子女 | 双薪有子女 | 单薪有子女 | 单薪养三代 |

续表

| 分数 | 10 分 | 8 分 | 6 分 | 4 分 | 2 分 |
|---|---|---|---|---|---|
| 置业情况 | 投资不动产 | 自宅无房贷 | 房贷<50% | 房贷>50% | 无自宅 |
| 投资经验 | 10 年以上 | 6~10 年 | 2~5 年 | 1 年以上 | 无 |
| 投资知识 | 有专业执照 | 财经专业毕业 | 自修有心得 | 懂一些 | 无 |

注：总分为 100 分，最低为 10 分，得分越低者表示风险承受能力越低。可以定位为 5 个等级：20 分以下为低风险承受能力；20~39 分为中低风险承受能力；40~59 分为中等风险承受能力；60~79 分为中高风险承受能力；80 分以上为高风险承受能力。

【真题回顾（201609）】在计算承受能力总分时，应计 10 分的情形有(　　)。

A. 年龄 45 岁　　　　B. 双薪无子女

C. 职业为国家公务员　　　　D. 有 10 年以上的投资经历

答案：CD

解析：25 岁以下者 50 分，每多 1 岁减 1 分，所以 45 岁应该是 30 分；双薪无子女应计 8 分。

2. 风险承受态度评估

风险承受态度 = 对本金损失的容忍程度 + 其他心理因素。

(1) 对本金损失的容忍程度：总分 50 分，不能容忍任何损失为 0 分，每增加 1 个百分点加 2 分，可容忍 25% 以上损失者为满分 50 分。

(2) 其他心理因素，总分 50 分。如表 3-3 所示。

**表 3-3　　其他心理因素评估表**

| 分数 | 10 分 | 8 分 | 6 分 | 4 分 | 2 分 |
|---|---|---|---|---|---|
| 首要考虑因素 | 赚短差价 | 长期利得 | 年现金收益 | 抗通货膨胀保值 | 保本保息 |
| 过去投资绩效 | 只赚不赔 | 赚多赔少 | 损益两平 | 赚少赔多 | 只赔不赚 |
| 赔钱后心理 | 学习经验 | 照常过日子 | 影响情绪小 | 影响情绪大 | 难以成眠 |
| 现投资方向 | 期货 | 股票 | 房地产 | 债券 | 存款 |
| 未来投资方向 | 无 | 期货 | 股票 | 房地产 | 债券 |

注：总分为 100 分，最低 10 分。得分越低者表示风险承受态度越低。可以定位为 5 个等级：20 分以下为低风险承受态度；20~39 分为中低风险承受态度；40~59 分为中等风险承受态度；60~79 分为中高风险承受态度；80 分以上为高风险承受态度。

【真题回顾（201703、201606）】通过风险承受态度评估表对客户的风险特征进行评估时，一个客户的每项打分都是 4 分，则这个客户的特点是（　　）。

A. 首要考虑因素是抗通胀保值

B. 过去投资绩效是只赔不赚

C. 目前主要投资的市场是债券市场

D. 未来回避投资的市场是股票市场

答案：AC

解析：一个客户对除本金损失的容忍程度外的其他心理因素打分都是4分，则该客户具有如下特征：①首要考虑因素是抗通胀保值；②过去投资绩效是赚少赔多；③赔钱影响情绪大；④目前主要投资的市场是债券市场；⑤未来回避投资的市场是房地产市场。

3. 风险特征矩阵

通过对客户的风险承受能力评估和风险承受态度评估，结合风险能力指标数据和风险态度指标数据，可以得出客户风险特征矩阵，也可以找到不同客户在风险矩阵中的位置，从而为其选择合适的投资组合建议。表3－4列出的风险矩阵中的投资组合是一般情况下的参考建议，从业人员在实际理财业务中，为客户进行投资组合设计时，除了考虑客户风险特征外，还要考虑其他因素，如利率趋势、当时市场状况、客户投资目标等因素。

**表3－4　　客户风险特征矩阵**

| 风险矩阵 | 风险能力 | 低能力 | 中低能力 | 中能力 | 中高能力 | 高能力 |
|---|---|---|---|---|---|---|
| 风险态度 | 工具 | 0～19分 | 20～39分 | 40～59分 | 60～79分 | 80～100分 |
| 低态度<br>0～19分 | 货币 | 70 | 50 | 40 | 20 | 10 |
| | 债券 | 30 | 40 | 40 | 50 | 50 |
| | 股票 | 0 | 10 | 20 | 30 | 40 |
| 中低态度<br>20～39分 | 货币 | 40 | 30 | 20 | 10 | 10 |
| | 债券 | 50 | 50 | 50 | 50 | 40 |
| | 股票 | 10 | 20 | 30 | 40 | 50 |
| 中态度<br>40～59分 | 货币 | 40 | 30 | 10 | 0 | 0 |
| | 债券 | 30 | 30 | 40 | 40 | 30 |
| | 股票 | 30 | 40 | 50 | 60 | 70 |
| 中高态度<br>60～79分 | 货币 | 20 | 0 | 0 | 0 | 0 |
| | 债券 | 40 | 50 | 40 | 30 | 20 |
| | 股票 | 40 | 50 | 60 | 70 | 80 |
| 高态度<br>80～100分 | 货币 | 0 | 0 | 0 | 0 | 0 |
| | 债券 | 50 | 40 | 30 | 20 | 10 |
| | 股票 | 50 | 60 | 70 | 80 | 90 |

【真题回顾（201705、201607）】关于客户风险特征矩阵，下列说法正确的是（　　）。

A. 其中风险能力因素被划分为低能力、中低能力、中高能力、高能力四个类型

B. 综合了两个方面的因素，即风险能力和损失容忍度

C. 风险矩阵根据两个方面因素的评级，共产生 16 种可能的投资建议

D. 其投资工具主要是货币、债券、股票

答案：D

解析：风险矩阵综合风险承受能力和风险承受态度两方面的因素，其中风险承受能力被划分为低、中低、中、中高、高，共 5 种类型；风险承受态度也被划分为 5 种类型，根据两方面的综合，共有 25 种可能的投资建议。风险矩阵中的投资工具主要有货币、债券和股票。

【真题回顾（201609）】根据风险矩阵对低能力低态度、高能力高态度两类投资者的描述，理论上最适合这两类投资者的投资配比分别为（　　）。

A. 货币 0% + 债券 10% + 股票 90%

B. 货币 70% + 债券 30% + 股票 0%

C. 货币 50% + 债券 40% + 股票 10%

D. 货币 0% + 债券 20% + 股票 80%

答案：AB

解析：根据风险矩阵，高态度的投资者主要投资于债券和股票，一般不投资货币，其中高能力高态度的投资者 10% 的资金投资于债券，90% 的资金投资于股票。低能力低态度的投资者 70% 的资金投资于货币，30% 的资金投资于债券。

## 七、投资渠道偏好、知识结构、生活方式、个人性格等对客户证券投资方式和产品选择的影响

除了客户的风险特征外，还有许多其他的理财特征会对客户理财方式和产品选择产生很大影响。

1. 投资渠道偏好

投资渠道偏好是指客户由于个人具有的知识、经验、工作或社会关系等原因而对某类投资渠道有特别的喜好或厌恶。对此，投资顾问在给客户提供财务建议的时候要客观分析并向客户作准确解释，在此基础上要充分尊重客户的偏

好，而绝不能够用自己的偏好影响客户的财务安排。

2. 知识结构

客户个人的知识结构尤其是对理财知识的了解程度和主动获取信息的方式会对投资渠道、产品和投资方式的选择产生影响。

3. 生活方式

客户个人不同的生活、工作习惯对理财方式的选择也很重要。比如一个非常繁忙的职业经理人，你建议他去炒股票，尽管其风险特征、知识水平等各个方面都适合炒股票，但他没有时间和精力来做这样的理财。

4. 个人性格

客户个人的性格是个人主观意愿的习惯性表现，会对理财方式和方法产生影响。比如，一个事事喜欢亲力亲为的人与一个希望利用他人来帮他做事的人，其个人理财的方式和选择的产品是不一样的。

【真题回顾（201609）】下列关于客户投资渠道偏好的说法，正确的是（　　）。

A. 产生于客户个人的知识、经验、工作或社会关系等因素

B. 指客户对某些具体产品的喜好或者厌恶程度

C. 不影响客户的预期投资收益

D. 客户投资渠道偏好可以用来比较，有好坏之分

答案：A

解析：投资渠道偏好是指由于个人的知识、经验、工作或社会关系等原因而对某类投资渠道有特别的喜好或厌恶。

## 第四节　目标分析

**【大纲要求】**

| 内容 | 程度 |
| --- | --- |
| 1. 客户证券投资需求和目标的分类 | 熟悉 |
| 2. 客户证券投资目标的内容 | 熟悉 |
| 3. 客户证券投资目标分析方法 | 掌握 |

【内容精讲】

## 一、客户证券投资需求的分类

1. 证券投资的作用

对客户而言，证券投资有如下作用：

（1）提供了筹集资金的重要渠道；

（2）有利于调节资金投向，提高资金使用效率，从而引导资源合理流动，实现资源的优化配置；

（3）有利于改善企业经营管理，提高企业经济效益和社会知名度，促进企业的行为合理化。

2. 客户的证券投资需求分类

（1）收入的保护（如预防失去工作能力而造成的生活困难等）；

（2）资产的保护（如财产保险等）；

（3）客户死亡情况下的债务减免；

（4）投资目标与风险预测之间的矛盾。

## 二、客户证券投资目标的内容

客户提出的所期望达到的目标按时间长短可以划分为：

（1）短期目标（如休假、购置新车、存款等）；

（2）中期目标（如子女的教育储蓄、按揭买房等）；

（3）长期目标（如退休、遗产等）。

在确定客户的目标与需求的过程中，由于客户对投资产品和投资风险的认识不足，很有可能会提出一些不切实际的要求。针对这个问题，必须加强与客户的沟通，增加客户对投资产品和投资风险的认识，在确保客户理解的基础上，共同确定一个合理的目标。

【真题回顾（201703、201604）】下列个人理财目标中，属于客户长期目标的是（　　）。

A. 休假　　　　B. 按揭买房

C. 建立退休基金　　　　D. 购置新车

答案：C

解析：理财规划中，客户提出的所期望达到的目标按时间的长短可以划分为：①短期目标，如休假、购置新车、存款等；②中期目标，如子女的教育储蓄、按揭买房等；③长期目标，如退休安排、遗产安排等。

## 三、客户证券投资目标分析方法

1. 客户投资目标的分析方法

投资顾问在确定客户证券投资目标时应结合客户理财需求、理财具体目标及产品市场情况进行分析确定，如表3－5所示。

**表3－5　　客户投资理财目标分析表**

姓名：　　日期：

| 时间阶段 | 目标 | 迫切性（低/中/高） | 目标达到日期 | 所需资本来源 | 备注 |
|---|---|---|---|---|---|
| 短期 | 税务负担最小化 | | | | |
| | 筹集紧急备用金 | | | | |
| | 减少债务 | | | | |
| | 投资股票市场 | | | | |
| | 控制开支预算 | | | | |
| | 其他短期目标 | | | | |
| 中期 | 筹集汽车、住房资金 | | | | |
| | 寿险、财险和个人债务 | | | | |
| | 提高保险保障 | | | | |
| | 启动个人生意 | | | | |
| | 其他中期目标 | | | | |
| 长期 | 建立退休基金 | | | | |
| | 子女教育基金 | | | | |
| | 有效地为继承人分配不动产 | | | | |
| | 其他长期目标 | | | | |

2. 理财目标确定的步骤

（1）充分了解客户的信息，包括基本信息、财务信息、风险偏好以及理财的期望目标等。

（2）初步拟订客户的理财目标，并征询客户的意见。若客户反对，从业人员应要求客户以书面方式提出自己的理财目标。

（3）如果从业人员对已确定的投资目标进行改动，则必须对客户说明，并征得客户同意。

# 第四章

# 证券分析

## 一、证券分析方法的主要类型

证券投资分析所采用的方法主要有基本分析法、技术分析法和量化分析法。

## 二、三种分析方法的基本原理

1. 基本分析法

基本分析法通俗地讲就是侧重内在价值分析，严格的定义为：证券分析师根据经济学、金融学、财务管理学及投资学等基本原理，对决定证券价值及价格的基本要素进行分析，评估证券的投资价值，判断证券的合理价位，并提出相应投资建议的一种分析方法。

2. 技术分析法

技术分析法是单纯从市场的行为来分析证券价格未来变化趋势的方法。证券的市场行为可以有多种表现形式，其中证券的价格、成交量、价和量的变化以及完成这些变化所经历的时间是市场行为最基本的表现形式。技术分析就是利用过去和现在的成交量、成交价资料，以图形和指标分析工具来分析、预测未来的市场走势。

3. 量化分析法

量化分析法是利用统计、数值模拟和其他计量模型进行证券市场相关研究的一种方法，广泛应用于解决证券估值、组合构造与优化、策略制定、绩效评估、风险计量与风险管理等投资相关问题，是新发展起来的一种重要的证券投资分析方法。

【真题回顾（201705、201610）】关于基本分析法，下列说法正确的是(　　)。

A. 对决定证券价值及价格的基本要素进行分析，评估证券的投资价值，判断证券的合理价位，并提出相应投资建议的一种分析方法

B. 利用投资模型来解决证券估值、证券投资组合的构造与优化等

C. 根据股票的供求关系变化来预测市场运行趋势

D. 利用证券市场的价、量指标等分析判断市场的运行趋势

答案：A

解析：基本分析法是指证券分析师根据经济学、金融学、财务管理学及投资学等基本原理，对决定证券价值及价格的基本要素进行分析，评估证券的投资价值，判断证券的合理价位，并提出相应投资建议的一种分析方法。

## 第一节　基本分析

**【大纲要求】**

| 内容 | 程度 |
|---|---|
| 1. 基本分析的两种主要方法 | 熟悉 |
| 2. 宏观经济分析的主要内容 | 掌握 |
| 3. 证券市场的供求关系分析 | 掌握 |
| 4. 证券市场传导宏观经济政策的主要途径和内在机制 | 掌握 |
| 5. 行业分析的主要内容 | 掌握 |
| 6. 行业竞争情况分析的主要内容和基本方法 | 掌握 |
| 7. 行业生命周期分析的主要内容和基本方法 | 掌握 |
| 8. 公司分析的主要内容 | 熟悉 |
| 9. 公司财务报表分析的主要方法 | 掌握 |
| 10. 分析公司资本结构、偿债能力、盈利能力、营运能力、成长能力和现金流量等主要财务比率指标 | 掌握 |
| 11. 公司杜邦分析 | 熟悉 |
| 12. 公司分红派息 | 了解 |
| 13. 证券估值在公司未来财务预测中的应用分析 | 了解 |
| 14. 证券估值方法的主要类型 | 了解 |
| 15. 股息贴现模型和股息增长模型等绝对估值方法 | 掌握 |
| 16. 市盈率和资本资产定价模型等相对估值法 | 熟悉 |

【内容精讲】

## 一、基本分析的两种主要方法

基本分析法是指证券分析师根据经济学、金融学、财务管理学及投资学等基本原理，对决定证券价值及价格的基本要素进行分析，评估证券的投资价值，判断证券的合理价位，并提出相应投资建议的一种分析方法。证券投资基本分析包括由上而下分析法和由下而上分析法两种主要方法。

1. 由上而下分析法

（1）由上而下分析法的基本原理

由上而下分析法是指先从经济面和资本市场的分析出发，重视对大环境变量的考虑，挑选未来前景较好的产业，再从所选的产业中挑出较具有竞争力和绩效不错的公司。

（2）主要步骤和内容

①宏观经济分析

宏观经济分析主要包括宏观经济形势分析（GDP 及其增长率分析、经济周期分析、通货膨胀分析）和宏观经济政策分析（货币政策、财政政策、汇率政策）。

②证券市场分析

证券市场分析要点包括：一是证券市场供给的决定因素。如宏观经济环境、发行上市制度、市场设立制度、股权流通制度、上市公司质量等。二是证券市场需求的决定因素。如宏观经济环境、市场准入制度、利率水平、个人投资者的金融资产结构、机构投资者的数量和类型、市场的对外开放等。

③行业和区域分析

行业分析主要分析行业所属的不同市场类型、所处的不同生命周期以及行业业绩对证券价格的影响。区域分析主要分析区域经济因素对证券价格的影响。

④公司分析

公司分析是基本分析的重点。公司分析侧重对公司的竞争能力、盈利能力、经营管理能力、发展潜力、财务状况、经营业绩以及潜在风险等进行分析，借此评估和预测证券的投资价值、价格及其未来变化的趋势。

2. 由下而上分析法

（1）由下而上分析法的基本原理

由下而上分析法是指按照公司分析、行业和区域分析、证券市场分析、宏观经济分析的顺序进行投资分析。由下而上分析法主要通过某些数量指标（如营业收入增长率、净资产收益率等财务指标）进行筛选，选出符合标准的公司，再进行公司分析、行业分析、证券市场分析和宏观经济分析。

（2）由下而上分析法的主要步骤和内容

由下而上分析法的主要内容与由上而下的分析内容相同，但步骤正好相反，其顺序为

①公司分析；

②行业和区域分析；

③证券市场分析；

④宏观经济分析。

【真题回顾（201611）】下列表述中，属于由下而上分析流程的是(　　)。

A. 微观—中观—宏观

B. 技术分析—公司分析—基本分析

C. 公司分析—产业分析—区域经济分析

D. 公司财务及估值分析—行业分析—宏观分析

答案：ACD

解析：由下而上的分析方法是把重点放在企业的基本面和价格上，从企业的财务报表入手，再到企业的商业模式，最后再通过行业及政策分析来强化结论。而由上而下的分析方法则是相反流程。

## 二、宏观经济分析的主要内容

证券投资的宏观经济分析主要有两个方面的内容，即宏观经济运行和宏观经济政策对证券市场的影响分析。

1. 宏观经济运行分析

（1）宏观经济运行对证券市场的影响分析

宏观经济因素是影响证券市场长期走势的唯一因素。宏观经济运行对证券市场的影响主要表现在以下方面：

①企业经济效益。无论是从长期看还是从短期看，宏观经济环境都是影响公司生存、发展的最基本因素。公司的经济效益会随着宏观经济运行周期、市场环境、宏观经济政策、利率水平和物价水平等宏观经济因素的变动而变动。如果公司经营随宏观经济的趋好而改善，盈利水平提高，其股价也会上涨；若政府采取紧缩的宏观经济政策，紧缩银根，公司的投资和经营会受到影响，盈

利下降，证券市场也会遭受重创。

②居民收入水平。在经济周期处于上升阶段或在提高居民收入政策的作用下，居民收入水平提高将会在一定程度上拉动消费需求，从而增加相关企业的经济效益。另外，居民收入水平的提高也会直接促进证券市场投资需求的提高。

③投资者对股价的预期。投资者对股价的预期，即投资者的信心，是宏观经济影响证券市场走势的重要途径。当宏观经济趋好时，投资者预期公司效益和自身的收入水平会上升，证券市场自然人气旺盛，从而推动市场平均价格走高；反之，则会令投资者对证券市场信心下降。

④资金成本。当国家经济政策发生变化，如采取调整利率水平、实施消费信贷政策、征收利息税等政策时，居民、单位的资金持有成本将随之变化。如利率水平降低和征收利息税，将会促使部分资金由银行储蓄变为投资，从而影响证券市场的走向。

（2）宏观经济变动对证券市场的影响分析

①GDP 变动对证券市场的影响分析

国内生产总值（GDP）是指一个国家所有常住居民在一定时期内生产活动的最终成果，是国家经济成就的根本反映。从长期看，在上市公司的行业结构与该国产业结构基本一致的情况下，股票平均价格的变动与 GDP 的变化趋势是相吻合的，但不是任何时候都是如此。考察 GDP 变动对证券市场的影响必须将 GDP 和当时的经济形势结合起来。

GDP 持续、稳定、高速增长的情况。在这种情况下，社会总需求与总供给协调增长，经济结构逐步合理，趋于平衡，经济增长来源于需求刺激，将呈现上升走势，原因如下：第一，伴随着总体经济成长，上市公司利润持续上升，股息不断增长，企业经营环境不断改善，产销两旺，投资风险也越来越小，从而公司的股票和债券全面得到升值，促使价格上扬；第二，人们对经济形势形成了良好的预期，投资积极性得以提高，从而增加了对证券的需求，促使证券价格上涨；第三，随着经济的持续增长，国民收入和个人收入都不断得到提高，收入增加也将增加证券投资的需求，从而导致证券价格上涨。

GDP 高速增长的情况下，社会总需求大大超过总供给，导致高通货膨胀。此种现象是经济形势恶化的征兆，如不采取调控措施，必将导致未来的滞胀（通货膨胀与经济停滞并存）。这时，企业经营将面临困境，居民实际收入也将降低，因而失衡的经济增长必将导致证券市场行情下跌。

宏观调控下的 GDP 减速增长。当 GDP 处于失衡的高速增长时，政府可能采取宏观调控措施以维持经济的稳定增长，这样必然会减缓 GDP 的增长速度。如果宏观调控目标得以顺利实现，GDP 仍然以适当的速度增长而未导致负增长或低增长，说明宏观调控政策有效，经济矛盾逐渐得以缓解，并为进一步增长创造了有利条件，这时证券市场也将反映出好的形势而呈平稳渐升的趋势。

GDP 转折性变动的情况。当 GDP 从负增长速度逐渐减缓并呈现向正增长转变时，表明恶化的经济环境逐步得到改善，证券市场走势也将由下跌转为上升。当 GDP 从低增长速度转向高增长速度时，表明低增长中，经济结构得到调整，新一轮经济高速增长来临，证券价格也随之表现出上涨趋势。

②经济周期的变动对证券市场的影响

经济周期是一个连续不断的过程，包括衰退、危机、复苏和繁荣四个阶段，也就是扩张和收缩交替出现。一般来说，在经济衰退阶段，股票价格会逐渐下跌；到危机时期，股价跌至最低点；而经济复苏开始时，股价又会逐步上升；到繁荣时，股价则上涨至最高点。证券市场综合了人们对经济形势的预期，这种预期又必然会反映到投资者的投资行为中，从而影响证券市场的价格。

③通货膨胀变动对证券市场的影响

a. 通货膨胀对证券市场特别是个股的影响，没有一成不变的规律可循，完全可能产生相反方向的影响，应具体情况具体分析。分析的一般性原则有

第一，温和的、稳定的通货膨胀对股价的影响较小。通货膨胀提高了债券的必要收益率，从而引起债券价格下跌。

第二，如果通货膨胀在一定的可容忍范围内持续，而经济处于景气（扩张）阶段，产量和就业都持续增长，那么股价也将持续上升。

第三，严重的通货膨胀是很危险的，经济将被严重扭曲，货币加速贬值，这时，人们会囤积商品、购买房屋等进行保值。这可能从两个方面影响证券价格：一是资金流出证券市场，引起股价和债券价格下跌。二是经济扭曲和失去效率，企业筹集不到必需的生产资金；同时，原材料、劳务成本等价格飞涨，使企业经营严重受挫，盈利水平下降，甚至倒闭。

政府往往不会长期容忍通货膨胀存在，因而必然会使用某些宏观经济政策工具来抑制通货膨胀，这些政策必然会对经济运行造成影响；通货膨胀不仅会产生经济影响，还可能会产生社会影响，并影响投资者的心理和预期，从而对股价产生影响。

b. 通货紧缩对证券市场的影响。通货紧缩将损害消费者和投资者的积极性，造成经济衰退和经济萧条，与通货膨胀一样不利于币值稳定和经济增长。

通货紧缩会使经济负增长，债券、股票及房地产等资产价格大幅下降，形成了利率下调的稳定预期、有效需求和投资的下降、银行资产状况严重恶化，带来经济危机与金融萧条，影响投资者对证券市场走势的信心。

【真题回顾（201611）】下列关于 GDP 与证券市场波动的关系表述错误的是（　　）。

A. GDP 负增长速度逐渐减缓并呈现向正增长转变的趋势时，证券市场走势将由下跌转为上升

B. GDP 增长，证券市场必将同步上升

C. 持续、稳定、高速的 GDP 增长，证券市场将呈现上升走势

D. 高通货膨胀下的 GDP 增长，失衡的经济增长将导致证券市场行情下跌

答案：B

解析：B 项，从长期看，在上市公司的行业结构与该国产业结构基本一致的情况下，股票平均价格的变动与 GDP 的变化趋势是吻合的。但不能简单地认为证券市场就一定能伴随股票市场上涨，现实中也会有相反的情况发生。

2. 宏观经济政策分析

宏观经济政策主要包括四种：财政政策、货币政策、汇率政策、收入政策。

（1）财政政策

①财政政策的手段及其对证券市场的影响

财政政策是政府依据客观经济规律制定的指导财政工作和处理财政关系的一系列方针、准则和措施的总称。财政政策是当代市场经济条件下国家干预经济、与货币政策并重的一项手段。财政政策手段主要包括国家预算、税收、国债、财政补贴、财政管理体制、转移支付制度等。这些手段可以单独使用，也可以配合协调使用。

a. 国家预算。国家预算是财政政策的主要手段。作为政府的基本财政收支计划，国家预算能够全面反映国家财力规模和平衡状态，并且是各种财政政策手段综合运用结果的反映，因而在宏观调控中具有重要的作用。国家预算收支的规模和收支平衡状态可以对社会供求的总量平衡产生影响。

b. 税收。税收是国家凭借政治权力参与社会产品分配的重要形式。税收具有强制性、无偿性和固定性的特征，它既是筹集财政收入的主要工具，又是调节宏观经济的重要手段。

c. 国债。国债是国家按照有偿信用原则筹集财政资金的一种形式，同时也是实现政府财政政策、进行宏观调控的重要工具。

d. 财政补贴。财政补贴是国家为了某种特定需要，将一部分财政资金无偿补助给企业和居民的一种再分配形式。我国财政补贴主要包括价格补贴、企业亏损补贴、财政贴息、房租补贴、职工生活补贴和外贸补贴等。

e. 财政管理体制。财政管理体制是中央与地方、地方各级政府之间以及国家与企事业单位之间资金管理权限和财力划分的一种根本制度，其主要功能是调节各地区、各部门之间的财力分配。

f. 转移支付制度。转移支付制度是中央财政将集中的一部分财政资金，按一定的标准拨付给地方财政的一项制度。其主要功能是调整中央政府与地方政府之间的财力纵向不平衡，调整地区间财力横向不平衡。

②财政政策的种类及其对证券市场的影响

财政政策分为扩张性财政政策、紧缩性财政政策和中性财政政策。总的来说，紧缩性财政政策将使过热的经济受到控制，证券市场也将走弱，因为这预示着未来经济将减速增长或走向衰退；而扩张性财政政策将刺激经济发展，证券市场则将走强，因为这预示着未来经济将加速增长或进入繁荣阶段。

具体而言，扩张性财政政策包括：

a. 减少税收，降低税率，扩大减免税范围。其政策的经济效应是：增加微观经济主体的收入，以刺激经济主体的投资需求，从而扩大社会供给，增加人们的收入，并同时增加了他们的投资需求和消费支出。减少税收对证券市场的影响为：增加收入直接引起证券市场价格上涨，增加投资需求和消费支出又会拉动社会总需求；而总需求增加又反过来刺激投资需求，从而使企业扩大生产规模，增加企业利润；利润增加，又将刺激企业扩大生产规模的积极性，进一步增加利润总额，从而促进股票价格上涨。因市场需求活跃，企业经营环境改善，盈利能力增强，进而降低了还本付息风险，债券价格也将上扬。

b. 扩大财政支出，加大财政赤字。其政策效应是：扩大社会总需求，从而刺激投资，扩大就业。政府通过购买和公共支出增加对商品和劳务的需求，激励企业增加投入，提高产出水平，于是企业利润增加，经营风险降低，使股票价格和债券价格上升。同时，居民在经济复苏中增加了收入，持有货币增加；景气的趋势更增强了投资者的信心，买气增强，证券市场和债券市场趋于活跃，价格自然上扬。特别是与政府购买和支出相关的企业将最先、最直接从财政政策中获益，有关企业的股票价格和债券价格将率先上涨。但过度使用此项政策，财政收支出现巨额赤字时，虽然进一步扩大了需求，但却进而增加了经济的不稳定因素。通货膨胀加剧，物价上涨，有可能使投资者对经济的预期不乐观，反而造成股价下跌。

c. 减少国债发行（或回购部分短期国债）。国债是证券市场上重要的交易券种，国债发行规模的缩减使市场供给量减少，从而对证券市场原有的供求平衡产生影响，导致更多的资金转向股票，推动证券市场行情上扬。

d. 增加财政补贴。财政补贴往往使财政支出扩大。其政策效应是扩大社会总需求和刺激供给增加，从而使整个证券市场的总体水平趋于上涨。

紧缩性财政政策的经济效应及其对证券市场的影响与上述情况相反。

③分析财政政策对证券市场的影响应注意的问题

财政政策对证券市场的影响是十分深刻的，也是十分复杂的。正确地运用财政政策为证券投资决策服务，应把握以下几个方面：

a. 关注有关的统计资料信息，认清经济形势。

b. 从各种媒介中了解经济界人士对当前经济形势的看法，关心政府有关部门主要负责人的日常讲话，分析其经济观点、主张，从而预见政府可能采取的经济措施和采取措施的时机。

c. 分析过去类似形势下的政府行为及其经济影响，据此预期政策倾向和相应的经济影响。

d. 关注年度财政预算，从而把握财政收支总量的变化趋势，更重要的是对财政收支结构及其重点作出分析，以便了解政府的财政投资重点和倾斜政策。一般而言，受倾斜的行业业绩较有保障，该行业平均股价因此存在上涨的空间。

e. 在预见和分析财政政策的基础上，进一步分析相应政策对经济形势的综合影响（比如通货膨胀、利率等），结合行业分析和公司分析作出投资选择。通常，与政府采购密切相关的行业和公司对财政政策较为敏感。

（2）货币政策

①货币政策及其作用

货币政策是指政府为实现一定的宏观经济目标而制定的关于货币供应和货币流通组织管理的基本方针和基本准则。货币政策对宏观经济进行全方位的调控，其调控作用突出表现为以下几点：

a. 通过调控货币供应总量保持社会总供给与总需求的平衡。货币政策可通过调控货币供应量达到对社会总需求和总供给两方面的调节，使经济达到均衡。

b. 通过调控利率和货币总量控制通货膨胀，保持物价总水平的稳定。提高利率可使现有货币购买力推迟，减少即期社会需求，同时也使银行贷款需求减少；降低利率的作用则相反。

c. 调节国民收入中消费与储蓄的比例。货币政策通过对利率的调节能够影响人们的消费倾向和储蓄倾向。低利率鼓励消费，高利率则有利于吸收储蓄。

d. 引导储蓄向投资的转化并实现资源的合理配置。储蓄是投资的来源，但储蓄不能自动转化为投资，储蓄向投资的转化依赖于一定的市场条件。货币政策可以通过利率的变化影响投资成本和投资的边际效率，提高储蓄转化的比重，并通过金融市场有效运作实现资源的合理配置。

②货币政策工具

货币政策工具是指中央银行为实现货币政策目标所采用的政策手段。货币政策工具可分为两大类：一般性货币政策工具、选择性货币政策工具。

a. 一般性货币政策工具

一般性货币政策工具包括法定存款准备金率、再贴现政策和公开市场业务。

第一，法定存款准备金率。法定存款准备金率是指中央银行规定的金融机构为保证客户提取存款和资金清算需要而准备的在中央银行的存款占其存款总额的比例。中央银行通过调节法定存款准备金率从而调整商业银行的可运用资金。由于货币乘数的作用，法定存款准备金率的作用效果十分明显。人们通常认为这一政策工具效果过于猛烈，它的调整会在很大程度上影响整个经济和社会心理预期，因此一般对法定存款准备金率的调整都持谨慎态度。

第二，再贴现政策。再贴现政策是指中央银行对商业银行用持有的未到期票据向中央银行融资所作的政策规定。再贴现政策一般包括再贴现率的确定和再贴现的资格条件。再贴现率主要着眼于短期政策效应。中央银行可以根据市场资金供求状况调整再贴现率，以影响商业银行借入资金成本，进而影响商业银行对社会的信用量，从而调整货币供给总量。在传导机制上，若商业银行需要以较高的代价才能获得中央银行的贷款，便会提高对客户的贴现率或提高放款利率，其结果就会使信用量收缩，市场货币供应量减少；反之则相反。中央银行对再贴现资格条件的规定则着眼于长期的政策效用，以发挥抑制或扶持作用，并改变资金流向。

第三，公开市场业务。公开市场业务操作是中央银行吞吐基础货币、调节市场流动性的主要货币政策工具，通过中央银行与指定交易商进行有价证券和外汇交易，实现货币政策调控目标。交易品种主要有回购交易、现券交易和发行中央银行票据。

回购交易分为正回购和逆回购两种。正回购为中国人民银行向一级交易商卖出有价证券，并约定在未来特定日期买回有价证券的交易行为。正回购为中国人民银行从市场收回流动性的操作，正回购到期则为中国人民银行向市场投放流动性的操作。逆回购为中国人民银行向一级交易商购买有价证券，并约定在未来特定日期将有价证券卖给一级交易商的交易行为。逆回购为中国人民银行向市场上投放流动性的操作，逆回购到期则为中国人民银行从市场收回流动性的操作。

现券交易分为现券买断和现券卖断两种。前者为中国人民银行直接从二级市场买入债券，一次性地投放基础货币；后者为中国人民银行直接卖出持有债券，一次性地回笼基础货币。中央银行票据即中国人民银行发行的短期债务凭证。中国人民银行通过发行中央银行票据可以回笼基础货币，中央银行票据到期则体现为投放基础货币。

b. 选择性货币政策工具

随着中央银行宏观调控作用重要性的加强，货币政策工具也趋向多元化，因而出现了一些供选择使用的新措施，这些措施被称为“选择性货币政策工具”。选择性货币政策工具包括直接信用控制和间接信用指导。

第一，直接信用控制。直接信用控制是指以行政命令或其他方式，直接对金融机构尤其是商业银行的信用活动进行控制。其具体手段包括：规定利率限额与信用配额、信用条件限制，规定金融机构流动性比率和直接干预等。

第二，间接信用指导。间接信用指导是指中央银行通过道义劝告、窗口指导等办法来间接影响商业银行等金融机构行为的做法。

c. 货币政策的运作

货币政策的运作主要是指中央银行根据客观经济形势采取适当的政策措施调控货币供应量和信用规模，使之达到预定的货币政策目标，并以此影响整体经济的运行。通常，将货币政策的运作分为紧的货币政策和松的货币政策。

A. 紧的货币政策。紧的货币政策的主要政策手段是：减少货币供应量，提高利率，加强信贷控制。如果市场物价上涨，需求过度，经济过度繁荣，被认为是社会总需求大于总供给，中央银行就会采取紧缩货币政策以减少需求。

B. 松的货币政策。松的货币政策的主要政策手段是：增加货币供应量，降低利率，放松信贷控制。如果市场产品销售不畅，经济运转困难，资金短缺，设备闲置，被认为是社会总需求小于总供给，中央银行就会采取扩大货币供应的办法增加总需求。

总的来说，在经济衰退时，总需求不足，采取松的货币政策；在经济扩张时，总需求过大，采取紧的货币政策。但这只是一个方面的问题，政府还必须根据现实情况对松紧程度作科学合理的把握，必须根据政策工具本身的利弊及实施条件和效果选择适当的政策工具。

③货币政策对证券市场的影响

a. 利率对证券市场的影响。中央银行调整基准利率的高低，对证券价格产生影响。一般来说，利率下降时，股票价格就上升；而利率上升时，股票价格就下降。原因有

第一，利率是计算股票内在投资价值的重要依据之一。当利率上升时，同一股票的内在投资价值下降，从而导致股票价格下跌；反之，则股价上升。

第二，利率水平的变动直接影响到公司的融资成本，从而影响股票价格。利率低，可以降低公司的利息负担，增加公司盈利，股票价格也将随之上升；反之，利率上升，股票价格下跌。

第三，利率降低，部分投资者将把储蓄投资转成股票投资，需求增加，促成股价上升；反之，若利率上升，一部分资金将会从证券市场转向银行存款，致使股价下降。

利率对股票价格的影响一般比较明显，反应也比较迅速。因此要把握住股票价格的走势，首先要对利率的变化趋势进行全面掌握。有必要指出的是，利率政策本身是中央银行货币政策的一个组成部分，但利率的变动同时也受其他货币政策因素的影响。如果货币供应量增加、中央银行贴现率降低、中央银行所要求的银行存款准备金比率下降，就表明中央银行在放松银根，利率将呈下降趋势；反之，则表示利率总的趋势在上升。

上述利率与股价运动呈反向变化是一般情况，不能将此绝对化，股价和利率并不是呈现绝对的负相关关系。当形势看好、股票行情暴涨的时候，利率的调整对股价的控制作用就不会很大。同样，当股市处于暴跌的时候，即使出现利率下降的调整政策，也可能会使股价回升乏力。

b. 中央银行的公开市场业务对证券市场的影响。当政府倾向于实施较为宽松的货币政策时，中央银行就会大量购进有价证券，从而使市场上的货币供给量增加。这会推动利率下调，资金成本降低，从而使企业和个人的投资和消费热情高涨，生产扩张，利润增加，这又会推动股票价格上涨；反之，股票价格将下跌。

c. 调节货币供应量对证券市场的影响。中央银行可以通过法定存款准备金率和再贴现政策调节货币供应量，从而影响货币市场和资本市场的资金供求，进而影响证券市场。如果中央银行提高法定存款准备金率，这在很大程度上限制了商业银行体系创造派生存款的能力，等于冻结了一部分商业银行的超额准备。由于法定存款准备金率对应着数额庞大的存款总量，并通过货币乘数的作用使货币供应量更大幅度减少，证券市场价格便趋于下跌。同样，如果中央银

行提高再贴现率，对再贴现资格加以严格审查，商业银行资金成本增加，市场贴现利率上升，社会信用收缩，证券市场的资金供应减少，使证券市场行情走势趋软。反之，如果中央银行降低法定存款准备金率或降低再贴现率，通常都会导致证券市场行情上扬。

d. 选择性货币政策工具对证券市场的影响。为了实现国家的产业政策和区域经济政策，我国对不同行业和区域采取区别对待的方针。一般来说，该项政策会对证券市场整体走势产生影响，而且还会因为板块效应对证券市场产生结构性影响。当直接信用控制或间接信用指导降低贷款限额、压缩信贷规模时，从紧的货币政策使证券市场行情呈下跌走势，但如果在从紧的货币政策的前提下，实行总量控制，通过直接信用控制或间接信用指导区别对待，紧中有松，那么一些优先发展的产业和国家支柱产业以及农业、能源、交通、通信等基础产业及优先重点发展的地区的证券价格则可能不受影响，甚至逆势而上。总的来说，此时贷款流向反映当时的产业政策与区域政策，并引起证券市场价格的比价关系作出结构性的调整。

总的来说，在实施紧的货币政策时，利率上升，公开市场业务大量卖出，减少货币供应量，从紧的选择性货币政策情况下，证券价格下降；在实施松的货币政策时，利率下降，公开市场业务大量买进，增加货币供应量，从松的选择性货币政策情况下，证券价格上升。

（3）汇率政策

一般来讲，一国的经济越开放，证券市场的国际化程度越高，证券市场受汇率的影响越大。汇率对证券市场的影响是多方面的，如以直接标价法（用单位外币的本币标值来表示）为例。

①以外币为基准，一方面，汇率上升，本币贬值，本国产品竞争力强。出口型企业将增加收益，因而企业的股票和债券价格将上涨；相反，依赖于进口的企业成本增加，利润受损，股票和债券的价格将下跌。另一方面，汇率上升，本币贬值，将导致资本流出本国，资本的流失将使本国证券市场需求减少，从而市场价格下跌。

②汇率上升时，本币表示的进口商品价格提高，进而带动国内物价水平上涨，引起通货膨胀。通货膨胀对证券市场的影响需根据当时的经济形势和具体企业以及政策行为进行分析。为维持汇率稳定，政府可能动用外汇储备，抛售外汇从而减少本币的供应量，使证券市场价格下跌，直到汇率回落恢复均衡，反面效应可能使证券价格回升。如果政府利用债市与汇市联动操作达到既控制汇率的升势又不减少货币供给量，即抛售外汇的同时回购国债，则将使国债市

场价格上扬。

（4）收入政策

①概述

收入政策是国家为实现宏观调控总目标和总任务在分配方面制定的原则和方针。与财政政策、货币政策相比，收入政策具有更高层次的调节功能，制约着财政政策和货币政策的作用方向和作用力度，而且收入政策最终也要通过财政政策和货币政策来实现。

②收入政策目标

收入总量目标：着眼于近期的宏观经济总量平衡，根据供求不平衡的两种状况分别选择分配政策和超分配政策。

收入政策的结构目标：着眼于中长期的产业结构优化和经济与社会协调发展，着重处理积累与消费、公共消费与个人消费、各种收入的比例、个人收入差距等关系。

③收入政策的形式

a. 工资与物价管制或冻结。即在某个时期内，由政府颁布法令对工资和物价实行管制，甚至实行硬性冻结。

b. 劝说。即政府劝阻工会与资本家把工资与物价的提高限制在一定的范围之内。

c. 工资—物价指导线。即由政府根据长期劳动生产率来确定工资和物价的增长限度，要求把工资—物价增长限制在劳动生产率平均增长幅度内。

④收入政策对证券市场的影响

民间金融资产的增大、社会总积累向社会分配的趋向，将导致储蓄、证券市场需求增加，促进证券市场规模的扩大和价格水平的逐步提高。

收入总量调控通过财政政策和货币政策的传导影响证券市场。

## 三、证券市场的供求关系分析

1. 证券市场的供给方和需求方

（1）供给方

证券市场的供给主体是公司（企业）、政府与政府机构以及金融机构。公司（企业）通过向市场发行股票、债券等产品进行融资。政府与政府机构包括中央政府、地方政府以及中央政府直属机构，其为债券产品的主要供给方。金融机构是证券市场的发行和供给主体，发行股票和债券。

（2）需求方

证券投资者是证券市场的需求主体，同时也是市场资金的供给者。投资者的存在使各种证券的发行有了保证，直接融资渠道得以建立，市场的正常交易得以维持。

①根据投资者的行为主体不同，可以把投资者分为个人投资者和机构投资者。

a. 个人投资者。个人投资者为自然人，指从事证券买卖的居民。居民个人买卖证券是对其剩余、闲置的货币加以运用的一种方式。在发达证券市场上，个人投资者多数不直接参加证券市场的买卖。他们有的通过证券经纪人买卖证券，有的通过购买投资基金的方法间接参与证券市场。我国绝大部分个人投资者直接参与证券的买卖，或是通过购买基金的方法间接地投资证券市场。

b. 机构投资者。机构投资者是相对于个人投资者而言的。从广义的角度来看，一切参与证券市场投资的法人机构都可以称为机构投资者。它既包括开放式基金、封闭式基金、社保基金，也包括参与证券投资的保险公司、证券公司、合格境外机构投资者，还包括一些投资公司和企业法人。与资金量小、信息不足、缺乏技巧的个人投资者相比，机构投资者具有资金与人才实力雄厚、投资理念成熟、抗风险能力强等特征，因而其发育程度被视为评价市场稳定性的重要指标。在外国成熟的证券市场上，机构投资者是市场的主要参与者，具有举足轻重的作用，也被视为市场成熟的一个标志。

②根据投资证券市场的目的不同，可以把投资者分为长期投资者和短期投资者。

长期投资者的目的是获得公司的分红和资本的长期增值；短期投资者的目的是获得短期资本差价。

2. 证券市场供给的决定因素与变动特点

（1）上市公司质量：直接或间接影响证券市场的供给。最根本的因素是上市公司质量与经济效益状况。质量高的上市公司易于为证券市场所接受，因而有利于股票供给的增加；质量低的上市公司，其股票很难被市场接受，对股票的供给增加不利。

（2）上市公司数量：直接决定证券市场供给。影响公司数量的因素主要包括三个。

①宏观经济环境。如果宏观经济运行良好，投资扩张的企业必然增多，融资的需求必然增加，这时将有更多的企业申请公开发行股票；同时，投资者良好的预期会促使其积极参与认购，上市公司数量也随之增加。这样，上市流通

股份的数量就会增加，市场的供给相应会增加。

②制度因素。影响证券市场供给的制度因素主要有发行上市制度、市场设立制度和股权流通制度三大因素。

③市场因素。在证券市场处于牛市的情况下，大量的场外资金流入股市，为上市公司的增发、配股提供了资金支持，也为非上市公司的首次公开募股（IPO）营造了良好的市场氛围，进而能够增加市场上的股票供给量。反之，当证券市场处于熊市的时候，市场的资金面压力增大，从而不利于股票有效供给的增加。

3. 证券市场需求的决定因素与变动特点

（1）宏观经济环境

如果宏观经济运行良好，银根较松，整个社会的资金供给就会呈现比较充裕的局面。作为微观主体的上市公司业绩的预期会得到相应改善，将会吸引投资者进一步进入证券市场，从而增加对股票的需求，有效增加证券市场资金的供给量。反之，如果宏观经济运行前景堪忧，整个社会的资金供给紧张，而且由于投资者调低对上市公司业绩的预期，会减少对证券市场的投资，证券市场的资金供应量会减少。简单来说，若宏观经济运行良好，证券市场资金的有效供给量增加；否则，资金供应量会减少。

（2）政策因素

政策因素包括市场准入政策、融资融券政策、金融监管政策甚至货币与财政政策在内的一系列政策，将对证券市场的需求产生影响。当证券市场处于不成熟阶段时，为了防范证券市场的风险，对进入证券市场的投资主体有着严格的规定，一些不符合规定的资金不能进入证券市场。随着证券市场不断成熟，有关部门会逐步开放并放松相关制度，使进入证券市场的投资主体越来越多，为证券市场提供新的增量资金，扩大证券市场的资金供应量。

（3）居民金融资产结构的调整

居民的金融资产主要由银行存款、证券投资基金、股票、债券及信托资产等构成。中国居民以前金融资产的绝大部分是银行储蓄，证券投资尤其股票和证券投资基金投资占金融资产的比例较小。随着人民生活水平的提高、金融投资意识的加强，不断有居民将原先的银行储蓄转化为股票和基金投资，从而为证券市场带来大量的增量资金，使我国证券市场的资金供应量增加。

（4）机构投资者的培育和壮大

我国证券市场机构投资者现已形成以券商、证券投资基金、保险公司、信托公司、财务公司、社会保障基金、企业法人、QFII 以及私募投资机构等为主体的多元化格局。

（5）资本市场的逐步对外开放

资本市场的投资性开放包括两方面的含义：融资的开放和投资的开放。

①融资的开放允许本国居民在国际资本市场上融资和外国居民在本国资本市场上融资。

②投资的开放允许外国居民投资于本国的资本市场和允许本国居民投资于国际资本市场。投资的开放使资本在全球范围内充分配置，使全球任何地方的资本资产的价格趋于一致。

4. 影响我国证券市场供求关系的基本制度变革

（1）股权分置改革

股权分置是指我国 A 股上市公司内部形成的两种不同性质的股票（非流通股和社会流通股），并且表现出不同股、不同价、不同权等特征的特殊市场制度与结构。中国证监会 2005 年 9 月 4 日颁布了《上市公司股权分置改革管理办法》。这一正式法律文件的出台，标志着股权分置改革从试点阶段开始转为积极稳妥地全面铺开的新阶段。股权分置改革对沪深证券市场产生了深刻、积极的影响，具体包括：

①不同股东之间的利益行为机制在股改后趋于一致化。

②股权分置改革有利于上市公司定价机制的统一，市场的资源配置功能和价值发现功能进一步得到优化。

③股权分置改革完成后，股东之间形成了共同的利益平台，大股东违规行为将被利益牵制，理性化行为趋于突出。

④股权分置改革有利于公司的治理结构的进一步梳理，建立和完善上市公司管理层的激励和约束机制。

⑤股权分置改革后上市公司整体目标趋于一致，即争取上市公司资产市值的最大化。激励机制也将从侧重于短期激励转向长期激励为主。

⑥股权分置改革之后金融创新进一步活跃，上市公司重组并购行为增多。

⑦股权分置改革之后市场上受限股到期解禁，市场供给增加，流动性增强。

股改之后，市场上逐渐受到受限股到期解禁流通所产生的压力。受限股有三大类：第一类是股改所产生的受限股，第二类是“新老划断”后新的公司产生的受限股，第三类是上市公司再融资产生的受限股。

（2）《证券法》和《公司法》的重新修订

2005 年 10 月 27 日，第十届全国人大会议审议通过了修订的《中华人民共和国证券法》和《中华人民共和国公司法》（以下简称两法）。修订后的两法于2006年1月1日开始施行，标志着中国证券市场法制建设迈入一个新的历史阶段。两法修订的主要内容和基本精神如下：

①积极稳妥推进市场创新；

②切实加大对投资者的保护力度；

③完善上市公司治理和监管；

④促进证券公司的规范和发展；

⑤完善证券发行、上市制度。

2013年12月28日，第十二届全国人民代表大会常务委员会第六次会议通过《全国人民代表大会常务委员会关于修改〈中华人民共和国海洋环境保护法〉等七部法律的决定》，对《中华人民共和国公司法》进行了第三次修正，于2014年3月1日起实施。

2014年8月31日，第十二届全国人民代表大会常务委员会第十次会议通过《全国人民代表大会常务委员会关于修改〈中华人民共和国保险法〉等五部法律的决定》，对《中华人民共和国证券法》进行了第三次修正。

（3）融资融券业务

融资融券业务是指向客户出借资金供其买入上市证券或者出借上市证券供其卖出，并收取担保物的经营活动。融资融券交易有券商对投资者的融资、融券及金融机构对券商的融资、融券四种形式。

2015年6月3日，中国证券监督管理委员会第96次主席办公会议审议通过《证券公司融资融券业务管理办法》，自2015年7月1日起施行。

①融资融券业务推出对证券市场的积极影响

融资融券业务特别是融券的推出在我国证券市场形成了做空机制；融资融券业务将增加资金和证券的供给，增强证券市场的流动性和连续性，活跃交易，大大提高了证券市场的效率；融资融券业务的推出将连通资本市场和货币市场，促进资本市场和货币市场之间资源的合理有效配置，增加资本市场资金供给，提高了全社会的资金整体配置效率；融券的推出有利于投资者利用衍生工具的交易进行避险和套利，提高市场效率；融资融券有利于提高监管的有效性。

②融资融券业务推出对证券市场的消极影响

融资融券业务对标的证券具有助涨助跌的作用；融资融券业务的推出使证券交易更容易被操纵；融资融券业务实行保证金制度，使现货市场、期货市场波动增加，可能会对金融体系的稳定性带来一定威胁。

## 四、证券市场传导宏观经济政策的主要途径和内在机制

1. 证券市场传导财政政策的主要途径和内在机制

根据政府是不是自主调节，财政政策传导机制有两种情形。

(1)“自动稳定器”财政政策的传导机制

“自动稳定器”财政政策是指经济系统本身存在的一种会减少各种干扰对国民收入冲击的机制，能够在经济繁荣时期自动抑制膨胀，在经济衰退时期自动减轻萧条，无须政府采取任何行动。如税收、转移支付都有自动稳定功能。

①税收的自动变动传导如下：经济萧条时期，国民产出水平下降，个人收入下降，在税率不变情况下，政府税收自动下降，留给人们的可支配收入也会自动少减少一些，从而使消费和需求也自动地少下降一些。反之，当经济繁荣时，失业率下降，人们收入自动增加，税收会随个人收入增加而自动增加，可支配收入也会自动少增加一些，从而使消费和总需求自动地少增加一些。

②转移支付的自动变更：经济出现萧条时，失业人数增加，其他生活困难的人也增加，政府的失业救济和其他福利支出就会增加，这将部分减少个人可支配收入的下降，帮助其增加消费。反之，政府转移支付会减少，有利于抑制经济的膨胀。

(2)“相机抉择”的财政政策的传导机制

“相机抉择”的财政政策是指社会总供求失衡时，为了使经济达到一定的就业和总需求水平，有时只依靠“自动稳定器”财政政策工具一般调整力度是不够的，政府还需要根据不同的情况相机决定采取不同的财政调节手段，以影响居民和企业的可支配收入，进而影响社会总需求。

①当经济萧条时，政府主动采取积极的财政政策，增加政府支出或减少税收，使总需求增加。

②当经济过度膨胀时，政府主动采取紧缩的财政政策，减少支出或提高税收，使总需求减少。

2. 证券市场传导财政政策的主要途径和内在机制

我国货币政策的传导机制，经历了从直接传导转变为直接传导、间接传导的双重传导，并逐步过渡到以间接传导为主的阶段。

(1) 传统体制下的直接传导机制

传统体制下的直接传导机制是指信贷计划指标和现金计划指标，能够直接传导至与国民经济实物计划衔接平衡，保证完成财政收支计划、物质供应计

划、国际收支计划。传统体制下的直接传导机制有如下特点：

①时滞短，方式简单，作用效应快；

②信贷、现金计划从属于实物分配计划，中央银行无法主动对经济进行调控；

③缺乏中间变量，政策灵活性不足，会造成经济较大的波动；

④企业对银行依赖性强。

（2）改革以来的双重传导机制

①第一环节。运用货币政策工具影响操作目标：同业拆借利率、备付金率和基础货币，主要调控金融市场的资金融通成本和各金融机构的贷款能力。

②中间环节。操作目标的变动影响到货币供应量、信用总量、市场利率。

③最后环节。货币供应量的变动影响到最终目标的变动。

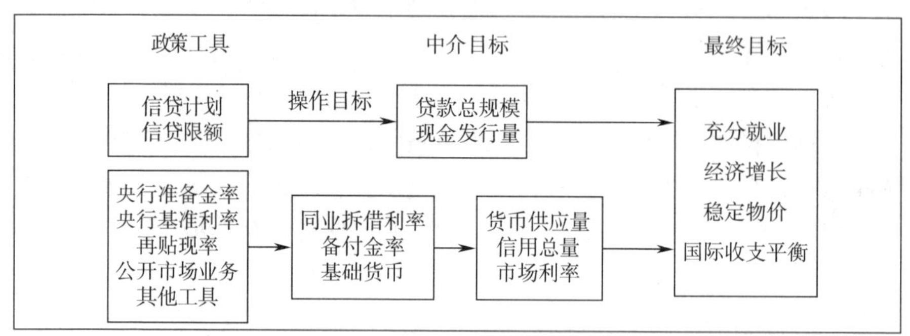


**图4－1　双重传导机制**

（3）货币政策传导途径

货币政策传导途径一般有三个基本环节：

①从中央银行到商业银行等金融机构和金融市场。

②从商业银行等金融机构和金融市场到企业、居民等非金融部门的各类经济行为主体。

③从非金融部门经济行为主体到社会各经济变量，包括总支出量、总产出量、物价、就业等。

## 五、行业分析的主要内容

行业分析是指依据经济学原理，综合运用计量经济学、统计学等分析工具对行业要素进一步分析，以发现行业运行的内在经济规律，从而预测未来行业发展的趋势。行业分析的主要内容包括：基本状况分析、一般特征分析以及行业结构分析。

1. 基本状况分析

基本状况分析包括行业概述、行业发展的历史回顾、现状与格局分析、行业发展趋势分析、行业的市场容量、销售增长率现状及趋势预测、行业的毛利率、净资产收益率现状及发展趋势预测等。

2. 一般特征分析

（1）行业的市场类型分析

行业的市场类型分为四种：完全竞争、垄断竞争、寡头垄断、完全垄断。

（2）行业的经济周期分析

①增长型行业：与经济活动总水平的周期及其振幅无关。

②周期型行业：与经济周期直接相关。

③防守型行业：与经济周期无关。

3. 行业结构分析

（1）产业组织分析 SCP 理论

产业组织分析 SCP 理论是指通过构建系统化的市场结构—市场行为—市场绩效的分析框架，来研究产业内部市场结构、主体市场行为、整个产业的市场绩效的理论。该理论着重突出市场结构的作用，认为市场结构是决定市场行为和市场绩效的关键因素，决定企业在市场中的行为，企业市场行为又决定经济绩效。行业结构分析的内容主要有：各产品、各地区、各消费群的容量及结构变化。

（2）四种市场类型

根据市场竞争激烈程度，行业基本上可以分为四种市场类型：完全竞争、垄断竞争、寡头垄断、完全垄断。

①完全竞争。完全竞争型市场是指竞争不受任何阻碍和干扰的市场结构，是许多企业生产同质产品的市场情形。在现实经济中，完全竞争是四种市场类型中最少见的，初级产品的市场类型较接近于完全竞争。

②垄断竞争。垄断竞争型市场是指既有垄断又有竞争的市场结构，是指许多生产者生产同种但不同质产品的市场情形。在国民经济各行业中，轻工业产品的市场类型一般都属于垄断竞争。

③寡头垄断。寡头垄断型市场是指相对少量的生产者在某种产品的生产中占据很大的市场份额，从而控制了这个行业的供给的市场结构。资本密集型、技术密集型产品，如钢铁、汽车等重工业以及少数储量集中的矿产品如石油等

的市场多属这种类型。

④完全垄断。完全垄断型市场是指独家企业生产某种特质产品的情形，即整个行业的市场完全处于一家企业所控制的市场结构。特质产品是指那些没有或缺少相近的替代品的产品。在当前的现实生活中没有真正的垄断型市场，有一些公共事业单位接近于垄断。完全垄断可分为两种类型：政府完全垄断（通常在公用事业中居多，如国有铁路、邮电等部门）和私人完全垄断（如根据政府授予的特许专营，或根据专利生产的独家经营以及由于资本雄厚、技术先进而建立的排他性的私人垄断经营）。

## 六、行业竞争情况分析的主要内容和分析方法

1. 产业价值链

价值链理论是由美国教授迈克尔·波特提出的。他认为一般企业都可以视为一个由管理、设计、采购、生产、销售、交货等一系列创造价值的活动所组成的链条式集合体，企业内部各业务单元的联系构成了企业的价值链。根据企业与相应供应方和需求方的关系，将企业价值链分别向其前、后延伸就形成了产业价值链。

美国哈佛商学院教授迈克尔·波特在 1985 年提出了“价值链”理论。他认为，企业内部各业务单元的联系构成了企业的价值链，一般企业都可以视为一个由管理、设计、采购、生产、销售、交货等一系列创造价值的活动所组成的链条式集合体。对具体企业来说，它所从事的处于该链条上的每一项活动都会产生成本，同时也会带来一定的价值增值。当它出售产品或服务的价格比起创造所花费的成本高时，就可以获得一定的利润。企业的竞争优势主要来源于它自身与竞争对手在价值链上的差异。价值链在经济活动中是无处不在的，将企业价值链根据企业与相应供应方和需求方的关系，分别向其前、后延伸就形成了产业价值链。由于每个产业的技术特点不同，相应的每一产业部有其结构独特的产业价值链，而处于产业价值链条上的每个企业的价值链就是一个产业环节。

对产业链进行分析，实质上就是将某一产业价值链进行分解考察，通过区分和界定处于产业价值链上的不同企业在某一特定产业内的各种活动，比较各个环节的价值和变化，以分析产业链上企业的竞争力和产业的发展方向。产业链分析有利于不同国家或地区的企业和行业根据自己独特的比较优势和竞争优势进行相应产业价值链环节的选择，进而一方面因正确的产业定位和选择而形

成自己独特的产业竞争力，另一方面也促使不同国家或地区的生产者在同一产业价值链上不同环节间的有效协作和分工的形成。因此，从价值链的角度来看，对不同国家或地区间产业竞争力的比较，并不一定需要建立在最终产品或服务的比较上，只需要就产业价值链条上的某几个价值环节的经济效益进行比较或对其中间产品或半成品进行比较。

2. 行业竞争结构

美国学者迈克尔·波特认为在一个行业中，其激烈竞争的局面源于其内存的竞争结构。一个行业内存在着潜在的进入者、购买者、供应者、替代品和行业中现有竞争者五种基本的竞争力量，如图 4 –2 所示。

从静态角度看，这五种基本竞争力量的状况及其综合强度决定着行业内的竞争激烈程度，决定着行业内的企业可能获得利润的最终潜力。从动态角度看，这五种竞争力量抗衡的结果共同决定着行业的发展方向，共同决定行业竞争的强度和获利能力。但是，各种力量的作用是不同的，常常是最强的某个力量或某几个力量处于支配地位、起着决定性的作用。五种力量中每种力量的优势都是行业结构或作为行业基础的经济特征和技术特征的一个函数。行业结构是相对稳定的，但又随行业发展的进程而变化。结构变化改变了竞争力量总体的相对强度，从而能够以积极或消极的方式影响行业的盈利能力。

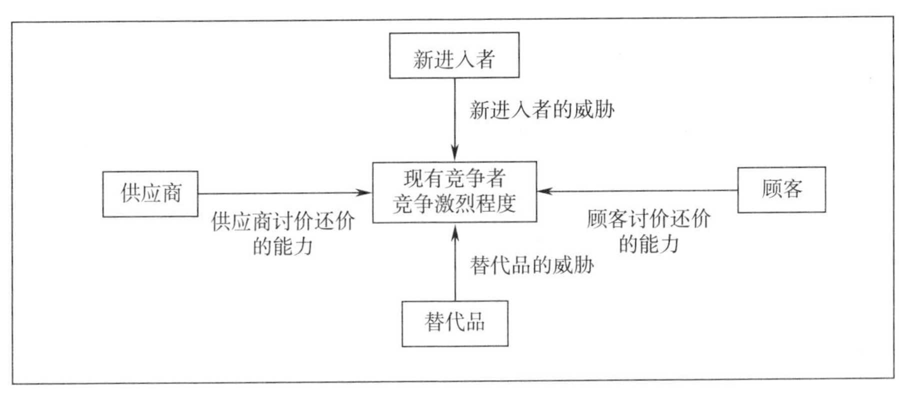


**图 4 –2　波特五力模型**

【真题回顾（201611、201606）】一个行业内存在的基本竞争的力量包括(　　)。

A. 供方　　B. 需方　　C. 潜在入侵者　D. 替代产品

答案：ABCD

解析：迈克尔·波特认为，一个行业激烈竞争的局面源于其内在的竞争结构。一个行业内存在着潜在入侵者、替代产品、供方、需方以及行业内现有竞争者五种基本竞争。

## 七、行业生命周期分析的主要内容和分析方法

1. 行业生命周期理论的含义

行业的生命周期指行业从出现到完全退出社会经济活动所经历的时间。行业生命周期模型如图 4－3 所示。

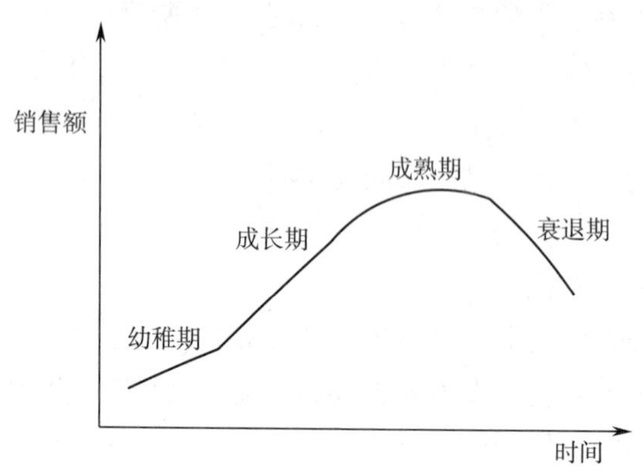


**图 4－3　行业生命周期模型**

（1）幼稚期

这一时期的产品设计尚未成熟，行业利润率较低，市场增长率较高，需求增长较快，技术变动较大，行业中的用户主要致力于开辟新用户、占领市场，但此时技术上有很大的不确定性，在产品、市场、服务等策略上有很大的余地，对行业特点、行业竞争状况、用户特点等方面的信息掌握不多，企业进入壁垒较低。

（2）成长期

这一时期的市场增长率很高，需求高速增长，技术渐趋定型，行业特点、行业竞争状况及用户特点已比较明朗，企业进入壁垒提高，产品品种及竞争者数量增多。

（3）成熟期

这一时期的市场增长率不高，需求增长率不高，技术上已经成熟，行业特点、行业竞争状况及用户特点非常清楚和稳定，买方市场形成，行业盈利能力下降，新产品和产品的新用途开发更为困难，行业进入壁垒很高。

（4）衰退期

这一时期的行业生产能力会出现过剩现象，技术被模仿后出现的替代产品充斥市场，市场增长率严重下降，需求下降，产品品种及竞争者数目减少。从衰退的原因来看，可能有四种类型的衰退，它们分别是：资源型衰退，即由于生产所依赖的资源的枯竭所导致的衰退；效率型衰退，即由于效率低下的比较劣势而引起的行业衰退；收入低弹性衰退，即因需求收入弹性较低而衰退的行业；聚集过度性衰退，即因经济过度聚集的弊端所引起的行业衰退。

2. 行业生命周期的判断

分析师具体判断一个行业实际的生命周期阶段时，一般考虑以下几个方面：

（1）产出增长率。成长期，产出增长率较高；成熟期以后降低；衰退期，行业低速运行或出现负增长。

（2）行业规模。行业的市场容量经历“小—大—小”的进程，行业的资产总规模则出现“小—大—萎缩”的阶段。

（3）技术进步和技术成熟程度。行业的创新能力由强增长到逐步衰减，技术成熟程度经历“低—高—老化”的阶段。

（4）利润率水平。通常经历“低—高—稳定—低—严重亏损”的阶段。

（5）从业人员的职业化水平和工资福利收入水平。通常会经历“低—高—低”的阶段。

（6）开工率。行业处在成长或成熟期间，长时期开工充足体现了景气状态。衰退期一般体现为开工不足。

（7）资本进退。成熟期之前，企业数量及资本量的进入量大于退出量；成熟期，表现为均衡；衰退期，表现为退出量超过进入量，行业规模萎缩，企业转产、倒闭时常发生。

【真题回顾（201610）】投资于（　　）阶段的行业往往获得较高的投资回报，该阶段也称为投资机会时期。

A. 幼稚期　　B. 成熟期　　C. 成长期　　D. 衰退期

答案：C

解析：行业处于成长期，拥有较强研究开发实力、市场营销能力、雄厚资本实力和畅通融资渠道的企业逐渐占领市场。这个时期的行业增长非常迅猛，部分优势企业脱颖而出，投资于这些企业的投资者往往获得极高的投资回报，所以成长期阶段有时被称为投资机会时期。

【真题回顾（201705、201609）】判断某个行业所处的实际生命周期阶段时，综合考察的方面包括（　　）。

A. 行业规模　　B. 产出增长率　　C. 利润率水平　D. 资本进退

答案：ABCD

解析：具体判断一个行业实际的生命周期阶段时，一般需要考虑：产出增长率、行业规模、技术进步和技术成熟程度、利润率水平、从业人员的职业化水平和工资福利收入水平、开工率、资本进退等。

## 八、公司分析的主要内容

1. 基本分析

（1）公司行业地位分析

产品的市场占有率是衡量公司行业竞争地位的主要指标。

（2）公司经济区位分析

处在好的经济区位内的上市公司，一般具有较高的投资价值，可以从区位内政府的产业政策、自然条件与基础条件及经济特色的角度进行分析。

（3）公司产品竞争能力分析

可以从公司产品的市场占有情况、成本优势、技术优势、质量优势、品牌战略进行分析。其中，通常可以从两个方面考察产品的市场占有情况：公司产品销售市场的地域分布情况，公司销售市场可分为地区型、全国型和世界范围型；公司产品在同类产品市场上的占有率。

（4）公司盈利能力及成长性分析

公司盈利能力及成长性分析主要包括以下三个方面的内容：

①公司盈利预测。

②公司经营战略分析。经营战略是企业面对激烈的市场变化与严峻挑战，为求得长期生存和不断发展而进行的总体性谋划。经营战略的特征有全局性、长远性和纲领性。

③公司规模变动特征及扩张潜力分析。分析公司成长性可以从五个方面进行：公司规模扩张的推动因素；纵向比较；与行业之间比较；预测未来前景；分析财务状况。

（5）公司偿债能力分析

公司偿债能力分析主要包括短期偿债能力分析和长期偿债能力分析。

（6）公司经营能力分析

公司经营能力分析主要包括公司法人治理结构、公司经理层素质、公司从业人员素质和创新能力三个方面。

①公司法人治理结构。公司法人治理结构有狭义和广义两种定义。狭义上的公司法人治理结构是指有关公司董事会的功能、结构和股东的权利等方面的制度安排；广义上的法人治理结构是指有关企业控制权和剩余索取权分配的一整套法律、文化和制度安排，包括人力资源管理、收益分配和激励机制、财务制度、内部制度和管理等。健全的公司法人治理结构至少体现在七个方面：规范的股权结构（法人治理结构的基础）、有效的股东大会制度、董事会权力的合理界定与约束、完善的独立董事制度、监事会的独立性和监督责任、优秀的职业经理层、利益相关者的共同治理。

②公司经理层素质。企业经理人员应该具备的素质包括：从事管理工作的愿望、专业技术能力、良好的道德品质修养、人际关系协调能力。

③公司从业人员素质和创新能力。公司业务人员应具有素质包括：专业技术能力、对企业的忠诚度、责任感、团队合作精神和创新能力等。

2. 财务分析

财务分析包括公司主要的财务报表分析、公司财务比率分析、会计报表附注分析和财务状况综合分析。

公司财务分析又称公司财务报告分析，是通过公司财务报表的有关资料和财务情况说明书所提供的信息进行汇总、计算、对比、分析以综合评价公司的财务状况（如资金的流动性、安全性、财务结构的稳定性、合理性）和经营成果的过程。

（1）资产负债表。资产负债表是反映企业在某一特定日期财务状况的会计报表，它表明权益在某一特定日期所拥有或控制的经济资源、所承担的现有义务和所有者对净资产的要求权。我国资产负债表按账户式反映，即资产负债表分为左方和右方，左方列示资产各项目，右方列示负债和所有者权益各项目。总资产 = 负债 + 净资产（资本、股东权益、所有者权益），即资产各项目的合计等于负债和所有者权益各项目的合计。通过账户式资产负债表，可以反映资产、负债和所有者权益之间的内在关系，并达到资产负债表左方和右方平衡。同时，资产负债表还提供年初数和期末数的比较资料。

（2）利润表。利润表是反映企业一定期间生产经营成果的会计报表，表明企业运用所拥有的资产进行获利的能力。利润表把一定期间的营业收入与其同一会计期间相关的营业费用进行配比，以计算企业一定时期的净利润（或净亏损）。我国一般采用多步式利润表格式。

利润表主要反映以下七个方面的内容：构成营业收入的各项要素、构成营业利润的各项要素、构成利润总额（或亏损总额）的各项要素、构成净利润（或净亏损）的各项要素、每股收益、其他综合收益、综合收益总额。

（3）现金流量表。现金流量表反映企业一定期间现金的流入和流出，弥补了因使用权责发生制概念编制资产负债表和利润表而产生的不足。通过对现金流量表的分析，分析者可以更深入地了解企业当前和未来获得现金和现金等价物的能力及现金组成项目的变化趋势，有助于对诸如融资、股利分配和投资方面作出重要的决策。现金流量表主要分为经营活动、投资活动和筹资活动产生的现金流量三个部分。

通过单独反映经营活动产生的现金流量，可以了解企业在不动用企业外部筹得资金的情况下，凭借经营活动产生的现金流量是否足以偿还负债、支付股利和对外投资。经营活动产生的现金流量通常可以采用间接法和直接法两种方法反映。间接法是针对净利润（或综合收益）利用非现金交易进行调整后得到经营现金流；直接法是指直接通过现金收入和现金支出的主要类别列示经营活动的现金流量。

（4）所有者权益变动表。所有者权益变动表（股东权益变动表）是反映公司本期（年度、半年度、季度、月度）内截至期末所有者权益各组成部分变动情况的报表。该表全面反映了企业的股东权益在年度内的变化情况，便于会计信息使用者深入分析企业股东权益的增减变化情况，并进而对企业的资本保值增值情况作出正确判断，提供对决策有用的信息。所有者权益变动表应当全面反映一定时期所有者权益变动的情况，包括所有者权益总量的增减变动、所有者权益增减变动的重要结构性信息、直接计入所有者权益的利得和损失。

3. 重大事项分析

公司重大事项主要是指发生可能对上市公司证券及其衍生品种交易价格产生较大影响但投资者尚未得知的事件。重大事项包括《上市公司信息披露管理办法》规定的重大事件、公司的资产重组、公司的关联交易、会计政策和税收政策的变化。重大事件包括：

（1）公司的经营方针和经营范围的重大变化。

（2）公司的重大投资行为和重大的购置财产的决定。

（3）公司订立重要合同，可能对公司的资产、负债、权益和经营成果产生重要影响。

（4）公司发生重大债务和未能清偿到期重大债务的违约情况，或者发生大额赔偿责任。

（5）公司发生重大亏损或者重大损失。

（6）公司生产经营的外部条件发生的重大变化。

（7）公司的董事、1/3 以上监事或者经理发生变动；董事长或者经理无法履行职责。

（8）持有公司 5% 以上股份的股东或者实际控制人及其持有股份或者控制公司的情况发生较大变化。

（9）公司减资、合并、分立、解散及申请破产的决定，或者依法进入破产程序、被责令关闭。

（10）涉及公司的重大诉讼、仲裁，股东大会、董事会决议被依法撤销或者宣告无效。

（11）公司涉嫌违法违规被有关机关调查，或者受到刑事处罚、重大行政处罚；公司董事、监事、高级管理人员涉嫌违法违纪被有权机关调查或者采取强制措施。

（12）新公布的法律、法规、规章、行业政策可能对公司产生重大影响。

（13）董事会就发行新股或者其他再融资方案、股权激励方案形成相关决议。

（14）法院裁决禁止控股股东转让其所持股份；任一股东所持公司 5% 以上股份被质押、冻结、司法拍卖、托管、设定信托或者被依法限制表决权。

（15）主要资产被查封、扣押、冻结或者被抵押、质押。

（16）主要或者全部业务陷入停顿。

（17）对外提供重大担保。

（18）获得大额政府补贴等可能对公司资产、负债、权益或者经营成果产生重大影响的额外收益。

（19）变更会计政策、会计估计。

（20）因前期已披露的信息存在差错、未按规定披露或者虚假记载，被有关机关责令改正或者经董事会决定进行更正。

（21）中国证监会规定的其他情形。

## 九、公司财务报表分析的主要方法

财务报表分析的方法包括比较分析法和因素分析法。进一步细分，比较分析法与因素分析法这两类分析方法又各自包含了不同种类的具体方法，如财务比率分析、结构百分比分析、趋势分析、差额分析、指标分解、连环替代、定基替代等。

1. 财务报表的比较分析法

比较分析法是指对两个或几个有关的可比数据进行对比，揭示财务指标的差异和变动关系。最常用的有以下三种：

（1）对公司不同时期的财务报表比较分析。可以对公司持续经营能力、财务状况变动趋势、盈利能力作出分析，从一个较长的时期来动态地分析公司状况。

（2）单个年度的财务比率分析。是指对公司一个财务年度内的财务报表各项目之间进行比较，计算比率，判断年度内偿债能力、经营效率、资产管理效率、盈利能力等情况。

（3）与同行业其他公司之间的财务指标比较分析。可以了解公司各种指标的优劣，在群体中判断个体。使用本方法时常选用行业平均水平或行业标准水平。

2. 财务报表的因素分析法

因素分析法也称因素替换法、连环替换法，它是用来确定几个相互联系的因素对分析对象——综合财务指标或经济指标的影响程度的一种分析方法。采用这种方法的出发点在于，当有若干因素对分析对象产生影响作用时，假定其他各个因素都无变化，顺序确定每一个因素单独变化所产生的影响。

## 十、主要财务比率指标分析

公司财务比率指标可归为以下七大类：资本结构分析指标、偿债能力指标、盈利能力指标、营运能力指标、成长能力指标、现金流量指标、投资收益指标。

【注】AB 率，或者也写成 A/B 率，是指在财务学或经济学中用于计算经济效益的一些比率的总称，它们的名称中都有两个指标，而且其通用计算公式为 AB 率 = B ÷ A × 100% 。

1. 资本结构指标

资本结构是公司各种资金的构成及其比例关系，主要包括以下几个方面：

（1）资产负债率。资产负债率是指负债总额占资产总额的百分比。资产负债率反映了在总资产中通过借债筹资的比例，也可以衡量企业在清算时对债权人利益的保护程度。该指标数值越大，说明企业总资产中仅有小部分是由股东提供的，而大部分是由债权人提供的，债务过多，企业的财务风险将变大。其计算公式为

资产负债率 = （负债总额/资产总额） × 100%

（2）股东权益比率。股东权益比率是股东权益与资产总额的比率。该指标反映了所有者提供的资本在总资产中的比重以及企业基本财务结构的稳定性。其计算公式为

股东权益比率 =（股东权益总额/资产总额）×100%

（3）长期负债比率。长期负债比率是长期负债与资产总额的比率，反映了企业的总体债务状况。其计算公式为

长期负债比率 =（长期负债/资产总额）×100%

（4）股东权益与固定资产比率。股东权益与固定资产比率是指股东权益除以固定资产总额的比率，反映了公司财务结构稳定性。其计算公式为

股东权益与固定资产比率 =（股东权益总额/固定资产总额）×100%

2. 偿债能力指标

公司偿债能力分析包括短期偿债能力分析和长期偿债能力分析。

（1）短期偿债能力指标。短期偿债能力是指企业以流动资产对流动负债及时足额偿还的保证程度，是衡量企业当前财务能力，特别是流动资产变现能力的重要指标。主要包括流动比率、速动比率和现金比率。

①流动比率 = 流动资产/流动负债。流动比率越高，表明企业短期偿债能力越强。一般认为，生产型公司合理的最低流动比率是2。

②速动比率 = 速动资产/流动负债 =（流动资产 − 存货）/流动负债。速动比率是比流动比率更进一步的有关变现能力的比率指标。传统经验认为，速动比率维持在1:1较为正常，表明企业每1元流动负债就有1元易于变现的流动资产来抵偿。

③现金比率 =（速动资产 − 应收账款）/流动负债。该指标越大，表明企业经营活动流量越多，越能保障企业按时偿还到期债务。

（2）长期偿债能力指标。长期偿债能力是指企业偿还长期负债的能力，反映的是企业财务状况稳定与否及安全程度高低，主要有资产负债率、产权比率、有形资产净值债务率、利息保障倍数等。

①资产负债率 = 负债总额/资产总额 ×100%。表示债权人提供资金所占的比重，以及企业资产对债权人权益的保障程度。

②产权比率 = 负债总额/所有者权益总额 ×100%。反映了企业所有者权益对债权人的保障程度。产权比率越低，表明企业的长期偿债能力越强。

③有形资产净值债务率。有形资产净值债务率是负债总额与有形净资产的比例关系，表示企业有形净资产对债权人权益的保障程度。该比例越低，表明企业长期偿债能力越强。

有形资产净值债务率 = 负债总额/（股东权益 - 无形资产净值） ×100%

④利息保障倍数。利息保障倍数又称已获利息倍数，是企业息税前利润与利息费用的比例，是衡量一个企业偿付借款利息的指标。利息保障倍数越高，说明企业支付利息费用的能力越强，利息保障倍数越低，说明企业难以保证用经营所得来及时足额地支付负债利息。

【真题回顾（201609）】某公司某年末的资产总额为5000万元，负债总额2000万元，则其产权比率为（　　）。

A. 66.67%　　B. 60%　　C. 40%　　D. 71.43%

答案：A

解析：产权比率 = 负债总额/股东权益 = 2000/（5000 - 2000） = 66.67%。

【真题回顾（201703、201607）】某公司某年末的利润总额为15000万元，利息费用为5000万元，则该公司已获利息倍数为（　　）。

A. 4　　B. 5　　C. 2　　D. 3

答案：D

解析：已获利信息倍数是反映公司支付利息的能力的指标，已获利息倍数 = 息税前利润/利息费用 = 15000/5000 = 3。

3. 盈利能力指标

盈利能力就是企业资金增值的能力，通常体现为企业收益数额的大小与水平的高低。通常使用的主要有营业净利率、营业毛利率、资产净利率、净资产收益率等。

（1）营业净利率。营业净利率是指净利润与营业收入的百分比。该指标反映每1元营业收入带来的净利润是多少，表示营业收入的收益水平。从营业净利率的指标关系看，净利润与营业净利率成正比关系，而营业收入额与营业净利率成反比关系。其计算公式为

营业净利率 = 净利润/营业收入 ×100%

（2）营业毛利率。营业毛利率是毛利占营业收入的百分比，其中毛利是营业收入与营业成本的差。营业毛利率表示每1元营业收入扣除营业成本后，有多少钱可以用于各项期间费用和形成盈利。营业毛利率是公司营业净利率的基础，没有足够高的毛利率便不能盈利。其计算公式为

营业毛利率 = （营业收入 - 营业成本）/营业收入 ×100%

（3）资产净利率。资产净利率是公司净利润与平均资产总额的百分比。把公司一定期间的净利润与公司的资产相比较，可表明公司资产利用的综合效果。指标越高，表明资产的利用效率越高，说明公司在增加收入和节约资金使

用等方面取得了良好的效果，否则相反。资产净利率是一个综合指标，公司的资产是由投资人投资或举债形成的。其计算公式为

资产净利率 = 净利润/平均资产总额 × 100%

（4）净资产收益率。净资产收益率是净利润与净资产的百分比，也称净值报酬率或权益报酬率。净资产收益率反映了公司所有者权益的投资报酬率，综合性较强，美国杜邦公司最先采用的杜邦财务分析法就是以净资产收益率作为主线，全面联系公司在某一时期的资产营运状况和销售成果，层层分解，逐步深入，形成一个完整的分析体系。其计算公式为

净资产收益率 = 净利润/平均净资产 × 100%

4. 营运能力指标

营运能力是指公司经营管理中利用资金运营的能力，一般通过公司资产管理比率来衡量，主要表现为资产管理及资产利用的效率。资产管理比率通常又称为“运营效率比率”，主要包括应收账款周转天数（应收账款周转率）、存货周转率（存货周转天数）、流动资产周转率和总资产周转率等。

（1）应收账款周转率和应收账款周转天数。应收账款周转率是营业收入与平均应收账款的比值。它反映了年度内应收账款转为现金的平均次数，说明应收账款流动的速度。应收账款周转天数是应收账款周转率的倒数乘以 360 天，也称“应收账款回收期”或“平均收现期”。它表示公司从取得应收账款的权利到收回款项转换为现金所需要的时间，是用时间表示的应收账款周转速度。应收账款周转率和应收账款周转天数的计算公式分别为

应收账款周转率 = 营业收入/平均应收账款（次）

应收账款周转天数 =360/应收账款周转率 = （平均应收账款 ×360）/营业收入（天）

（2）存货周转率和存货周转天数。在流动资产中，存货所占的比重较大。存货的流动性将直接影响公司的流动比率，一般用存货的周转速度指标来反映，即存货周转率或存货周转天数。

存货周转率是营业成本被平均存货所除得到的比率，即存货的周转次数。它是衡量和评价公司购入存货、投入生产、销售收回等各环节管理状况的综合性指标。用时间表示的存货周转率就是存货周转天数。其计算公式为

存货周转率 = 营业成本存货平均余额（次）

存货平均余额 = （存货年初数 + 存货年末数）/2

存货周转天数 =360/存货周转率（天）

（3）流动资产周转率。流动资产周转率是营业收入与全部流动资产的平均余额的比值。流动资产周转率反映了流动资产的周转速度。周转速度快，会相

对节约流动资产，等于相对扩大资产投入，增强公司盈利能力；而延缓周转速度，需要补充流动资产参加周转，形成资金浪费，降低公司盈利能力。其计算公式为

流动资产周转率＝营业收入/平均流动资产（次）

（4）总资产周转率。总资产周转率是营业收入与平均资产总额的比值。该项指标反映了资产总额的周转速度。周转越快，反映销售能力越强。其计算公式为

总资产周转率＝营业收入/平均资产总额（次）

【真题回顾（201703、201609）】某公司某年末净利润为150万元，营业收入为3000万元，资产总额为2000万元，股东权益为1000万元，则下列财务指标正确的是（　　）。

A. 营业利润率为5%　　　　B. 总资产周转率为1.5

C. 权益乘数为2　　　　D. 净资产收益率为15%

答案：ABCD

解析：营业利润＝净利润/营业收入＝150/3000＝5%；总资产周转率＝营业收入/总资产＝3000/2000＝1.5；权益乘数＝总资产/股东权益＝2000/1000＝2；净资产收益率＝净利润/净资产＝营业利润率×总资产周转率×权益乘数＝5%×1.5×2＝15%。

【真题回顾（201609）】某公司某年度净利润为10000万元，并已知年初与年末发行在外的普通股股数均为50000万股，每股面值1元，每股市场价格为6元，公司应付普通股股利7500万元，下列财务指标正确的是（　　）。

A. 每股收益为0.2元　　　　B. 市盈率为30倍

C. 每股盈利为0.15元　　　　D. 股利支持率为60%

答案：ABC

解析：每股收益＝净利润/普通股股数＝10000/50000＝0.2（元）；市盈率＝每股股价/每股收益＝6/0.2＝30；每股股利＝应付普通股股利/普通股股数＝7500/50000＝0.15（元）；股利支付率＝每股股利/每股收益＝0.15/0.2＝75%。

5. 成长能力指标

公司的成长能力又称为公司发展能力。分析发展能力需要考察以下几个指标：营业收入增长率、资本保值增值率、资本积累率、总资产增长率、营业利润增长率、净利润增长率、技术投入比率。

（1）营业收入增长率是企业当年营业收入增长额与上年营业收入总额的比率，反映企业营业收入的增减变动情况。营业收入增长率大于零，表明企业当

年营业收入有所增长。该指标值越高，表明企业营业收入的增长速度越快，企业市场前景越好。其计算公式为

营业收入增长率 = 当年营业收入增长额/上年营业收入总额 ×100%

当年营业收入增长额 = 当年营业收入总额 - 上年营业收入总额

（2）资本保值增值率是企业扣除客观因素后的本年末所有者权益总额与年初所有者权益总额的比率，反映企业当年资本在企业自身的努力下实际增减变动的情况。一般认为，资本保值增值率越高，表明企业的资本保全状况越好，所有者权益增长越快，债权人的债务越有保障。该指标通常应当大于100%。其计算公式为

资本保值增值率 = 扣除客观因素后的本年末所有者权益总额/年初所有者权益总额 ×100%

（3）资本积累率是企业当年所有者权益增长额与年初所有者权益的比率，反映企业当年资本的积累能力。资本积累率越高，表明企业的资本积累越多，应对风险、持续发展的能力越强。其计算公式为

资本积累率 = 当年所有者权益增长额/年初所有者权益 ×100%

（4）总资产增长率是企业当年总资产增长额同年初资产总额的比率，反映企业本期资产规模的增长情况。总资产增长率越高，表明企业一定时期内资产经营规模扩张的速度越快。但在分析时，需要关注资产规模扩张的质和量的关系，以及企业的后续发展能力，避免盲目扩张。其计算公式为

总资产增长率 = 当年总资产增长额/年初资产总额 ×100%

当年总资产增长额 = 年末资产总额 - 年初资产总额

（5）营业利润增长率是企业当年营业利润增长额与上年营业利润总额的比率，反映企业营业利润的增减变动情况。其计算公式为

营业利润增长率 = 当年营业利润增长额/上年营业利润总额 ×100%

当年营业利润增长额 = 当年营业利润总额 - 上年营业利润总额

（6）净利润增长率即本年净利润减去上年净利润之差再除以上年净利润的比值。净利润是公司经营业绩的最终结果。净利润的增长是公司成长性的基本特征，净利润增幅较大，表明公司经营业绩突出，市场竞争能力强。反之，净利润增幅小甚至出现负增长也就谈不上具有成长性。其计算公式为

净利润增长率 = 当年净利润增长额/上年净利润增长额

当年净利润增长额 = 当年净利润额 - 上年净利润额

（7）技术投入比率是企业当年科技支出（包括用于研究开发、技术改造、科技创新等方面的支出）与当年营业收入的比率，反映企业在科技进步方面的

投入，在一定程度上可以体现企业的发展潜力。其计算公式为

技术投入比率 = 当年科技支出合计/当年营业收入 ×100%

6. 现金流量指标

现金流量指标包括现金流动性分析指标、获取现金能力分析指标。

（1）流动性分析。所谓流动性，是指将资产迅速转变为现金的能力。根据资产负债表确定的流动比率虽然也能反映流动性，但有很大的局限性。一般来讲，真正能用于偿还债务的是现金流量，所以，现金流量和债务的比较可以更好地反映公司偿还债务的能力。

①现金到期债务比。现金到期债务比是经营现金净流量与本期到期债务的比值。经营现金净流量是现金流量表中的经营活动产生的现金流量净额，本期到期的债务是指本期到期的长期债务和本期的应付票据。其计算公式为

现金到期债务比 = 经营现金净流量/本期到期的债务

②现金流动负债比。现金流动负债比是经营现金净流量与流动负债的比值。其计算公式为

现金流动负债比 = 经营现金净流量/流动负债

③现金债务总额比。现金债务总额比是经营现金净流量与负债总额的比值。此项比值越高，表明公司承担债务的能力越强。同时，该比值也体现了企业最大付息能力。其计算公式为

现金债务总额比 = 经营现金净流量/债务总额

【真题回顾（201604）】假设一个公司今年的 EBIT（息税前利润）是 100 万元，折旧是 20 万元，营运资本增加了 10 万元，适用税率是 40%，那么该公司今年的自由现金流量是（　　）。

A. 40 万元　　B. 50 万元　　C. 60 万元　　D. 70 万元

答案：D

解析：依题意，该公司今年的自由现金流量 = 息税前利润 ×（1 − 税率）+ 折旧和摊销 − 营运资本增加 − 资本支出 = 70 万元。

（2）获取现金能力分析指标。获取现金能力是指经营现金净入和投入资源的比值。投入资源可以是销售收入、总资产、营运资金、净资产或普通股股数等。

①营业现金比率。该比率反映每 1 元营业收入得到的净现金，其数值越大越好。其计算公式为

营业现金比率 = 经营现金净流量/经营收入 ×100%

公式中的营业收入是指营业收入和应向购买者收取的增值税进项税额。

②每股营业现金净流量。该指标反映了公司最大的分派股利能力，超过此

限度，就要借款分红。其计算公式为

每股营业现金净流量 = 经营现金净流量/普通股股数 × 100%

③全部资产现金回收率。该指标说明了公司资产产生现金的能力。其计算公式为

全部资产现金回收率 = 经营现金净流量/资产总额 × 100%

7. 投资收益分析指标

反映公司投资收益指标的主要有每股收益、市盈率、股利支付率、每股净资产、市净率等。

（1）每股收益。每股收益是净利润与公司发行在外普通股总数的比值。使用每股收益指标分析投资收益时要注意三个问题：每股收益不反映股票所含有的风险；不同股票的每一股在经济上不等量，它们所含有的净资产和市价不同；每股收益多，不一定意味着分红多，还要看公司的股利分配政策。基本每股收益的计算公式为

基本每股收益 = 归属于普通股股东的当期净利润/当期发行在外普通股的加权平均数

（2）市盈率。市盈率是（普通股）每股市价与每股收益的比率，也称“本益比”。其计算公式为

市盈率 = 每股市价/每股收益（倍）

（3）股利支付率。股利支付率是普通股每股股利与每股收益的百分比。其计算公式为

股利支付率 = 每股股利/每股收益 × 100%

该指标反映了公司股利分配政策和支付股利的能力。与股利支付率指标关系比较紧密的一个指标是股票获利率，是指每股股利与股票市价的比率。股票获利率主要应用于非上市公司的少数股权。目的在于获得稳定的股利收益。其计算公式为

股票获利率 = 普通股每股股利/普通股每股市价 × 100%

（4）每股净资产（也称为每股账面价值或每股权益）。每股净资产是年末净资产（年末股东权益）与发行在外的年末普通股总数的比值。其计算公式为

每股净资产 = 年末净资产/发行在外的年末普通股股数

（5）市净率。市净率是每股市价与每股净资产的比值。市净率越小，说明股票的投资价值越高，股价的支撑越有保证。其计算公式为

市净率 = 每股市价/每股净资产（倍）

## 十一、公司杜邦财务体系分析

1. 杜邦财务分析体系的含义

杜邦分析法是利用几种主要的财务比率之间的关系来综合地分析企业的财务状况，这种分析方法最早由美国杜邦公司使用，故名杜邦分析法。杜邦分析法是一种用来评价公司盈利能力和股东权益回报水平，从财务角度评价企业绩效的一种经典方法。其基本思想是将企业净资产收益率逐级分解为多项财务比率乘积，有助于深入分析比较企业经营业绩。

杜邦财务体系是将净资产收益率分解为三部分进行分析的方式，分别是利润率、总资产周转率和财务杠杆。这种方式也被称为“杜邦分析法”。杜邦分析法说明净资产收益率受三类因素影响：盈利能力，用利润率衡量；营运能力，用资产周转率衡量；财务杠杆，用权益乘数衡量。

2. 杜邦财务分析体系的基本思路

（1）杜邦体系以净资产收益率为龙头，以总资产利润率为核心，重点揭示企业获利能力及前因后果。

（2）资产净利率是影响权益净利率的最重要的指标，具有很强的综合性，而资产净利率又取决于销售净利率和总资产周转率的高低。总资产周转率反映了总资产的周转速度。对资产周转率进行分析，需要对影响资产周转的各因素进行分析，以判断影响公司资产周转的主要问题在哪里。销售净利率反映了销售收入的收益水平。扩大销售收入、降低成本费用是提高企业销售利润率的根本途径，而扩大销售，同时也是提高资产周转率的必要条件和途径。

（3）权益乘数表示企业的负债程度，反映了公司利用财务杠杆进行经营活动的程度。资产负债率高，权益乘数就大，这说明公司负债程度高，公司会有较多的杠杆利益，但风险也高；反之，资产负债率低，权益乘数就小，这说明公司负债程度低，公司会有较少的杠杆利益，但相应所承担的风险也低。

3. 杜邦财务分析体系的指标关系

杜邦分析法中的几种主要的财务指标关系为

$$净资产收益率 = 总资产净利率 \times 权益乘数 = 销售净利率 \times 总资产周转率 \times 权益乘数$$

$$销售净利率 = 净利润/销售收入$$

$$总资产周转率 = 销售收入/平均资产总额$$

$$权益乘数 = 资产总额/所有者权益总额 =$$

$$1/（1-资产负债率）=1+产权比率$$

在具体运用杜邦体系进行分析时，可以采用因素分析法，首先确定营业净利率、总资产周转率和权益乘数的基准值，然后顺次代入这三个指标的实际值，分别计算分析这三个指标的变动对净资产收益率的影响方向和程度，还可以使用因素分析法进一步分解这个指标并分析其变动的深层次原因，找出解决的方法。

4. 杜邦财务分析体系的步骤

（1）从净资产收益率开始，根据会计资料（主要是资产负债表和利润表）逐步分解计算各指标。

（2）将计算出的指标填入杜邦分析图。

（3）逐步进行前后对比分析，也可以进一步进行企业间的横向对比分析。

5. 杜邦财务分析体系的局限性

从企业绩效评价的角度来看，杜邦分析法只包括财务方面的信息，不能全面反映企业的实力，有很大的局限性，在实际运用中需要加以注意，必须结合企业的其他信息加以分析。主要表现在：

（1）对短期财务结果过分重视，有可能助长公司管理层的短期行为，忽略企业长期的价值创造。

（2）财务指标反映的是企业过去的经营业绩，衡量工业时代的企业能够满足要求。但在信息时代，顾客、供应商、雇员、技术创新等因素对企业经营业绩的影响越来越大，而杜邦分析法在这些方面是无能为力的。

（3）在市场环境中，企业的无形知识资产对提高企业长期竞争力至关重要，杜邦分析法却不能解决无形资产的估值问题。

【真题回顾（201611）】杜邦分析法以（　　）为主线，将公司在某一时期的销售成果以及资产运营状况全面联系在一起，层层分解，逐步深入，构成一个完整的分析体系。

A. 净资产收益率　　B. 总资产收益率

C. 营业净利润　　D. 营业毛利率

答案：A

解析：本题考查的是杜邦分析法的定义，较为简单。答案为净资产收益率。

## 十二、公司分红派息

1. 分红派息的含义

公司分红派息是指公司以税后利润，在弥补以前年度亏损、提取法定公积金及任意公积金后，将剩余利润以现金或股票的方式，按股东持股比例或按公司章程规定的办法进行分配的行为，是上市公司向其股东派发红利和股息的过程，也是股东实现自己权益的过程。

2. 股利支付的方式

按照股份有限公司对其股东支付股利的不同方式，股利可以分为以下四类：现金股利、财产股利、负债股利和股票股利。其中，财产股利和负债股利实际上都是现金股利的替代方式，目前在我国公司实务中极少使用。

（1）现金股利。以现金的形式向股东支付。这是最常见、最普通的形式。

（2）财产股利。财产股利是以现金以外的其他资产支付的股利，主要是以公司所拥有的其他公司的有价证券，如公司债券、公司股票等，作为股利发放给股东。

（3）负债股利。负债股利是以负债方式支付的股利，通常以公司的应付票据支付给股东，有时也以发行公司债券的方式支付股利。

（4）股票股利。股票股利是公司以增发股票的方式所支付的股利，在我国通常也称为“红股”。股票股利对公司来说，并没有现金流出企业，也不会导致公司的财产减少，而只是将公司的留存收益转化为股本。但是股票股利会增加流通在外的股票数量，同时降低股票的每股价值。它不会改变公司股东权益总额，但会改变股东权益的构成。

【注】转增股是指用公司的资本公积金按权益折成股份转增，而送股是用公司的未分配利润以股利形式送股。对公司来说转增股很容易，送股要有足够的利润，对股民来说转增股和送股带来的实际意义都一样，但我们可以通过这个衡量一个公司盈利能力的强弱。送股和转增股的区别还在于送股要缴税，此部分所得税由企业代缴，不会影响个人所得的股票数量。

3. 与股利发放相关的重要日期

与分红派息相关的重要日期有以下几个：

（1）预案公布日。上市公司分红派息时，首先要由公司董事会制订分红预案，包括本次分红的数量、分红的方式，股东大会召开的时间、地点及表决方式等，以上内容由公司董事会向社会公开发布。

（2）股息宣布日。董事会制订的分红方案必须经过股东大会讨论，只有讨论通过后，才能公布正式分红方案及实施的时间。

（3）股权登记日。股权登记日是由公司宣布分红方案时确定的一个具体日期。凡是在此确定日期前取得了公司股票并成为在册股东的投资者，都可以作为股东享受公司分派的红利。在此日之后取得股票的股东则无权享受已宣布的股利。

（4）除权除息日。通常为股权登记日之后的一个工作日。在除息日，股票的所有权和领取股息的权利分离，股利权利不再属于股票，所以在这一天购入公司股票的投资者不能享有已宣布发放的股利。而且因为失去了“讨息”的权利，一般情况下，除息日的股价可能会下跌，且下跌的幅度约等于分派的股息。

（5）股利发放日。在这一天，公司按公布的分红方案向股权登记日在册的股东实际支付股利。

4. 股利支付的程序

（1）董事会根据公司的盈利水平和股息政策确定股利分派方案，提交股东大会和主管机关审议。

（2）董事会根据审议的结果向社会公告分红派息方案，并规定股权登记日。

（3）发行公司所在地的股权登记机构按分红派息方案向上市公司收取红股和现金股息。

5. 送红股

送红股是上市公司按比例无偿向股民赠送一定数额的股票。沪深两市送红股的程序大体相似：上证中央登记结算公司和深圳证券登记公司在股权登记日闭市后，向券商传送投资者送股明细数据库，该数据库中包括流通股的送股和非流通股（职工股、转配股）的送股。券商据此数据直接将红股数划至股民账上。根据规定，上海证券交易所上市公司所送红股在股权登记日后的第一个交易日（除权日），即可上市流通；深圳证券交易所上市公司所送红股在股权登记日后第三个交易日上市。上市公司一般在公布股权登记日时，会同时刊出红股上市流通日期，股民也可留意上市公司的公告。

## 十三、证券估值在公司未来财务预测中的应用分析

1. 证券估值是证券交易的前提和基础

证券估值是指对证券价值的评估。有价证券的买卖双方根据各自掌握的信息对证券价值分别进行评估，然后才能以双方均接受的价格成交。

2. 证券估值可以成为证券交易的结果

当证券的持有者参考市场上同类或同种证券的价格来给自己持有的证券进行估价时，证券估值成为证券交易的结果。

## 十四、证券估值方法的主要类型

证券估值方法主要包括绝对估值法、相对估值法、资产价值和其他估值法。

1. 绝对估值法

绝对估值法是通过对上市公司历史及当前的基本面的分析和对未来反映公司经营状况的财务数据的预测，获得上市公司证券的绝对内在价值。表4－1所示均为证券绝对估值法。其中，在股票绝对估值中，股息贴现模型和股息增长模型比较常见。

**表4－1　　　　绝对估值法**

| 模型 | 预期现金流 | 采用的贴现率 |
|---|---|---|
| 红利贴现模型 | 预期红利 | 必要回报率 |
| 股东现金流贴现模型 | 股东自由现金流 | 必要回报率 |
| 企业自由现金流贴现模型 | 企业自由现金流 | 加权平均资本成本 |
| 经济利润估值模型 | 经济利润 | 加权平均资本成本 |

2. 相对估值法

相对估值通常需要运用证券的市场价格与某个财务指标之间存在的比例关系对证券进行估值。如常见的市盈率、市净率、市售率、市值回报增长比等均属相对估值法，如表4－2所示。

**表4－2　　　　相对估值法**

| 指标 | 指标简称 | 适用 | 不适用 |
|---|---|---|---|
| 市盈率 | P/E | 周期性较弱的企业，一般制造业、服务业 | 亏损公司、周期性公司 |
| 市净率 | P/B | 周期性公司、重组型公司 | 重置成本变动较大的公司、固定资产较少的服务行业 |
| 经济增加值与利息折旧摊销前收入比 | EV/EBITDA | 资本密集、准垄断或具有巨额商誉的收购型公司 | 固定资产更新变化较快的公司 |
| 市值回报增长比 | PEG | IT等成长型行业 | 成熟行业 |
| 市销率 | P/S | 销售收入和利润较稳定的公司 | 销售不稳定的公司 |

【真题回顾（201703、201606）】通过对证券基本财务要素的计算和处理得出该证券的绝对金额，该估值方法是（　　）。

A. 绝对估值　　　　B. 相对估值

C. 风险中性定价　　　　D. 无套利定价

答案：A

【解析】绝对估值法是指通过对证券的基本财务要素的计算和处理得出该证券的绝对金额，各种基于现金流贴现的方法均属此类。

3. 资产价值

资产价值是指根据企业资产负债表的编制原理，利用公式：

$$权益价值 = 资产价值 - 负债价值$$

评估出三个因素中的两个，计算资产价值的方法。常用方法：重置成本法，适用于可以持续经营的企业；清算价值法，适用于停止经营的企业。

4. 其他估值法

（1）无套利定价

无套利定价指相同的商品在同一时刻只能以同样的价格出售，否则市场参与者就会低买高卖，最终使价格趋同，其理论基础是一价定律。

（2）风险中性定价

风险中性定价假设投资者对风险均持中性态度，不存在不同的风险偏好，采用无风险利率作为贴现率，以简化分析过程。

## 十五、股息贴现模型和股息增长模型等绝对估值法

1. 股息贴现模型

（1）含义

股息贴现模型（DDM），是其中一种最基本的股票内在价值评价模型。内在价值是指股票本身应该具有的价值，而不是它的市场价格。股票内在价值可以用股票每年股利收入的现值之和来评价；股利是发行股票的股份公司给予股东的回报，按股东的持股比例进行利润分配，每一股股票所分得的利润就是每股股票的股利。

（2）一般公式

股息贴现模型是研究股票内在价值的重要模型，其基本公式为

$$V = \frac{D_1}{1+k} + \frac{D_2}{(1+k)^2} + \frac{D_3}{(1+k)^3} + \cdots + \frac{D_t}{(1+k)^t} = \sum_{t=1}^{\infty} \frac{D_t}{(1+k)^t}$$

其中，$V$ 为每股股票的内在价值；$D_t$ 是第 $t$ 期每股股票股利的期望值；$k$ 是股票的期望收益率或贴现率。

根据公式，可以引出净现值的概念。净现值（NPV）等于内在价值 V 与成本 P 之差，即

$$NPV = V - P$$

其中，$P$ 为在 $t = 0$ 时购买股票的成本。

若 NPV <0，则所有预期的现金流入的现值之和小于投资成本，股票价格被高估，不可购买这种股票；若 NPV >0，则所有预期的现金流入的现值之和大于投资成本，股票价格被低估，可购买这种股票。

（3）内部收益率

内部收益率是指使投资净现值等于零的贴现率，也就是指内在价值与市场价格相同。如果用 $k^*$ 代表内部收益率，根据内部收益率的定义可得下式：

$$P = \sum_{t=1}^{\infty} \frac{D_t}{(1 + k^*)^t}$$

由此可以解出内部收益率 $k^*$，将 $k^*$ 与具有同等风险水平股票的必要收益率 $k$ 相比较，若 $k^* > k$，可以考虑购买这种股票；若 $k^* < k$，则考虑不要购买这种股票。

2. 股息增长模型

（1）零增长模型

零增长模型假定股息增长率等于零。也就是说，未来的股息按一个固定数量支付。

在股息贴现模型的一般公式中，用 $D_0$ 代替所有 $D_t$，得

$$V = \sum_{t=1}^{\infty} \frac{D_0}{(1 + k)^t} = D_0 \sum_{t=1}^{\infty} \frac{1}{(1 + k)^t} = \frac{D_0}{k}$$

其中，$V$ 表示证券的内在价值；$D_0$ 表示未来每期支付的每股股息；$k$ 表示必要收益率。

（2）不变增长模型

不变增长模型可以分为两种情况：一是不变的增长率；二是不变的增长值。在此，主要介绍不变增长率模型。不变增长模型有三个假定条件：股息的支付在时间上是永久性的；股息的增长速度是一个常数；模型中的贴现率大于股息增长率。其计算公式为

$$V = \frac{D_0(1 + g)}{k - g} = \frac{D_1}{k - g}$$

其中，$g$ 为股利增长率；$D_0$ 为上年股利；$D_1$ 为第一年预计股利。

（3）可变增长模型

零增长模型和不变增长模型都对股息的增长率进行了一定的假设。事实上，股息的增长率是变化不定的，因此零增长模型和不变增长模型并不能很好

地在现实中对股票的价值进行评估。下面主要对可变增长模型中的二阶段增长模型进行介绍。

二阶段增长模型假定在时间 L 以前，股息以一个不变的增长速度 $g_1$ 增长；在时间 L 后，股息以另一个不变的增长速度 $g_2$ 增长。在此假定下，我们可以建立二元可变增长模型：

$$V=\sum_{t=1}^{L}D_0\frac{(1+g_1)^t}{(1+k)^t}+\sum_{t=L+1}^{\infty}D_L\frac{(1+g_2)^{t-L}}{(1+k)^t}$$

$$=\sum_{t=1}^{L}D_0\frac{(1+g_1)^t}{(1+k)^t}+\frac{1}{(1+k)^L}\times\sum_{t=L+1}^{\infty}D_L\frac{(1+g_2)^{t-L}}{(1+k)^{t-L}}$$

$$=\sum_{t=1}^{L}D_0\frac{(1+g_1)^t}{(1+k)^t}+\frac{1}{(1+k)^L}\times\frac{D_{L+1}}{k-g_2}$$

$$D_{L+1}=D_0(1+g_1)^t(1+g_2)$$

【真题回顾（201611）】今年年初，分析师预测某公司今后 2 年内（含今年）股利年增长率为6%，之后，股利年增长率将下降到3%，并将保持下去。已知该公司上一年末支付的股利为每股 4 元，市场上同等风险水平的股票的预期必要收益率为 5%。如果股利免征所得税，那么今年年初该公司股票的内在价值最接近（　　）元。

A. 212. 17　　B. 216. 17　　C. 218. 06　　D. 220. 17

答案：C

解析：根据股利贴现模型，今年年初该公司股票的内在价值为

$$V=\sum_{t=1}^{L}D_0\frac{(1+g_1)^t}{(1+k)^t}+\frac{1}{(1+k)^L}\times\frac{D_{L+1}}{k-g_2}\approx 218.06$$

## 十六、市盈率和资本资产定价模型等相对估值法

1. 市盈率估值法

市盈率又称“价格收益比”或“本益比”，是每股价格与每股收益之间的比率，其计算公式为

$$市盈率=\frac{每股价格}{每股收益}$$

如果我们能分别估计出股票的市盈率和每股收益，那么就能由此公式估计出股票价格，这种评价股票价格的方法叫做市盈率估价法。市盈率估价法又分为简单估计法、市场决定法和回归分析法。

（1）简单估计法

简单估计法主要利用历史数据进行估计。

①算术平均数法或中间数法。这种方法就是将股票各年的市盈率历史数据排成序列，剔除异常数据（过高或过低者），求取算术平均数或是中间数，以此作为对未来市盈率的预测。这一方法适用于市盈率比较稳定的股票。

②趋势调整法。这种方法是在方法①的基础上再进行调整。假设根据方法①已经求得市盈率的一个估计值，这时我们再分析市盈率时间序列的变化趋势。这种分析方法可以在坐标纸上进行，以画趋势线的方法求得一个增减趋势的量的关系式，然后对上面的市盈率的估计值进行修正。

③回归调整法。这种方法也是在方法①的基础上再进行调整。先按方法①求出一个市盈率的估计值，据此认为该值是市盈率的正常值，根据异常值总是向正常值回归的趋势，我们对下一年的市盈率作如下预测：如果这一年的市盈率高于这个值，就认为下一年的市盈率值将会向下调整；反之，则认为会向上调整。

（2）市场决定法

①市场预期回报率倒数法。在不变增长模型中，我们可以进一步假定：公司利润内部保留率为固定不变的 $b$，再投资利润率为固定不变的 $r$，股票持有者的预期回报率与再投资利润率相当。由第二个假设不难得到：

$$E_t = E_{t-1} + r I_{t-1}$$

其中，$E$ 表示收益，$I$ 表示再投资。

再由第一个假设得到：

$$I_{t-1} = b E_{t-1}$$

代入前面的式子得到：

$$E_t = E_{t-1} + br E_{t-1} = E_{t-1}(1 + br)$$

从而得到收益的增长率：

$$g_E = \frac{E_t - E_{t-1}}{E_{t-1}} = br$$

由于第一个假设，股息的增长率 $g$ 与收益的增长率相同，即

$$g = g_D = g_E = br$$

因此，不变增长模型可以变形为

$$P_0 = \frac{D_0(1 + g)}{k - br}$$

在股票持有者的预期回报率与再投资利润率相当的假设下，即 $r = k$，则

$$P_0 = \frac{D_0(1 + g)}{r - br}$$

$$r = k = \frac{D_0(1+g)}{(1-b)P_0} = \frac{D_1}{(1-b)P_0} = \frac{E_1}{P_0}$$

$$D_1 = (1-b)E_1$$

从上面的分析中可以看出，在一定的假设条件之下，股票持有者预期的回报率恰好是市盈率的倒数。因此，我们就可以通过对各股票市场预期回报率的分析来对市盈率进行预测。

②市场归类决定法。在有效市场的假设下，风险结构等类似的公司，其股票市盈率也应相同。因此，只要选取风险结构类似的公司求取市盈率的平均数，就可以此作为市盈率的估计值。

（3）回归分析法

回归分析法是指利用回归分析的统计方法，通过考察股票价格、收益、增长、风险、货币的时间价值和股息政策等各种因素变动与市盈率之间的关系，得出能够最好解释市盈率与这些变量间线性关系的方程，进而根据这些变量的给定值对市盈率大小进行预测的分析方法。

2. 资本资产定价模型

在资产估值方面，资本资产定价模型主要被用来判断证券是否被市场错误定价。根据资本资产定价模型，每一证券的期望收益率应等于无风险利率加上该证券由 $\beta$ 系数测定的风险溢价，即

$$E(r_i) = r_F + [E(r_M) - r_F]\beta_i$$

一方面，当我们获得市场组合期望收益率的估计和该证券的风险 $\beta_i$ 的估计时，我们就能计算市场均衡状态下证券 $i$ 的期望收益率 $E(r_i)$；另一方面，市场对证券在未来所产生的收入流（股息加期末价格）有一个预期值，这个预期值与证券 $i$ 的期初市场价格及其预期收益率 $E(r_i)$ 之间有如下关系：

$$E(r_i) = \frac{E(\text{股息} + \text{期末价格})}{\text{期初价格}} - 1$$

在均衡状态下，上述两个 $E(r_i)$ 应有相同的值。因此，得到均衡期初价格为

$$\text{均衡期初价格} = \frac{E(\text{股息} + \text{期末价格})}{1 + E(r_i)}$$

于是，我们可以将现行的实际市场价格与均衡的期初价格进行比较。二者不等，则说明市场价格被误定，被误定的价格应该有回归的要求。利用这一点，我们便可获得超额收益。具体来讲，当实际价格低于均衡价格时，说明该证券是廉价证券，我们应该购买该证券；相反，我们则应卖出该证券，而将资金转向购买其他廉价证券。

【真题回顾（201605）】证券X的期望收益率为0.11，贝塔值是1.5，无风险收益率为0.05，市场期望收益率为0.09。根据资本资产定价模型，这个证券（　　）。

A. 被低估　　B. 被高估　　C. 定价公平　　D. 价格无法判断

答案：C

解析：根据CAPM模型，其风险收益率 = 0.05 + 1.5 ×（0.09 − 0.05） = 0.11，其与证券的期望收益率相等，说明市场给其定价没有被高估也没有被低估，是比较合理的。

## 第二节　技术分析

【大纲要求】

| 内容 | 程度 |
|---|---|
| 1. 技术分析的基本假设 | 了解 |
| 2. 技术分析使用的线形图、棒形图、阴阳矩形图和点数图 | 熟悉 |
| 3. 技术分析的趋势线 | 熟悉 |
| 4. 技术分析的阻力位与支持位 | 熟悉 |
| 5. 移动平均数、相对强弱指数、移动平均值背离指标等常用技术分析指标 | 掌握 |
| 6. 道氏理论和艾氏波浪理论两种技术分析方法 | 熟悉 |
| 7. 技术分析方法的分类及其特点 | 熟悉 |
| 8. 技术分析的应用前提和适用范围 | 了解 |
| 9. 技术分析方法的局限性 | 了解 |
| 10. 总体、样本和统计量的含义 | 熟悉 |
| 11. 统计推断的参数估计 | 熟悉 |
| 12. 统计推断的假设检验 | 熟悉 |
| 13. 常用统计软件及其应用 | 熟悉 |

【内容精讲】

### 一、技术分析的基本假设

证券市场技术分析是以一定的假设条件为前提的，这些假设是：市场行为涵盖一切信息；证券价格沿趋势移动；历史会重演。

1. 市场行为涵盖一切信息

这条假设是进行技术分析的基础。其主要思想是：任何一个影响证券市场的因素，最终都必然体现在证券价格的变动上。外在的、内在的、基础的、政策的和心理的因素，以及其他任何方面的变动因素，都已经在市场行为中得到了反映。技术分析人员只需关心这些因素对市场行为的影响效果，而不必关心具体导致这些变化的原因究竟是什么。

2. 证券价格沿趋势移动

这一假设是进行技术分析最根本、最核心的条件。其主要思想是：证券价格的变动是有一定规律的，即保持原来运动方向的惯性，而证券价格的运动方向是由供求关系决定的。技术分析法认为，证券价格的运动反映了一定时期内供求关系的变化。供求关系一旦确定，证券价格的变化趋势就会一直持续下去。只要供求关系不发生根本改变，证券价格的走势就不会发生反转。只有承认证券价格遵循一定的规律变动，运用各种方法发现、揭示这些规律并对证券投资活动进行指导的技术分析法才有存在的价值。

3. 历史会重演

这条假设是从人的心理因素方面考虑的。其主要思想是：市场中进行具体买卖的是人，由人决定最终的操作。这一行为必然要受到人类心理学中某些规律的制约。证券价格的不同走势反映了人们对市场看多、看空的不同心理，并且这些形态会重复出现。在证券市场上，一个人在某种情况下按一种方法进行操作取得成功，那么以后遇到相同或相似的情况，就会按同一方法进行操作；如果失败了，以后就不会按前一次的方法操作。证券市场的某个市场行为给投资者留下的阴影或快乐是会长期存在的。因此，技术分析法认为，根据历史资料概括出来的规律已经包含了未来证券市场的一切变动趋势，所以可以根据历史预测未来。这一假设也有一定的合理性，因为投资者的心理因素会影响投资行为，进而影响证券价格。

## 二、技术分析使用的线形图、棒形图、阴阳矩形图和点数图

1. 线形图

线形图也被称为“点状图”“星状图”和“停顿图”，是最早的绘图方法，是衔接收盘价而形成的图形，以所定的股价频率即交易时间（短期趋势以日、周为时间单位；中期趋势以月、季为时间单位；长期趋势以年为时间单位）作

为横坐标，以股价（个股图一般运用收盘价；大势图则采用股价平均数和股价指数）作为纵坐标的坐标图。

操作方式为：具体操作的时候将股市的股票平均价、个别股票的收盘价或股价指数在图形上依次描点（按时间顺序），把各点连成线，即可得到股价趋势线。

线形图的优点是制作简单，适合初学投资者理解相关股价过去的走势。线形图的缺点是图形只记录收盘价，缺少开盘价、当日最高价和最低价，难以把握当日最高和最低变动幅度，难以捕捉短线和中线趋势。所以，现在已较少有人使用。

2. 棒形图

棒形图是证券行情分析中较为常用的一种技术分析图表，流行于欧美国家。棒形图是指以竖棒来表现股票价格的高低。

（1）棒形图的画法

棒形图有两种画法：一种画法是，竖棒的顶部为最高价，底部为最低价，竖棒左边的横线代表开盘价，竖棒右边的横线代表收盘价，如图 4 -4（a）所示。另一种画法是，只画收盘价，不画开盘价，如图 4 -4（b）所示。棒体越长，表明当日的股票成交的价格起伏越大；反之，则说明价格起伏小。棒形图在判断趋势的时候比 K 线图有一定的优势，其他运用法则等方面与 K 线图基本类似。

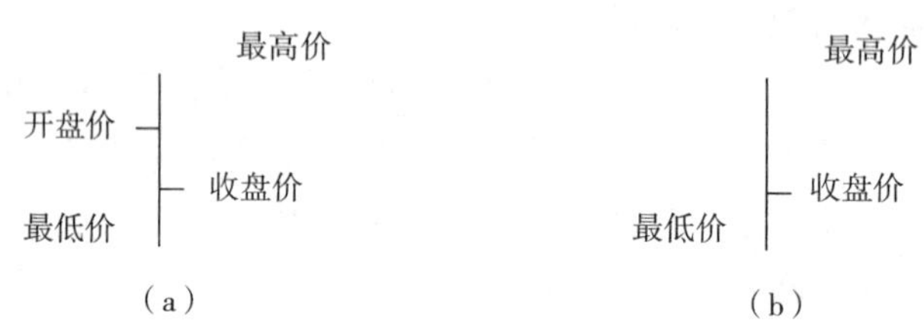


**图 4 -4　证券价格棒形图**

（2）棒形图的应用

一般情况下，棒形图的运用多与成交量相配合，分析图分为上下两个部分，上半部分是棒形图，表示价格变动的情况；下半部分是对应的成交量。棒形图的横坐标时间可以用日、周或月来表示。棒形图的主要特点是：以棒体的分布反映证券价格的走势，它不仅能反映一般线形图反映的全部内容，而且还能反映每日证券成交的价格差。棒形图的图形可从形态学角度分为头肩形（如图 4 -5 所示）、穹窿形、三角形、旗形、长方形等多种。

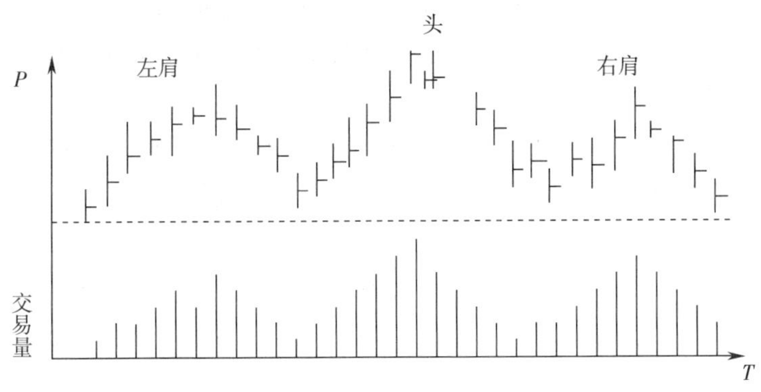


图 4-5 棒形图构成的头肩形

3. 阴阳矩形图

（1）阴阳线及画法

①阴阳线。阴阳线即为 K 线，又称为日本线，起源于 200 多年前的日本。当时日本没有证券市场，K 线被日本米市的商人用来记录米市的行情和价格波动。经过上百年的运用和变更，目前已经形成了一整套线分析理论，在实际中得到了广泛应用，受到证券市场、外汇市场以及期货市场等各类市场投资者的喜爱。

②K 线画法。K 线是一条柱状的线条，由影线和实体组成。两种常见的阴阳线图如图 4-6 所示。影线在实体上方的部分叫上影线，下方的部分叫下影线。K 线中涉及的四个价格分别是开盘价、最高价、最低价和收盘价。其中收盘价最为重要。实体表示一日的开盘价和收盘价，上影线的上端顶点表示一日的最高价，下影线的下端顶点表示一日的最低价。根据开盘价和收盘价的关系，K 线又分为阳（红）线和阴（绿）线两种，收盘价高于开盘价为阳线，收盘价低于开盘价时为阴线。

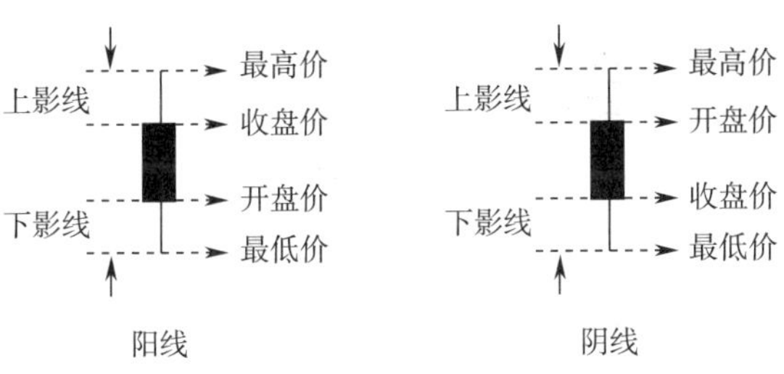


图 4-6 常见阴阳线图

一根 K 线记录了一天的价格变动情况，将某一期间每天的 K 线按时间顺序排列起来，就可以反映一段时间内的价格变动情况，这就叫日 K 线图，图 4 -7 为上证指数日 K 线图。

除了日 K 线外，我们还可以画周 K 线和月 K 线。其画法与日 K 线几乎完全一样，区别只在四个价格时间参数的选择上。周线是指这一周的开盘价、这一周之内的最高价和最低价以及这一周的收盘价。月 K 线则是这一个月之内的 4 个价格。周 K 线和月 K 线的优点是时间跨度大，反映的趋势和周期比较清晰。

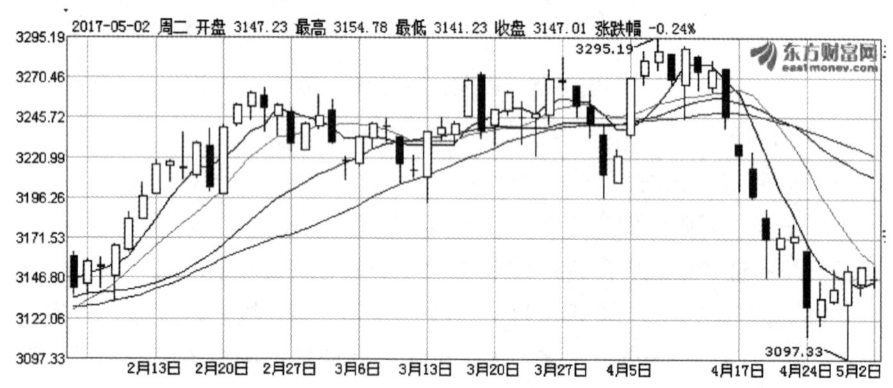


**图 4 -7　上证指数日 K 线图走势**

（2）K 线的主要形状和含义

由于开盘价、收盘价、最高价和最低价 4 个价位的不同取值，单根 K 线形状总共有 12 种常见的形状，如图 4 -8 所示。

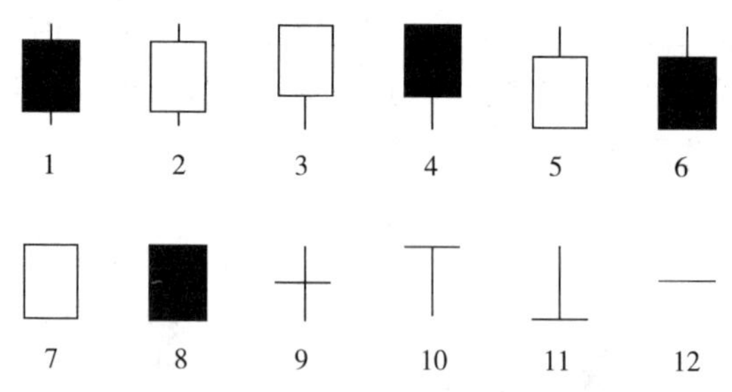


**图 4 -8　K 线常见形状**

①大阴线，四个价位各不相等，收盘价小于开盘价。大阴线一般出现在下降趋势中，实体较长的大阴线表明在短期内下降态势出现。

②大阳线，四个价位各不相等，收盘价大于开盘价。大阳线一般出现在上

升趋势中，实体较长的大阳线表明在短期内上升态势出现。

③光头阳线，收盘价等于最高价。

④光头阴线，开盘价等于最高价。

⑤光脚阳线，开盘价等于最低价。

⑥光脚阴线，收盘价等于最低价。

⑦光头光脚阳线，即开盘价等于最低价，收盘价等于最高价。表示从一开盘，买方就积极进攻，中间也可能出现买方与卖方的斗争，但买方发挥最大力量，一直到收盘买方始终占优势，使价格一路上扬，直至收盘，表示强烈的涨势。

⑧光头光脚阴线，即开盘价等于最高价，收盘价等于最低价。表示从一开盘，卖方就占优势，股市处于低潮，握有股票者不限价疯狂抛售，造成恐慌心理，市场呈现一面倒，直到收盘，价格始终下跌，表示强烈的跌势。

⑨十字形，开盘价等于收盘价。表示多空双方经过一天的争斗后基本达到了平衡。

⑩T 字形，开盘价、收盘价、最高价相等。表示上升转折线，其开盘与收盘接近，且没有上影线而有下影线，是一种比较强烈的向上趋势图形。

⑪倒 T 字形，开盘价、收盘价、最低价相等。又称下跌转折线，其开盘与收盘接近，且没有下影线却有上影线，是一种典型的行情向下趋势图形。

⑫一字形，开盘价、收盘价、最高价和最低价四个价格相等。

4. 点数图

（1）点数图及画法

点数图又称 XO 图、点线图、圈叉图，一般绘制在方格纸上，是指利用带方格的图表来记录、分析和预测市场交易价格变动趋势的图表。制作点数图，先要选取比例合适的绘图纸，以纵轴表示价格，每一方格代表一个价格水平；纵轴表示价格趋势的变动，但注意这不代表时间，而是一列一列地表示相反方向价格变动及变动速度，再以“X”“O”来表示价格的转动或转势（以“X”表示价格上升，以“O”表示价格下跌，“X”和“O”不会出现在同一列上）。

点数图的创始人为查尔斯·道（全名查尔斯·亨利·道），他与爱德华·琼斯（全名爱德华·戴维斯·琼斯）成立“道·琼斯”公司，在 1884 年，他发明了道琼斯工业指数。道琼斯工业指数是用点和图表记录方法来研判行情的，查尔斯·道便成为使用这种点和图表记录的首个使用人。

在绘画 OX 图时，如何设定每一方格的代表值十分重要，它直接支配着整张 OX 图在将来是否能发挥其测市功能。因此要适当地设定“每格代表值”及多少格升跌才开始“转行”。“格值”增大即代表波幅较小的环节不予理会。

因为在一个成熟的市场，价格频繁、反复上落是市场的规律，要剔除它对市场价格动向的干扰，可将“格值”提高。

确定应用哪种价格也十分重要。一般分两种，一种较简单，需要根据收盘价来画图；另一种更精确，需要根据最高、最低价来画图。

（2）点数图的应用

OX 图即圈叉图，这是以其绘制符号 O 与 X 命名的，它的确切名称为点数图（Point And Figure Chart）。点，即为位置；数，即为数字。它是迄今发现的最具古老历史传统的趋势分析工具。现今的点数图，点的概念没变，但数已被 O、X 符号取代了。价格下降，形如一支落箭，箭头朝我们飞来，所见为箭头的一个圆圈点，即代表下降；价格上升，形如一支升箭，箭尾离我们飞去，所见为箭尾的两片尾翼，即代表上升。

图4－9 所示为趋势突破形态，通过观察图形可知，当由“O”转“X”时，买入；当由“X”转“O”时，卖出。OX 图上可以画趋势线，当“O”或“X”向上突破趋势线时，买入；当“O”或“X”向下突破趋势线时，卖出。

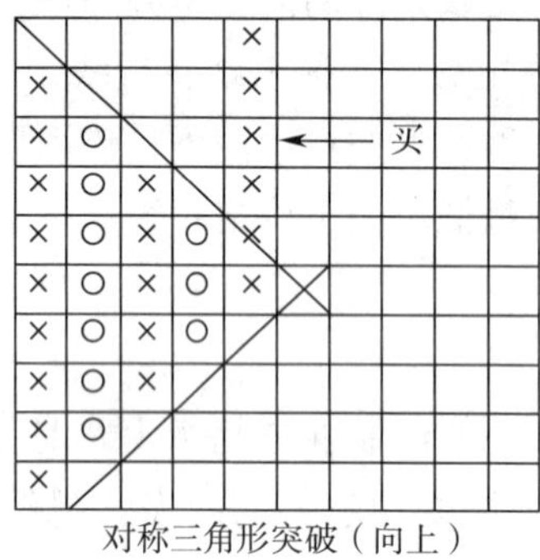

对称三角形突破（向上）

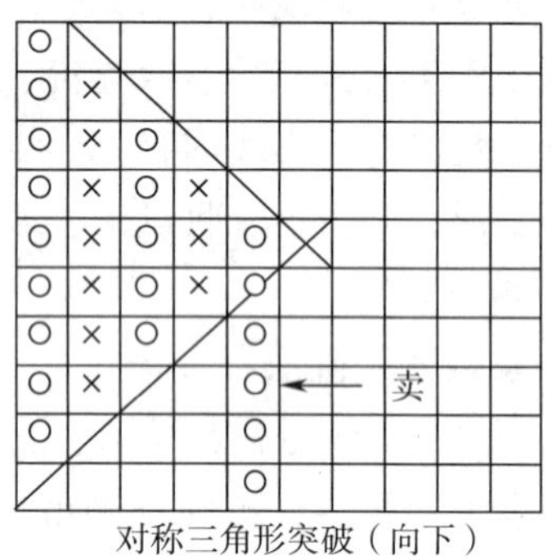

对称三角形突破（向下）

**图4－9　趋势突破形态**

## 三、技术分析的趋势线

1. 趋势线的含义

趋势是指股票价格的波动方向。若确定了一段上升或下降的趋势，则股价的波动必然朝着这个方向运动。上升的行情中，虽然也时有下降，但不影响上升的大方向；同样，下降行情中也可能上升，但不断出现的新低使下降趋势不变。一般来说，市场变动不会朝一个方向直来直去，中间肯定要有曲折，从图形上看就是一条曲折蜿蜒的折线，每个折点处就形成一个峰或谷。由这些峰和谷的相对高度，我们可以看出趋势的方向。技术分析的三大假设中的第二条明确说明了价格的变化是有趋势的，没有特别的理由，价格将沿着这个趋势继续运动。这一点就说明了趋势这个概念在技术分析中的重要地位。

趋势的方向有三类：

（1）上升方向。如果图形中每个后面的峰和谷都高于前面的峰和谷，则趋势就是上升方向。这就是常说的一底比一底高或底部抬高。

（2）下降方向。如果图形中每个后面的峰和谷都低于前面的峰和谷，则趋势就是下降方向。这就是常说的一顶比一顶低或顶部降低。

（3）水平方向，也叫无趋势方向。如果图形中后面的峰和谷与前面的峰和谷相比，没有明显的高低之分，几乎呈水平延伸，这时的趋势就是水平方向。水平方向趋势是被大多数人忽视的一种方向，这种方向在市场上出现的机会是相当多的。就水平方向本身而言，也是极为重要的。大多数的技术分析方法，在对处于水平方向的市场进行分析时，都容易出错，或者说作用不大。这是因为这时的市场正处于供需平衡状态，股价下一步朝哪个方向走是没有规律可循的，可以向上也可以向下，而对这样的对象去预测它朝何方运动是极为困难的，也是不明智的。

2. 趋势线的画法

在上升趋势中，将两个低点连成一条直线，就得到了上升趋势线；在下降趋势中，将两个高点连成一条直线，就得到了下降趋势线。标准的趋势线必须由两个以上的高点或低点连接而成。如图 4－10 中的直线所示。

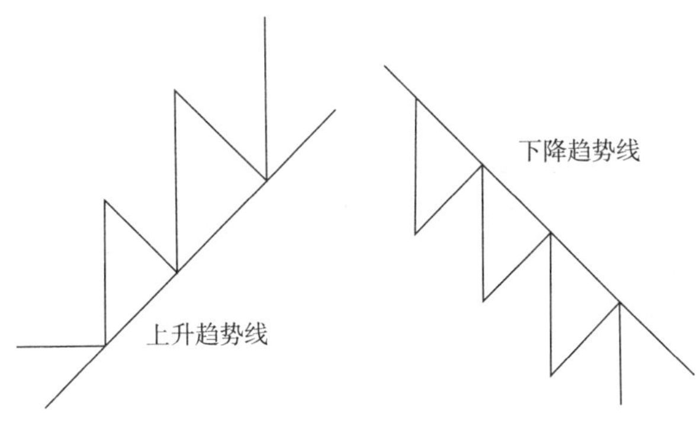


**图 4－10　趋势线**

3. 趋势线的确认

要得到一条真正起作用的趋势线，需经多方面的验证才能最终确认，不符合条件的一般应删除。

（1）必须确实有趋势存在。也就是说，在上升趋势中必须确认出两个依次上升的低点；在下降趋势中，必须确认两个依次下降的高点，才能确认趋势的存在。

（2）画出直线后，还应得到第三个点的验证才能确认这条趋势线是有效的。一般来说，所画出的直线被触及的次数越多，其作为趋势线的有效性越能得到确认，用它进行预测越准确有效。

（3）这条直线延续的时间越长，越具有有效性。

4. 趋势线的作用

一般来说，趋势线有两种作用：

（1）对价格今后的变动起约束作用，使价格总保持在这条趋势线的上方（上升趋势线）或下方（下降趋势线）。实际上，就是起支撑和压力的作用。

（2）趋势线被突破后，就说明股价下一步的走势将要反转。越重要、越有效的趋势线被突破，其转势的信号越强烈。被突破的趋势线原来所起的支撑和压力作用，现在将相互交换角色。

5. 趋势线的突破

应用趋势线最为关键的问题是如何确认趋势线突破的有效性。通常，确认突破趋势线是否有效，要参考以下三个方面：

（1）收盘价突破趋势线比交易日内最高价和最低价突破趋势线更为重要，一般以收盘价的突破为有效突破。

（2）穿越趋势线后，离趋势线越远，突破越有效。

（3）穿越趋势线后，在趋势线的另一方停留的时间越长，突破越有效。

6. 轨道线及作用

（1）轨道线

轨道线又称通道线或管道线，是基于趋势线的一种方法。在已经得到了趋势线后，通过第一个高峰和低谷可以作出这条趋势线的平行线，这条平行线就是轨道线。两条平行线组成一个轨道，这就是常说的上升和下降轨道。图4－11显示了上升轨道线和下降轨道线。

轨道的作用是限制股价的变动范围，让它不能变得太离谱。一个轨道一旦得到确认，那么价格将在这个通道里变动。如果有对上面的或下面的直线的突破，就意味着将有一个大的变化。与突破趋势线不同，对轨道线的突破并不是趋势反转的开始，而是趋势加速的开始，即原来的趋势线的斜率将会增加，趋势线的方向将会更加陡峭。

（2）轨道线的确认

一般而言，轨道线被触及的次数越多，延续的时间越长，其被认可的程度

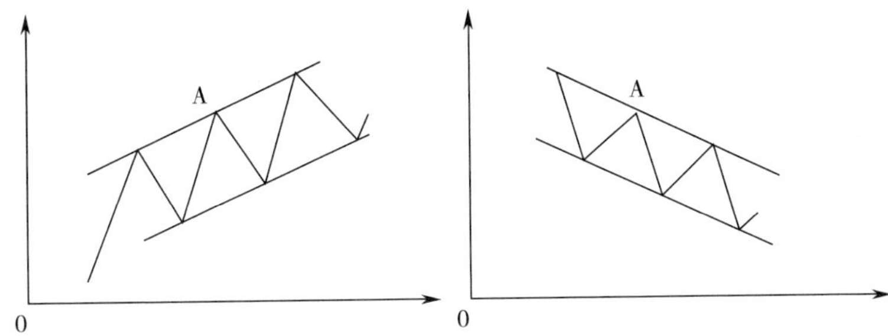


**图 4－11　上升轨道线和下降轨道线**

和重要性越高。

(3) 趋势线与轨道线的关系

轨道线和趋势线是相互合作的一对。很显然，先有趋势线，后有轨道线。趋势线比轨道线重要。趋势线可以单独存在，轨道线不能单独存在。

## 四、技术分析的阻力位与支持位

1. 支持位和阻力位

(1) 支持位是指在股价下跌时，可能遇到支撑从而止跌回稳的价位。

(2) 阻力位是指在股价上升时，可能遇到到压力从而反转下降的价位。

2. 支撑线和压力线的含义

(1) 支撑线又称为抵抗线，是指当股价下跌到某个价位附近时，会出现买方增加、卖方减少的情况，从而使股价停止下跌，甚至有可能回升。支撑线起阻止股价继续下跌的作用。这个阻止股价继续下跌的价格就是支撑线所在的位置。

(2) 压力线又称为阻力线，是指当股价上涨到某价位附近时，会出现卖方增加、买方减少的情况，股价会停止上升，甚至回落。压力线起阻止股价继续上升的作用。这个阻止股价继续上升的价位就是压力线所在的位置。

3. 支撑线和压力线的应用

支撑线和压力线的作用是阻止或暂时阻止股价朝一个方向继续运动。

(1) 支撑线和压力线有被突破的可能（如图 4－12 所示），它们不足以长久地阻止股价保持原来的变动方向，只不过是暂时的停顿而已。股价的变动是有趋势的，保持原来的变动方向，就必须冲破阻止其继续向前的障碍；要维持下跌行情，就必须突破支撑线的阻力和干扰，创造出新的低点；要维持上升行情，就必须突破上升压力线的阻力和干扰，创造出新的高点。

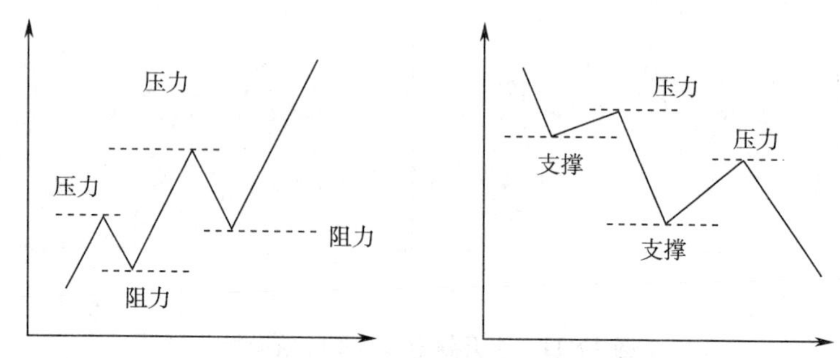


**图 4－12　多个支撑线和压力线**

（2）支撑线和压力线又有彻底阻止股价按原方向变动的可能。一个趋势结束了，就不可能创出新低或新高。此时，支撑线和压力线显得异常重要。

（3）在上升趋势中，如果下一次未创新高，即未突破压力线，这个上升趋势就已经处在很关键的位置了，如果往后的股价又向下突破了这个上升趋势的支撑线，这就产生了一个很强烈的趋势有变的警告信号。这通常意味着这一轮上升趋势已经结束，下一步的走向是下跌。同样，在下降趋势中，如果下一次未创新低，即未突破支撑线，这个下降趋势就已经处于很关键的位置；如果下一步股价向上突破了这次下降趋势的压力线，这就发出了这个下降趋势将要结束的强烈信号，股价的下一步将是上升的趋势（如图 4－13 所示）。

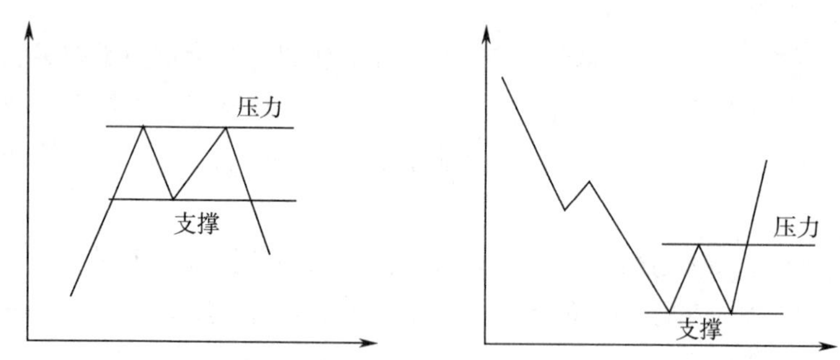


**图 4－13　支撑线和压力线**

4. 支撑线和压力线的互相转化

支撑线和压力线之所以能起支撑和压力作用，两者之间之所以能相互转化，在很大程度上是由于心理因素方面的原因，这也是支撑线和压力线理论上的依据。

证券市场中主要有三种投资者：多头、空头和旁观者。旁观者又可分为持股者和持币者。假设股价在一个区域停留了一段时间后突破压力区域开始向上移动，在此区域买入股票的多头们肯定认为自己对了，并对自己没有多买入些股票而感到后悔。在该区域卖出股票的空头们这时也认识到自己弄错了，他们希望股价再跌回他们卖出的区域，将他们原来卖出的股票补回来。而旁观者中的持股者的心情和多头相似，持币者的心情同空头相似。无论哪一种投资者，都有买入股票成为多头的愿望。这样，原来的压力线就转化为支撑线。正是由于投资者决定要在下一个买入的时机买入，所以股价稍一回落就会受到大家的关心，他们会或早或晚地进入股市买入股票，这就使价格根本还未下降到原来的位置，新的买进大军自然又会把价格推上去，使该区域成为支撑区。在该支撑区发生的交易越多，就说明很多的股票投资者在这个支撑区有切身利益，这个支撑区就越重要。以上的分析过程对压力线同样适用，只不过结果正好相反。

可见，一条支撑线如果被跌破，那么这一支撑线将成为压力线；同理，一条压力线被突破，这个压力线将成为支撑线，如图 4－14 所示。这说明支撑线和压力线的地位不是一成不变的，而是可以改变的，条件是它被有效的、足够强大的股价变动突破。

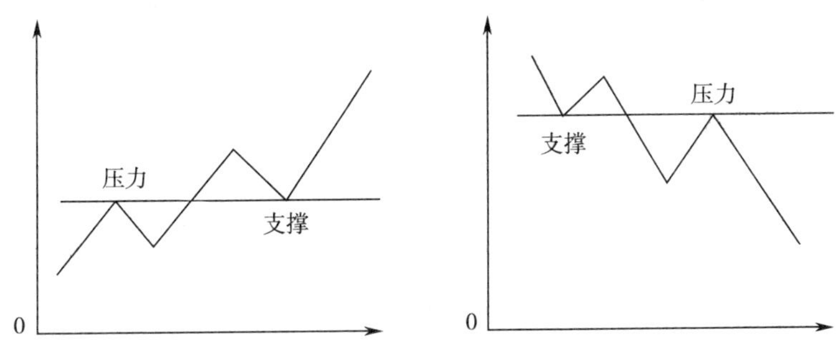


**图 4－14　支撑线和压力线的相互转化**

5. 支撑线和压力线的确认和修正

一般来说，一条支撑线或压力线对当前影响的重要性取决于三个方面的考虑：一是股价在这个区域停留时间的长短；二是股价在这个区域伴随的成交量大小；三是这个支撑区域或压力区域发生的时间距离当前这个时期的远近。很显然，股价停留的时间越长、伴随的成交量越大、离现在越近，则这个支撑或压力区域对当前的影响就越大；反之就越小。

上述三个方面是确认一条支撑线或压力线的重要识别手段。有时，由于股价的变动，会发现原来确认的支撑线或压力线可能不真正具有支撑或压力的作用，比如说不完全符合上面所述的三个条件，这时就有一个对支撑线和压力线进行调整的问题，这就是支撑线和压力线的修正。

对支撑线和压力线的修正过程其实是对现有各个支撑线和压力线重要性的确认。每条支撑线和压力线在人们心目中的地位是不同的。股价到了这个区域，投资者心里清楚，它很有可能被突破；而到了另一个区域，投资者心里明白，它不容易被突破。这为进行买卖提供了一些依据，不至于仅凭直觉进行买卖。

【真题回顾（201606）】确认一条支撑线和压力线的重要识别手段包括（　　）。

A. 股价在这个区域停留时间的长短

B. 股价在这个区域伴随着的成交量大小

C. 这个支撑区域或压力区域发生的时间距离当前这个时期的远近

D. 市场因素影响的大小

答案：ABC

解析：一条支撑线或压力线对当前影响的重要性有三个方面的考虑：①股价在这个区域停留时间的长短；②股价在这个区域伴随的成交量大小；③这个支撑区域或压力区域发生的时间距离当前这个时期的远近。股价停留的时间越长、离现在越近、伴随的成交量越大，则这个支撑或压力区域对当前的影响就越大；否则就越小。

### 五、常用技术分析指标

技术指标法是指应用一定的数学公式，对原始数据进行处理，得出指标值，将指标值绘成图表，从定量的角度对证券价格进行预测的方法。以技术指标的功能为划分依据，将常用的技术指标分为趋势型指标、超买超卖型指标、人气型指标和大势型指标四类。

（1）趋势型指标：如移动平均线（MA）、指数平滑异同移动平均线（MACD）。

（2）超买超卖型指标：如威廉指标（WMS）、随机指标（KDJ）、相对强弱指标（RSI）、乖离率指标（BIAS）。

（3）人气型指标：如心理线指标（PSY）、能量潮指标（OBV）。

（4）大势型指标：如腾落指数（ADL）、涨跌比例指标（ADR）、超买超卖指标（OBOS）。

下面将分别介绍比较常用的指标：移动平均线、相对强弱指标、指数平滑异同移动平均线等。

1. 移动平均线

（1）移动平均线（MA）

①含义

MA 是一种趋势类指标，是将一定时期内的证券价格（指数）加以平均（通常是收盘价的平均值），并把不同时间的平均值连接起来，形成一根 MA 曲线，用于观察证券价格变动趋势的一种技术指标。

②MA 原理的计算公式

根据对数据处理方法的不同，移动平均线可分为算术移动平均线（SMA）、加权移动平均线（WMA）和指数平滑移动平均线（EMA）。

以算术移动平均线（SMA）为例，其计算公式为

$$MA(n) = \frac{1}{n}\sum_{i=0}^{n} \text{第 } n \text{ 日收盘价}$$

其中，天数 $n$ 是 MA 的参数，表示移动平均周期数。例如，MA（10）表示 10 日的移动平均线，即将第 1 日至第 10 日的收盘价之和除以 10 得到第一个 10 日平均价，将第 2 日至第 11 日的收盘价之和除以 10 得到第二个 10 日平均价，再将第 3 日至第 12 日的收盘价的和除以 10 得到第三个 10 日移动平均线。依此类推，这些平均价的连线即为 10 日移动平均线。

根据计算期的长短，MA 又可分为短期、中期和长期移动平均线。通常以 5 日、10 日线观察证券市场的短期走势，称为短期移动平均线；以 30 日、60 日线观察中期走势，称为中期移动平均线；以 13 周、26 周研判长期趋势，称为长期移动平均线。西方投资机构非常看重 200 天移动平均线，并以此作为长期投资的依据：若行情价格在 200 天均线以下，属空头市场；反之，则为多头市场。由于短期移动平均线较长期移动平均线更易于反映行情价格的涨跌，所以一般又把短期移动平均线称为快速 MA，长期移动平均线则称为慢速 MA。

③特点

MA 的基本思想是消除股价随机波动的影响，寻求股价波动的趋势。其特点包括：表示并追踪股价的趋势；在股价原有趋势发生反转时，滞后于大趋势；是股价几天变动的平均值，其具有稳定性；助涨助跌性；支撑线和压力线的特性。

a. 追踪趋势。移动平均线能够表示股价的趋势方向，并追踪这个趋势。如果能从证券价格的图表中找出上升或下降趋势，那么 MA 将与趋势方向保持一致，能消除价格在这个过程中出现的起伏。

b. 滞后性。在股价原有趋势发生反转时，由于追踪趋势的特性，移动平均线的行动往往过于迟缓，调头速度落后于大趋势。等到移动平均线发出趋势反

转信号时，价格调头的深度已经很大了，这是一个极大的弱点。

c. 稳定性。根据移动平均线的计算方法，要想较大地改变移动平均的数值，当天的股价必须有很大的变化，因为移动平均线是股价几天变动的平均值。这个特点也决定了移动平均线对股价反应的滞后性。

d. 助涨助跌性。当股价突破移动平均线时，无论是向上突破还是向下突破，股价都有继续向突破方向发展的愿望。

e. 支撑线和压力线的特性。由于 MA 的上述四个特性，使它在股价走势中起支撑线和压力线的作用。移动平均线被突破，实际上是支撑线和压力线被突破。

（2）移动平均线的应用

①单根 MA 的应用

单根移动平均线的应用中，美国投资专家葛南维创造的八项法则可谓其中的精华，历来的平均线使用者无不视其为技术分析中的至宝，而移动平均线也因为它，淋漓尽致地发挥了道·琼斯理论的精神所在。八大法则中的四条用来研判买进时机，另外四条用来研判卖出时机。总的来说，移动平均线在股价之下，而且呈上升趋势时是买进时机，反之，平均线在股价之上，又呈下降趋势时则是卖出时机。图 4－15 显示了葛南维八大买卖法则与波位。

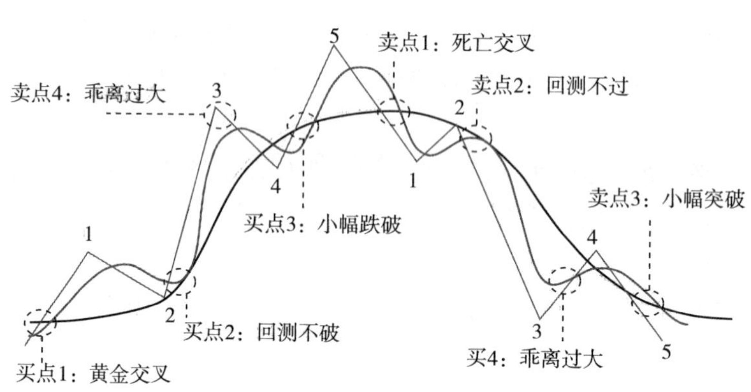


**图 4－15　葛南维八大买卖法则与波位**

四个买点：

a. 移动平均线从下降逐渐走平且略向上方抬头，而股价从移动平均线下方向上方突破，为买进信号。

b. 股价位于移动平均线之上运行，回档时未跌破移动平均线后又再度上升时为买进时机。

c. 股价位于移动平均线之上运行，回档时跌破移动平均线，但长期移动平均线继续呈上升趋势，此时为买进时机。

d. 股价位于移动平均线以下运行，突然暴跌，距离移动平均线太远，极有可能向移动平均线靠近（物极必反，下跌反弹），此时为买进时机。

四个卖点：

a. 股价位于移动平均线之上运行，连续数日大涨，离移动平均线越来越远，说明近期内购买股票者获利丰厚，随时都会产生获利回吐的卖压，应暂时卖出所持股票。

b. 移动平均线从上升逐渐走平，而股价从移动平均线上方向下跌破移动平均线时，说明卖压渐重，应卖出所持股票。

c. 股价位于移动平均线下方运行，反弹时未突破移动平均线，且移动平均线跌势减缓，趋于水平后又出现下跌趋势，此时为卖出时机。

d. 股价反弹后在移动平均线上方徘徊，而移动平均线却继续下跌，宜卖出所持股票。

【真题回顾（201705、201607）】下列走势中，当出现（　　）时，发出了买入信号。

A. 移动平均线呈上升状态，股价突然暴涨且远离平均线

B. 股价走在平均线之下，且朝着平均线方向上升，但未突破平均线又开始下跌

C. 平均线从上升转为盘局或下跌，而股价向下跌破平均线

D. 股价连续上升远离平均线，突然下跌，但在平均线附近再度上升

答案：D

解析：根据葛南维法则，买入信号主要包括以下四种情况：MA 从下降开始走平，股价从下上穿平均线；股价跌破平均线，但平均线呈上升态势；股价连续上升远离平均线，突然下跌，但在平均线附近再度上升；股价跌破平均线，并连续暴跌，远离平均线。只有 D 项符合，ABC 三项都是卖出信号的情况。

②多根 MA 曲线的组合应用

根据短期、中期和长期移动平均线对价格变化敏感度的不同，通常将短期、中期和长期移动平均线组合在一起判断市场。

a. 黄金交叉和死亡交叉。一般情况下，投资者可利用短期和长期两种移动平均线的交叉情况来决定买进和卖出的时机。如图 4－16 所示，当现在价位站稳在长期与短期 MA 之上，短期 MA 又向上突破长期时，为买进信号，此种交

叉称为“黄金交叉”；反之，若现在行情价位于长期与短期 MA 之下，短期 MA 又向下突破长期 MA 时，则为卖出信号，此种交叉称为“死亡交叉”。黄金交叉和死亡交叉，实际上就是向上突破压力线或向下突破支撑线。

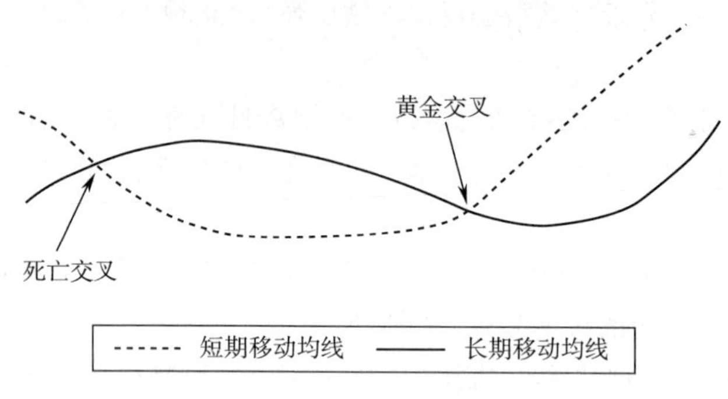


**图 4－16　黄金交叉与死亡交叉**

b. 多头排列和空头排列。上升行情进入稳定期，短期、中期和长期移动平均线自上而下依次排列，向右上方移动，称为“多头排列”，预示着价格还要上涨；在下跌行情中，短期、中期和长期移动平均线自下而上依次排列，向右下方移动，称为“空头排列”，预示着价格还要进一步下跌。

c. 助涨作用和助跌作用。助涨作用：在上升行情中，证券价格位于移动平均线之上，呈现多头排列的移动平均线可视为多方的防线；当价格回到移动平均线附近时，各条移动平均线依次产生支撑力量，多头入场推动市场再度上升。助跌作用：在下跌行情中，证券价格在移动平均线的下方，呈空头排列的移动平均线可视为空方的防线，当证券价格反弹到移动平均线附近时，便会遇到阻力，空头势力增强，促使市场进一步下跌。

2. 相对强弱指标（RSI）

（1）相对强弱指标的含义

RSI 指标，即相对强弱指标。通常采用一定时期内（n 天）收盘指数的结果作为计算对象，根据其数值变动情况推测价格未来的变动方向，并根据价格涨跌幅度显示市场多空力量的强弱对比。

（2）相对强弱指标的计算公式

RSI 将 n 日内每日收盘价或收盘指数涨数（当日收盘价或指数高于前日收盘价或指数）的总和作为买方总力量 A，而 n 日内每日收盘价或收盘指数跌数（当日收盘价或指数低于前日收盘价或指数）的总和作为卖方总力量 B。

先找出包括当日在内的连续 n＋1 日的收盘价，用每日的收盘价减去上一日的收盘价，可得到 n 个数字。这 n 个数字中有正有负。我们用 A 表示 n 个数字中正数之和，也就是表示 n 日中股价向上波动的大小；用 B 表示 n 个数字中负数的绝对值之和，也就是表示 n 日中股价向下波动的大小。则得到相对强弱指标的计算公式：

$$RSI(n) = \frac{A}{A + B} \times 100$$

从公式可以看出，RSI 实际上是表示股价向上波动的幅度占总波动的百分比。如果比例大就是强市，否则就是弱市。RSI 的参数是天数 n，一般取 5 日、9 日、14 日等。RSI 的取值范围为 0 ~ 100。

（3）相对强弱指标的应用法则

①根据 RSI 取值的大小判断行情

将 100 分成四个区域，根据 RSI 的取值落入的区域进行操作，RSI 取值的大小不同，投资操作不同，如表 4 – 3 所示。通常，股票越活跃，RSI 所能达到的高度越高，分界线离 50 应该越远；参数越大，分界线离 50 越近。

另外，极强与强的分界线和极弱与弱的分界线是不明确的，也可以选择 30、70 或者 15、85，这些数字实际上是对这条分界线的大致描述。

**表 4 – 3　　划分区域的方法**

| RSI（n） | 市场特征 | 投资操作 |
| --- | --- | --- |
| 80 ~ 100 | 极强 | 卖出 |
| 50 ~ 80 | 强 | 买入 |
| 20 ~ 50 | 弱 | 卖出 |
| 0 ~ 20 | 极弱 | 买入 |

②两条或多条 RSI 曲线的联合使用

参数小的 RSI 为短期 RSI，参数大的 RSI 为长期 RSI。若短期 RSI > 长期 RSI，则属多头市场；若短期 RSI < 长期 RSI，为空头市场。

③从 RSI 的曲线形状判断行情

当 RSI 在较高或较低的位置形成头肩形和多重顶（底），是采取行动的信号。这些形态一定要出现在较高位置和较低位置，离 50 越远，结论越可靠。

④从 RSI 与股价的背离方面判断行情

RSI 处于高位，并形成一峰比一峰低的两个峰，而此时，股价对应的却是一峰比一峰高，为顶背离，是比较强烈的卖出信号。与此相反的是底背离：RSI 在低位形成两个底部抬高的谷底，而股价还在下降，是可以买入的信号。

3. 指数平滑异同移动平均线（MACD）

（1）MACD 的含义

指数平滑异同移动平均线（MACD）是利用快速移动平均线和慢速移动平均线，在一段上涨或下跌行情中两线之间的差距拉大，而在涨势或跌势趋缓时两线又相互接近或交叉的特征，通过双重平滑运算后研判买卖时机的方法。其既克服了移动平均线假信号频繁的缺陷，又能确保移动平均线最大的战果。

（2）MACD 的计算公式

MACD 由正负差（DIF）和异同平均数（DEA）两部分组成，DIF 是核心，DEA 是辅助。DIF 是快速平滑移动平均线与慢速平滑移动平均线的差。在实际应用 MACD 时，常以 12 日 EMA 为快速移动平均线，26 日 EMA 为慢速移动平均线，计算出两条移动平均线数值间的离差值（DIF）作为研判行情的基础，然后再求 DIF 的 9 日平滑移动平均线，即 MACD 线，作为买卖时机的判断依据。以常用参数 12 日和 26 日为例，DIF 的计算过程如下：

①第 1 步，计算出快速（12 天）和慢速（26 天）的平滑移动平均线。

$$EMA(12)=\frac{2}{12+1}\times 今日收盘价+\frac{11}{12+1}\times 昨日\ MEA\ (12)$$

$$EMA(26)=\frac{2}{26+1}\times 今日收盘价+\frac{25}{26+1}\times 昨日\ MEA\ (26)$$

②第二步，计算正负差值 DIF。

$$DIF=EMA(12)-EMA\ (26)$$

③第三步，计算异同平均值 DEA。

$$今日\ DEA(MACD)=\frac{2}{10}\times 今日\ DIF+\frac{8}{10}\times 昨日\ DEA$$

此外，在分析软件上还有一个指标叫做柱状线（BAR），它是 DIF 减去 DEA 的差再乘以 2，计算公式如下：

$$BAR=(DIF-DEA)\times 2$$

（3）MACD 的应用法则

①以 DIF 和 DEA 的取值和这两者之间的相对取值对行情进行预测

其应用法则如下：

a. DIF 和 DEA 均为正值时，属多头市场。DIF 向上突破 DEA 是买入信号；DIF 向下跌破 DEA 只能认为是回落，作获利了结。

b. DIF 和 DEA 均为负值时，属空头市场。DIF 向下突破 DEA 是卖出信号；DIF 向上穿破 DEA 只能认为是反弹，作暂时补空。

c. 当 DIF 向下跌破零轴线时，为卖出信号，即 12 日 EMA 与 26 日 EMA 发生死亡交叉；当 DIF 向上穿破零轴线时，为买入信号，即 12 日 EMA 与 26 日 EMA 发生黄金交叉。

②指标背离原则

如果 DIF 的走向与股价走向相背离，则此时是采取行动的信号。当股价走势出现 2 个或 3 个近期低点，而 DIF（DEA）并不配合出现新低点时，称为底背离，可以买入；当股价走势出现 2 个或 3 个近期高点，而 DIF（DEA）并不配合出现新高点时，称为顶背离，可以卖出。

【真题回顾（201609）】指数平滑异同移动平均线（MACD）由正负差 DIF（离差值）和异同平均数（DEA）两部分组成，其应用法则包括（　　）。

A. DIF 和 DEA 均为正值时，属多头市场

B. DIF 和 DEA 均为负值时，属空头市场

C. DIF 向下跌破零轴线时，为卖出信号

D. DIF 向上穿破零轴线时，为买入信号

答案：ABCD

解析：以 DIF 和 DEA 的取值和这两者之间的相对取值对行情进行预测，有如下应用法则：（1）DIF 和 DEA 均为正值时，属于多头市场；DIF 向上突破 DEA 是买入信号，DIF 向下跌破 DEA 只能认为是回落，作获利了结。（2）DIF 和 DEA 均为负值时，属空头市场。DIF 向下突破 DEA 是卖出信号，DIF 向上穿破 DEA 只能认为是反弹，作暂时补空。（3）当 DIF 向下跌破零轴线时，此为卖出信号，即 12 日与 26 日 EMA 发生死亡交叉；当 DIF 向上穿破零轴线时，为买入信号，即 12 日与 26 日 EMA 发生黄金交叉。

## 六、技术分析——道氏理论

1. 道氏理论的形成

道氏理论是技术分析的理论基础。道氏理论的创始人是美国人查尔斯・亨利・道。为了反映市场总体趋势，他与爱德华・琼斯创立了著名的道琼斯平均指数。他们在《华尔街日报》上发表的有关证券市场的文章，经后人整理，形成了道氏理论。

2. 道氏理论的主要原理

（1）市场平均价格指数可以解释和反映市场的大部分行为。这是道氏理论对证券市场的重大贡献。道氏理论认为收盘价是最重要的价格，并利用收盘价

计算平均价格指数。目前，世界上所有的证券交易所计算价格指数的方法大同小异，都源于道氏理论。此外，它还提出了平均价格涵盖一切信息的假设。目前，这仍是技术分析的一个基本假设。

（2）市场波动具有某种趋势。道氏理论认为，价格的波动尽管表现形式不同，但最终可以将它们分为三种趋势，即主要趋势、次要趋势和短暂趋势。

①主要趋势是那些持续 1 年或 1 年以上的趋势，看起来像大潮。

②次要趋势是那些持续 3 周至 3 个月的趋势，看起来像波浪，是对主要趋势的调整。即如果主要趋势是上升趋势，那么次要趋势是对上升趋势的修正，即次要趋势呈现下跌趋势；如果主要趋势是下跌趋势，那么次要趋势是对下跌趋势的修正，即次要趋势呈上升走势，一般调整的幅度为先前主要趋势幅度的 1/3 或 2/3。

③短暂趋势的持续时间不超过 3 周，看起来像波纹，其波动幅度更小。

（3）主要趋势有三个阶段。

以上升趋势为例：

①第一个阶段为累积阶段。以熊市末尾牛市开端为例，此时所有经济方面的所谓坏消息已经最终为市场所消化，价格已跌无可跌，聪明的投资者开始逢低买入。

②第二个阶段为上涨阶段。市场利好消息增多，绝大多数顺应趋势的投资者开始顺势买入，从而交易量放大，价格快速上扬。

③第三个阶段为市场价格达到顶峰后出现的又一个累积期。在这一阶段，市场信息变得更加为众人所知，市场活动更为频繁。第三个阶段结束的标志是下降趋势，并又回到累积期。

（4）趋势必须得到交易量的确认。在确定趋势时，交易量是重要的附加信息，交易量应在主要趋势的方向上放大。如果大趋势向上，价格在上涨的同时，交易量应逐步增加；而当价格下跌时，交易量应该逐步减少；如果大趋势向下，情况正好相反，当价格下跌时，交易量增加，当价格上涨时，交易量萎缩。

（5）一个趋势形成后将持续，直到趋势出现明显的反转信号。这是趋势分析的基础。然而，确定趋势的反转却不太容易。

（6）两种平均价格指数必须相互加强。道氏理论认为，工业平均指数和运输业平均指数必须在同一方向上运行才可确认某一市场趋势的形成。

3. 道氏理论的局限性

（1）道氏理论只能侧重于长期的分析而不能作出短期分析，更不能指明最佳的买卖时机，即使是长期趋势，实际变动也未必如道氏理论所表述的那样典型，使人们很难加以区分。

（2）道氏理论发出的信号具有滞后性，即使是对长期趋势的预测，道氏理论也无法预先精确地指明证券价格变动的高峰和低谷，而要等证券价格变动数周甚至数月以后，在两个股价平均数明显突破上一次高峰或者低谷才能发出趋势转变的信号。

（3）道氏理论过于强调股价平均数，但并非所有股票都和平均数同涨同跌。

（4）两种指数的波动不可能完全同步，在大多数情况下即使它们能够相互确认从而对趋势加以肯定，在它们之间也会存在一定的时间间隔。

【真题回顾（201703、201606）】下列关于道氏理论的说法，正确的是(　　)。

A. 道氏理论对大形势的判断有较大的作用，但对小波动则显得无能为力

B. 道氏理论可以用来指出应该买卖哪只股票

C. 道氏理论的信号领先于价格变化，信号较早

D. 道氏理论对单只股票的实际操作具有重要意义

答案：A

解析：道氏理论应注意的问题有：①道氏理论不能用来指出应该买卖哪只股票，对大形势的判断有较大的作用，无法判断小波动、次要趋势。②可操作性较差，首先，道氏理论的信号太迟，结论落后于价格变化；其次，理论本身有缺陷。

## 七、技术分析——艾氏波浪理论

1. 波浪理论的形成过程及其基本思想

（1）波浪理论的形成过程

美国证券分析家拉尔夫·纳尔逊·艾略特（R. N. Elliott）利用道琼斯工业指数作为研究工具，发现不断变化的股价结构性形态反映了自然和谐之美。根据这一发现，他提出了一套相关的市场分析理论，精炼出市场的13种形态（pattern）或波浪（waves），在市场上这些形态重复出现，但是出现的时间间隔及幅度大小并不一定具有再现性。而后他又发现了这些呈结构性形态的图形可以连接起来形成同样形态的更大图形，便提出了一系列权威性的演绎法则用来解释市场的行为，并特别强调波动原理的预测价值，这就是久负盛名的艾略特

特波浪理论。

艾略特认为，由于证券市场是经济的晴雨表，而经济发展具有周期性，所以股价的上涨和下跌也应该遵循周期发展的规律。但是股价波动的周期规律比经济发展的周期要复杂得多。

（2）波浪理论的基本思想

①艾略特的波浪理论以周期为基础。他把大的运动周期分成时间长短不同的各种周期，并指出在一个大周期之中可能存在一些小周期，而小的周期又可以再细分成更小的周期。每个周期无论时间长短，都以同一种模式进行，即每个周期都是由上升（或下降）的 5 个过程和下降（或上升）的 3 个过程组成的。这 8 个过程完结以后，我们才能说这个周期已经结束，将进入另一个周期。新的周期仍然遵循上述模式。这是波浪理论最核心的内容，也是艾略特对波浪理论最为突出的贡献。

②与波浪理论密切相关的理论除经济周期以外，还有道氏理论和斐波那奇数列。艾略特波浪理论中的大部分理论是与道氏理论相吻合的。但艾略特不仅找到了股价移动的规律，而且还找到了股价移动发生的时间和位置，这是波浪理论较之于道氏理论更为优越的地方。道氏理论必须等到新的趋势确立以后才能发出行动的信号，而波浪理论可以明确地知道目前股价是处在上升（或下降）的尽头，还是处在上升（或下降）的中途，可以更明确地指导操作。

艾略特波浪理论中所用到的数字 2、3、5、8、13、21、34……都来自斐波那奇数列。这个数列是数学上很著名的数列，它有很多特殊的性质，是波浪理论的数学基础。

2. 波浪理论的基本原理

（1）波浪理论的基本形态结构

艾略特认为证券市场应该遵循一定的周期，周而复始地向前发展。股价的上下波动也是按照某种规律进行的。通过多年的实践，艾略特发现每一个周期（无论是上升还是下降）都可以分成 8 个小的过程，这 8 个小过程一结束，一次大的行动就结束了，紧接着的是另一次大的行动。以上升为例说明这 8 个小过程。

一个上升阶段分八个过程，也称为 8 浪过程，如图 4 - 17 所示。0 ~ 1 是第一浪，1 ~ 2 是第二浪，依此类推到第 5 浪。这 5 浪中，第一浪、第三浪和第五浪称为“上升主浪”，而第二浪和第四浪称为对第一浪和第三浪的“调整浪”。上述 5 浪完成后，紧接着会出现一个 3 浪的向下调整。

应当注意，一个完整周期有上升趋势和下降趋势；而趋势是分层次的，处于层次较低的几个浪可以合并成一个较高层次的大浪，而处于层次较高的一个

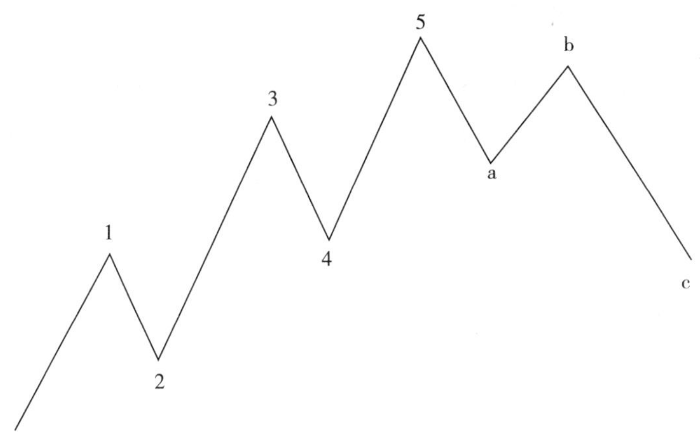


**图 4－17　上升过程波浪的基本形态**

浪又可以细分成几个层次较低的小浪。但无论趋势是何种规模，8 浪的基本形态结构是不会变化的。

例如，从 0 到 5 我们可以认为是一个大的上升趋势，从 5 到 c 可以认为是一个大的下降趋势。如果我们认为 5 到 c 是 2 浪的话，那么，之后一定还会有上升的过程，只不过时间可能要等很长。这里的 2 浪只不过是一个更大的 8 浪结构中的一部分。

（2）波浪理论考虑的因素

波浪理论考虑的因素主要有三个方面，可以简单地概括为：形态、比例和时间。这三个方面是波浪理论首先应考虑的，其中又以形态最为重要。具体为：

①股价走势所形成的形态。

②股价走势图中各个高点和低点所处的相对位置。

③完成某个形态所经历的时间长短。

其中，股价的形态是最重要的，它是指波浪的形状和构造，是波浪理论赖以生存的基础。

高点和低点所处的相对位置是波浪理论中各个波浪的开始和结束位置。通过计算这些位置，可以弄清楚各个波浪之间的相互关系，确定股价的回撤点和将来股价可能达到的位置。完成某个形态的时间可以让我们预先知道某个大趋势的即将来临。波浪理论中各个波浪之间在时间上是相互联系的，用时间可以验证某个波浪形态是否已经形成。

3. 波浪理论的应用及应注意的问题

（1）波浪理论的应用

当知道了一个大的周期的运行全过程，就可以很方便地对大势进行预测。

首先，我们要明确当前所处的位置。只要明确了目前的位置，按波浪理论所指明的各种浪的数目就会很方便地知道下一步该干什么。要弄清楚目前的位置，最重要的是认真、准确地识别3浪结构和5浪结构。这两种结构具有不同的预测作用。一组趋势向上（或向下）的5浪结构，通常是更高层次的波浪的1浪，中途若遇调整，我们就知道这一调整肯定不会以5浪的结构而只会以3浪的结构进行。如果我们发现了一个5浪结构，而且目前处在这个5浪结构的末尾，则能判断一个3浪的回头调整浪即将出现。如果这一个5浪结构同时又是更上一层次波浪的末尾，一个更深的、更大规模的3浪结构将会出现。

（2）波浪理论的局限性

尽管从表面上看，波浪理论会给我们带来利益，但是从波浪理论自身的构造看，它有许多不足之处，如果使用者过分机械、教条地应用波浪理论，肯定会导致失败。

①波浪理论最大的不足是应用上的困难，也就是学习和掌握上的困难。波浪理论从理论上讲是8浪结构构成一个完整的过程，但是，主浪和调整浪的变形会产生复杂多变的形态，波浪所处的层次又会产生大浪套小浪、浪中有浪的多层次形态，这些都会使应用者在具体数浪时发生偏差。浪的层次的确定和浪的起始点的确认是应用波浪理论的两大难点。

②波浪理论的第二个不足是面对同一个形态，不同的人会产生不同的认知。例如，一个下跌的浪可以被当成第二浪，也可能被当成A浪。如果是第二浪，那么紧接而来的第三浪将是很诱人的；如果是A浪，那么这之后的下跌可能是很惨痛的。具体结果如何尚需实践的检验。

## 八、技术分析方法的分类及其特点

1. 技术分析方法的分类

一般来说，可以将技术分析方法分为常用的五类，即K线类、切线类、形态类、波浪类、指标类。

（1）K线类

K线类是根据若干天的K线组合情况，推测证券市场中多空双方力量的对比，进而判断证券市场行情的方法。K线图是进行各种技术分析最重要的图表。

（2）切线类

切线类是按一定方法和原则，在根据股票价格数据所描绘的图表中画出一些直线，然后根据这些直线的情况推测股票价格的未来趋势，为我们的操作行为提供参考。这些直线就叫切线。常见的切线有趋势线、轨道线、黄金分割线、甘氏线、角度线等。

（3）形态类

形态类分析是以原始数据（价格、成交量、时间）构成的形态为对象来分析、判断和预测市场价格未来变化的方向和趋势。形态分析方法主要通过研究价格曲线的各种形态，发现价格正在进行的行动方向。价格的移动主要有保持平衡的持续整理和打破平衡的突破两类。所以，可以把价格曲线的形态分为两大类，即反转突破形态和持续整理形态。

反转突破形态主要有双重顶和双重底、头肩顶和头肩底、三重顶和三重底、圆弧形态、V 形、菱形等，经过这些形态之后，价格走势往往与原有趋势相反。

持续整理形态主要有三角形态（对称三角形、上升三角形、下降三角形）、矩形形态、旗形形态、楔形形态等，休整之后的走势往往与原有趋势相同。

（4）波浪类

波浪理论把股价的上下变动和不同时期的持续上涨、下跌看成波浪的上下起伏，认为股票价格运动遵循波浪起伏的规律，数清楚了各个浪就能准确地预见到跌势已接近尾声，牛市即将来临。波浪理论与其他技术分析流派相比，最大的区别就是能提前很长时间预计到行情的底和顶，而别的流派往往要等到新的趋势已经确立之后才能看到。

（5）指标类

指标类是根据价、量的历史资料，通过建立一个数学模型，给出数学上的计算公式，得到一个体现证券市场的某个方面内在实质的指标值。指标反映的内容大多是无法从行情报表中直接看到的，它可为我们的操作行为提供指导方向。常见的指标有相对强弱指标（RSI）、随机指标（KDJ）、趋向指标（DMI）、平滑异同移动平均线（MACD）、能量潮（OBV）、心理线（PSY）、乖离率（BIAS）等。

2. 技术分析方法的特点

（1）量化指标特性。技术分析提供的量化指标，可以指示出行情转折所在。

（2）趋势追逐特性。技术分析得出的结论告诉人们如何去追逐趋势，并非创造趋势或引导趋势。

（3）直观特性。技术分析所提供的图表，是历史轨迹的记录，无虚假与臆断的弊端。

【真题回顾（201703、201610）】反转突破的几种形态中，未来走势向下的可能性比较大的有（　　）。

A. 头肩顶形态　　B. 头肩底形态　　C. 双重顶形态　　D. 圆弧顶形态

答案：ACD

解析：头肩底是头肩顶的倒转形态，是一个可靠的买进时机，未来走势向上的可能性较大。

## 九、技术分析的应用前提和适用范围

1. 技术分析的应用前提

技术分析的应用前提即为技术分析的三大假设：市场行为涵盖一切信息、证券价格沿趋势移动和历史会重演。

2. 技术分析的适用范围

（1）应用技术分析最应该注意的问题是，技术分析适用于预测未来一段较短时间的行情，并不适用于进行周期较长的分析。技术分析是经验的总结并不是科学体系，通过技术分析所得到的结论并由此进行的交易操作并非绝对正确，只是以概率的形式为投资者带来收益。

（2）技术分析法直接选取公开的市场数据，采用图表等方法对市场走势作出直观的解释。经济金融理论基础不足，对证券价格行为模式的判断随意性较大，因此受到学术界的批评。

## 十、技术分析方法的局限性

（1）技术分析是建立在三大假设的基础上的，如“市场行为包含一切”的假设认为市场行为反映了市场上的一切信息，但是被市场反映出来的信息和原始信息毕竟会有一些差异，信息损失是必然的。所以在进行技术分析的同时还应当结合一些基本面的分析，以弥补不足。

（2）技术分析的基础是历史数据，并且依据以往的历史数据来推断未来的走势。但事实上，市场走势虽然会有惊人的相似性，但绝不会简单地重复，每一次行情走势都存在独立的特性。

(3) 技术分析所依据的图形、指标可能出现的结果多种多样，并且具有一定的滞后性，这使投资者在使用把握上存在一定困难。

(4) 宏观调控政策、周期经济波动、行业及公司情况等各种因素，都直接影响证券市场，技术分析对此却无能为力。

(5) 技术分析所得到的结论仅仅具有建议的性质，并以概率的形式出现。技术分析的缺点是考虑问题的范围相对较窄，对市场长远的趋势不能进行有益的判断。基本分析主要适用于周期相对比较长的证券价格预测、相对成熟的证券市场以及预测精确度要求不高的领域。技术分析适用于短期的行情预测，要进行周期较长的分析必须依靠别的因素，这是应用技术分析最应该注意的问题。

## 十一、统计基本原理

1. 总体、样本和统计量的含义

(1) 总体

总体即统计总体，是指根据一定的目的要求所确定的研究对象的全体。它是由客观存在的、在某一共同性质的基础上集合起来的许多个别事物的整体。

(2) 样本

样本是指从总体中抽取部分个体组成的集合。常用的样本统计量有样本均值、样本中位数、样本方差等。

(3) 统计量

统计量是根据样本算出来的用于推断总体的某些量，是对样本特征的某个概括性数字度量。

比如，当研究某地区工业发展水平时，该地区全部工业企业是一个总体，而该地区每一个工业企业是总体单位。从该地区所有工业企业里选取的部分工业企业作为调查对象形成的集合就是样本，根据抽取出的样本推断出来的工业产值平均值即为统计值。

2. 统计推断

统计推断的方法主要有两种，即参数估计和假设检验。

(1) 参数估计

参数估计是指用样本统计量估计总体参数的方法，有点估计和区间估计两种方法。如用样本平均数估计总体平均数，用样本方差估计总体方差，用样本成数估计总体成数等。表现形式主要有两种，即点估计和区间估计。

①点估计

点估计又称定值估计，是指根据样本统计量直接估计出总体参数的值。常用方法有矩估计法和极大似然估计法。

a. 矩估计法。矩估计法是由英国统计学家皮尔逊提出的。其基本思想是：由于样本来源于总体，样本矩在一定程度上反映了总体矩，且由大数定律可知，样本矩按概率收敛于总体矩，因此只要总体的 K 阶原点矩存在，就可以用样本矩作为相应总体矩的估计量，用样本矩的函数作为总体矩的函数的估计量。

b. 极大似然估计法。极大似然估计法是由费雪提出的一种参数估计方法。其基本思想是：假设总体分布的函数形式已知，但有未知参数，且此参数可取多值，在此参数的一切可能取值中选一个使样本观察值出现的概率为最大的值作为其估计值，称为此参数的极大似然估计值，这种求估计值的方法称为极大似然估计法。

②区间估计

区间估计是指在点估计的基础上，由样本统计量加减估计误差得到总体参数估计的一个区间范围，同时根据样本统计量的抽样分布计算出样本统计量与总体参数的接近程度。这里以总体均值的区间估计为例来说明区间估计的基本原理。

根据样本均值的抽样分布，重复抽样或无限总体抽样时，样本均值的数学期望 $E(\bar{x}) = \mu$ ，样本均值的标准误差为 $\sigma_x = \frac{\sigma}{\sqrt{n}}$，则样本均值 $\bar{x}$ 落在总体均值 $\mu$ 的两侧各 1 个抽样标准差范围内的概率为 0. 6827；落在 2 个抽样标准差范围内的概率为 0. 9545；落在 3 个抽样标准差范围内的概率为 0. 9973，等等。

（2）假设检验

①假设检验的程序

根据实际问题的要求提出一个论断，称为统计假设，记为 $H_0$ ；

根据样本的有关信息，对 $H_0$ 的真伪进行判断，作出拒绝 $H_0$ 或接受 $H_0$ 的决策。

②假设检验的基本思想

假设检验的基本思想是概率性质的反证法。概率性质的反证法的根据是小概率事件原理，该原理认为“小概率事件在一次试验中几乎是不可能发生的”。构造一个在“原假设 $H_0$ 是正确”的条件下是一个小概率的事件，若该事件发生了，则拒绝原假设 $H_0$ ，原因是出现了不应该出现的小概率事件；相反，若该小概率事件没有出现，则接受原假设 $H_0$ 。

3. 常用统计软件及应用

目前在我国已经有很多成熟的统计分析软件，以下主要介绍常见的几种。

（1）SAS

SAS 是目前国际上最为流行的一种大型统计分析系统，被誉为统计分析的标准软件。尽管价格不菲，但已被广泛应用于政府行政管理、科研、教育、生产和金融等不同领域，并且发挥着越来越重要的作用。在我国，国家信息中心、国家统计局、卫生部、中国科学院等都是 SAS 系统的大用户。该统计软件主要适合于统计工作者和科研工作者使用。

（2）SPSS

SPSS 作为仅次于 SAS 的统计软件工具包，在社会科学领域有着广泛的应用，是世界上最早的统计分析软件，由美国斯坦福大学的三位研究生于 20 世纪 60 年代末研制。由于容易操作，输出漂亮，功能齐全，价格合理，所以很快应用于自然科学、技术科学、社会科学的各个领域，世界上许多有影响的报纸杂志纷纷就 SPSS 的自动统计绘图、数据的深入分析、使用方便、功能齐全等方面给予了高度的评价与称赞。迄今，SPSS 软件已经有近五十年的成长历史。全球约有 25 万家产品用户，它们分布于通信、医疗、银行、证券、保险、制造、商业、市场研究、科研教育等多个领域和行业，是世界上应用最广泛的专业统计软件。

（3）Eviews

Eviews 是目前世界上最流行的计量经济学软件之一。这是一个主要处理回归和时间序列的软件。其操作简单、灵活，使用的命令接近自然语言，具有丰富的多层次的菜单提示，使用者不需要编写程序，只要根据需要逐层选择菜单中所列的项目即能完成分析工作。Eviews 主要具有数据处理、作图、统计分析、建模分析、预测和模拟等功能。在建模分析方面，包括单方程的线性模型和非线性模型、联立方程计量经济学模型、时间序列分析模型、分布滞后模型、向量自回归模型、误差修正模型、离散选择模型等多种估计方法。

（4）Excel

Excel 严格来说并不是统计软件，但作为数据表格软件，必然有一定的统计计算和画图功能。又因属于 office 基本组成部分，安装甚广。对于简单分析，Excel 还算方便，但随着问题的深入，就需要使用函数，多数专业的统计推断问题甚至根本没有处理能力。

（5）S－plus

S 语言是由贝尔实验室开发的一种用来进行数据探索、统计分析、作图的解释型语言，它的丰富的数据类型（向量、数组、列表、对象等）特别有利于实现新的统计算法，其交互式运行方式及强大的图形及交互图形功能使我们可以方便地探索数据。

目前S语言的实现版本主要是S-plus，其基于S语言，并由MathSoft公司的统计科学部进一步完善。作为统计学家及一般研究人员的通用方法工具箱，S-plus强调演示图形、探索性数据分析、统计方法、开发新统计工具的计算方法，以及可扩展性。分为微机版本和工作站版本，可以直接用来进行标准的统计分析。它的主要特点是可以交互地从各个方面发现数据中的信息，并可以很容易地实现一个新的统计方法。

（6）Minitab

Minitab是国际上流行的一个统计软件包，其特点是简单易懂。高版本中提供了对存储在二维表中的数据进行分析的多种功能，包括基本统计分析、回归分析、方差分析、多元分析、非参数分析、时间序列分析、试验设计、质量控制、模拟、绘制高质量三维图形等。

（7）Statistica

Statistica由美国计算机资源中心研制，用于分析和管理数据的功能强大且小巧玲珑的实用统计分析软件，它具有数据管理软件、统计分析软件、绘图软件、矩阵计算软件和程序语言的特点。在统计分析中，几乎具有所有计量经济学模型估计和检验的功能，特别在平行数据分析方面具有优势。

（8）GAUSS

GAUSS是用语言编写的应用软件，具有极强的矩阵运算功能，尤其适用于非线性计量经济学模型的估计。LSQ/GAUSS，即集中于基本计量经济学分析的软件，在使用方便和计算快捷方面较其他软件具有明显的优越性。

（9）PC-GIVE

PC-GIVE主要用于动态计量经济学分析，包括经济数据的分析、计量经济学模型的评估、动态计量经济学模型的建立等主要功能。所提供的多种综合统计检验量可以帮助用户选择模型最合适的动态形式。

# 第五章 风险管理

## 第一节 信用风险管理

【大纲要求】

| 内容 | 程度 |
|---|---|
| 1. 证券投资顾问业务的主要风险类别 | 熟悉 |
| 2. 证券投资顾问业务风险管理流程 | 掌握 |
| 3. 证券投资顾问业务风险管理的主要策略 | 掌握 |
| 4. 信用风险类别 | 熟悉 |
| 5. 信用风险识别的内容和方法 | 掌握 |
| 6. 计量证券信用风险的客户评级和债项评级的内容和计量方法 | 掌握 |
| 7. 监测信用风险的主要指标和计算方法 | 熟悉 |
| 8. 预警信用风险的程序和主要方法 | 熟悉 |
| 9. 控制信用风险的限额管理方法 | 掌握 |
| 10. 信用风险缓释技术的主要内容及处理方法 | 掌握 |

【内容精讲】

### 一、证券投资顾问业务的主要风险类别

根据风险发生的原因不同，证券投资顾问业务主要风险类别有信用风险、市场风险、操作风险、流动性风险、国别风险、声誉风险、法律风险、合规风险和

战略风险等。证券投资风险就其性质而言，可分为系统性风险和非系统性风险。

（1）系统性风险是指由全局性事件引起的投资收益变动的不确定性。系统性风险对所有公司、企业、证券投资者和证券种类均产生影响，因而通过多样化投资不能抵消这样的风险，所以又称为不可分散风险或不可多样化风险。比如市场风险、国家风险、法律风险等。

（2）非系统性风险是指由非全局性事件引起的投资收益率变动的不确定性。在现实生活中，各个公司的经营状况会受其自身因素（如决策失误、新产品研制的失败）的影响，这些因素跟其他企业没有什么关系，只会造成该家公司证券收益率的变动，不会影响其他公司的证券收益率，它是某个行业或公司遭受的风险，因而可以通过证券多样化方式来消除这类风险，所以又被称为可分散的风险或可多样化风险。比如信用风险、操作风险、合规风险等。

## 二、证券投资顾问业务风险管理流程

证券投资风险管理是识别、计量、监测和控制投资风险的全过程。风险管理目标是通过采取一系列的风险识别、计量、监测和控制措施，防范或者规避风险，将风险控制在投资者可承受的合理范围内，以保证贷款财产及固有财产的安全，在风险可控前提下实现投资收益率最大化目标。

证券投资顾问业务风险管理流程主要包括风险识别、风险计量、风险监测和风险控制四个主要步骤。

1. 风险识别

（1）风险识别及分类

风险识别是证券投资顾问业务管理部门结合自身发展战略、经营状况和风险变化趋势，识别出可能影响其战略目标实施的潜在事项的过程，目的在于能够帮助相关机构了解自身面临的风险及风险的严重程度，为下一步的风险计量和防控打好基础。

风险识别包括感知风险和分析风险两个环节，感知风险是通过系统化的方法发现证券投资业务所面临的风险种类和性质；分析风险是深入理解各种风险的成因及变化规律。

（2）风险识别的原则

①全面性。风险识别应尽可能多地识别证券投资业务所面临的风险类别，确保覆盖证券投资顾问业务所面临的所有实质性风险。②前瞻性。风险识别不仅是对已知风险的分析，更重要的是要前瞻性地考察风险的变化趋势以及可能

出现的新风险的类别和性质。

（3）风险识别的方法

①制作风险清单。这是识别和分析风险最基本、最常用的方法，是指采用类似于备忘录的形式，根据不同的风险类别，将其所面临的风险逐一列举，并联系相关业务活动对这些风险进行深入理解和分析。

②资产财务状况分析法。风险管理人员通过实际调查研究以及对客户的资产负债表、损益表、财产目录等财务资料进行分析，从而发现潜在的风险。

③失误树分析方法。通过图解来识别和分析风险事件发生前存在的各种风险因素，由此判断和总结哪些风险因素最可能引发风险事件。

④分解分析法。风险管理人员将复杂的风险分解为多个相对简单的风险因素，从中识别可能造成严重风险损失的风险因素。

2. 风险计量

风险计量是在风险识别的基础上，对风险发生的可能性、风险将导致的后果及严重程度进行充分的分析和评估，从而确定风险水平的过程。风险计量可以基于历史记录以及专家经验；并根据风险类型、风险分析的目的以及信息数据的可获得性，采取定性、定量或者定性与定量相结合的方式。准确的风险计量结果是建立在卓越的风险模型的基础上的。

无论是单个风险的计量还是风险加总水平的评估，量化模型在证券投资顾问业务风险管理中承担着越来越重要的角色。尽管量化模型可以更加准确地计量风险，但是，随着高级量化技术复杂程度的增加，通常会产生新的风险，如模型风险。因此，证券投资顾问业务风险管理应当具备相应的知识和技术条件，并且事先通过监管机构的审核和批准。监管机构对风险计量模型的监督检查主要包括以下几个方面：

①建立各类风险计量模型的原理、逻辑和模拟函数是否正确合理。

②是否积累了足够的历史数据，用于计量、监测风险的各种主要假设、参数是否恰当。

③是否建立了对管理体系、业务、产品发生重大变化以及其他突发事件的例外安排。

④是否建立了对风险计量模型的修正、检验和内部审查的程序。

⑤对风险计量目标、方法、结果的制定、报告体系是否健全。

⑥风险管理人员是否充分理解模型设计原理，并充分应用其结果。

3. 风险监测

风险监测包含两层含义：一是监测各种可量化的关键风险指标，以及不可量化的风险因素的变化和发展趋势，确保可以将风险在进一步加大之前识别出来；二是报告证券投资业务中面临的所有风险的定性、定量评估结果，以及所采取的风险管理和控制措施的实施质量与效果。

4. 风险控制

风险控制是风险管理部门对经过识别和计量的风险，采取分散、对冲、转移、规避和补偿等措施，进行有效管理和控制风险的过程。风险控制措施应当实现以下目标：风险管理战略和策略符合经营目标的要求；所采取的具体措施符合风险管理战略和策略的要求，并在成本/收益的基础上保持有效性；通过对风险诱因的分析，发现管理中存在的问题，以完善风险管理程序。

## 三、证券投资顾问业务风险管理的主要策略

1. 风险分散

风险分散是指通过多样化的投资来分散和降低风险的策略性选择。“不要将所有的鸡蛋放在一个篮子里”形象地说明了这一方法。马科维茨的投资组合理论认为，只要两种资产收益率的相关系数不为 1（不完全正相关），分散投资于两种资产就具有降低风险的作用。而对于相互独立的多种资产组成的投资组合，只要组合中的资产个数足够多，该投资组合的非系统性风险就可以通过这种分散策略完全消除。

2. 风险对冲

风险对冲是指通过投资或购买与标的资产收益波动负相关的某种资产或衍生产品，来冲销标的资产潜在损失的一种策略性选择。风险对冲对管理市场风险（利率风险、汇率风险、股票风险和商品风险）非常有效，可以分为自我对冲和市场对冲两种情况。

（1）自我对冲是指投资顾问对利用客户资产负债表或某些具有收益负相关性质的业务组合本身所具有的对冲特性进行风险对冲。

（2）市场对冲是指对无法通过资产负债表和相关业务调整进行自我对冲的风险，通过衍生品市场进行对冲。

3. 风险转移

风险转移是指通过购买某种金融产品或采取其他合法的经济措施将风险转移给其他经济主体的一种策略性选择。风险转移可分为保险转移和非保险转移。

（1）保险转移。保险转移是指客户通过购买保险，以缴纳保险费为代价，

将风险转移给承保人。

（2）非保险转移。通过担保、备用信用证等形式能够将信用风险转移给第三方。

在金融市场中，某些衍生产品（如期权合约）可看做特殊形式的保单，为投资者提供了转移利率、汇率、股票和商品价格风险的工具。

4. 风险规避

风险规避是指开展证券投资相关业务时拒绝或退出某一业务或市场，以避免承担该业务或市场风险的策略性选择。简单地说就是：不做业务，不承担风险。

5. 风险补偿

风险补偿是指在所从事的业务活动造成实质性损失之前，对所承担的风险进行价格补偿的策略性选择。风险是有价值的，承担风险就是要获得回报，转移或降低风险也同样需要付出成本，因此，证券投资业务对需要承担的风险可以采取在交易价格上附加风险溢价，获得承担风险的价格补偿。

## 四、信用风险类别

信用风险是指债务人或交易对手未能履行合同所规定的义务或信用质量发生变化，影响金融产品价值，从而给债权人或金融产品持有人造成经济损失的风险。

（1）信用风险按照风险能否分散，可以分为系统性信用风险和非系统性信用风险。系统性信用风险是指对各种金融工具都会产生影响的信用风险，不能够通过分散而相互抵消或削弱。非系统性信用风险是指和特定对象相关的信用风险，这种风险可以采取分散的策略进行控制。

（2）按照风险发生的形式，可以分为结算前风险和结算风险。结算前风险是交易对手在合约规定的结算日之前违约带来的风险。结算风险作为一种特殊的信用风险，是指交易双方在结算过程中一方支付了合同资金但另一方发生违约的风险。结算风险在外汇交易中较为常见，涉及在不同的时间以不同的货币进行结算交易。

（3）按照风险暴露特征和引起风险主体的不同，可以分为主权信用风险暴露、金融机构信用风险暴露、零售信用风险暴露、公司信用风险暴露、股权信用风险暴露和其他信用风险暴露六大类。其中，主权信用风险暴露、金融机构信用风险暴露、公司信用风险暴露统称为非零售信用风险暴露。

（4）按授信方的不同，信用风险可分为国家信用风险、行业信用风险、个体信用风险。

（5）按信用风险产生的原因，信用风险可分为道德性信用风险和非道德性信用风险。

（6）按信用风险可控程度，信用风险可分为可控信用风险和非可控信用风险。

## 五、信用风险识别的内容和方法

进行信用风险识别，应从以下三个方面入手：

（1）基本信息分析。银行在对单一法人客户进行信用风险识别和分析时，必须对客户的基本情况和与商业银行业务相关的信息进行全面了解，以判断客户的类型（企业法人客户还是机构法人客户）、基本经营情况（业务范围、盈利情况）、信用状况（有无违约记录）等。

（2）财务状况分析。对法人客户的财务状况分析主要采取财务报表分析、财务比率分析以及现金流量分析三种方法。财务报表分析应特别关注以下内容：识别和评价财务报表风险；识别和评价经营管理状况；识别和评价资产管理状况；识别和评价负债管理状况。

（3）非财务因素分析。考察和分析企业的非财务因素，主要从管理层风险，行业风险，生产与经营风险，宏观经济、社会及自然环境等方面进行分析和判断。

1. 单一法人客户信用风险识别

（1）基本信息分析

对单一法人客户进行信用风险识别和分析时，必须对客户的基本情况和证券投资顾问业务相关的信息进行全面了解，以判断客户的类型、基本经营情况、信用状况等。

（2）财务状况分析

财务状况分析通过对企业的经营成果、财务状况以及现金流量的分析，达到评价企业经营管理者的管理业绩、经营效率，进而识别企业信用风险的目的。对法人客户的财务状况主要采取财务报表分析、财务比率分析以及现金流量分析三种方法。

①财务报表分析。财务报表分析主要是对资产负债表和损益表进行分析，应特别关注以下四项内容：识别和评价财务报表风险，主要关注财务报表的编制方法及其质量能否充分反映客户实际和潜在的风险；识别和评价经营管理状况，通过分析损益表可以识别和评价公司的销售情况、成本控制情况以及盈利能

力；识别和评价资产管理状况，主要包括资产质量分析、资产流动性分析以及资产组合分析；识别和评价负债管理状况，主要分析资产负债期限结构，如长期融资是否支持长期资产，短期资产是否恰当地与短期融资或长期融资匹配等。

②财务比率分析。财务比率包括盈利能力比率、效率比率、杠杆比率、流动比率。

盈利能力比率，用来衡量管理层将销售收入转换成实际利润的效率，体现了管理层控制费用并获得投资收益的能力；效率比率，又称营运能力比率，体现了管理层管理和控制资产的能力；杠杆比率，用来衡量企业所有者利用自有资金获得融资的能力，也用于判断企业的偿债资格和能力；流动比率，用来判断企业归还短期债务的能力，即分析企业当前的现金支付能力和应付突发事件和困境的能力。

③现金流量分析。现金流是指现金在企业内流入和流出，分为经营活动的现金流、投资活动的现金流、融资活动的现金流。

（3）非财务因素分析

非财务因素分析是信用风险分析过程中的重要组成部分，与财务分析相互印证、互为补充。考察和分析企业的非财务因素，主要从管理层风险，行业风险，生产与经营风险，宏观经济、社会及自然环境等方面进行分析和判断。

（4）担保分析

担保是指为维护债权人和其他当事人的合法权益、提高贷款偿还的可能性、降低资金损失的风险，由借款人或第三方对贷款本息的偿还或其他授信产品提供的一种附加保障，为商业银行提供一个可以影响或控制的潜在还款来源。

投资机构与借款人及第三方签订担保协议后，当借款人财务状况恶化、违反借款合同或无法偿还贷款本息时，商业银行可以通过执行担保来争取贷款本息的最终偿还或减少损失。担保方式主要有保证、抵押、质押、留置与定金。

2. 集团法人客户信用风险识别

（1）整体状况分析

投资机构首先应当参照单一法人客户信用风险识别和分析方法，对集团法人客户的基本信息、经营状况、财务状况、非财务因素及担保状况等进行逐项分析，以识别其潜在的信用风险。其次，集团法人客户通常更为复杂，因此需要更加全面、深入地分析和了解，特别是对集团内各关联方之间的关联交易进行正确的分析和判断至关重要。

（2）信用风险特征

与单一法人客户相比，集团法人客户的信用风险具有以下明显特征：

①内部关联交易频繁。

②连环担保十分普遍。

③真实财务状况难以掌握。

④系统性风险较高。

⑤风险识别和贷后管理难度大。

3. 个人信用风险识别

（1）基本信息分析

投资机构在对个人客户的信用风险进行识别和分析时，同样需要个人客户提供各种能够证明个人年龄、职业、收入、财产、信用记录、教育背景等的相关资料。

除了关注申请人提交的资料是否齐全、要素是否符合商业银行的要求外，还应当通过与借款人面谈、电话访谈、实地考察等方式，了解核实借款人及保证人、出质人、抵押人的身份证件是否真实、有效，担保资料是否符合监管部门和商业银行内部的有关规定，借款人提供的居住情况、婚姻状况、家庭情况、联系电话等是否真实，借款人提供的职业情况、所在单位的任职情况等是否真实，尽可能地从多种渠道调查、识别个人客户潜在的信用风险。

（2）个人信贷产品分类及风险分析

目前，我国个人信贷产品可基本划分为个人住房按揭贷款和个人零售贷款两大类。

个人住房按揭贷款的风险分析：经销商风险；“假按揭”风险；由于房产价值下跌而导致超额押值不足的风险；借款人的经济状况变动风险。

个人零售贷款的风险分析：借款人的真实收入状况难以掌握，尤其是无固定职业者和自由职业者；借款人的偿债能力有可能不稳定；贷款购买的商品质量有问题或价格下跌导致消费者不愿履约；抵押权益实现困难；个人生产或者销售活动失败，资金周转发生困难。

4. 贷款组合的信用风险识别

与单笔贷款业务的信用风险识别有所不同，商业银行在识别和分析贷款组合的信用风险时，应当更多地关注系统性风险可能造成的影响。

（1）宏观经济因素。系统性风险对贷款组合的信用风险的影响，主要是由宏观经济因素的变动反映出来。

（2）行业风险。行业风险是指当某些行业出现产业结构调整或原材料价格上升或竞争加剧等不利变化时，贷款组合中处于这些行业的借款人可能因履约能力整体下降而给商业银行造成系统性的信用风险损失。

（3）区域风险。区域风险是指当某个特定区域的政治、经济、社会等方面出现不利变化时，贷款组合中处于该区域的借款人可能因履约能力整体下降而给商业银行造成系统性的信用风险损失。

【真题回顾（201703、201609）】进行信用风险识别时，采取财务报表分析法应特别关注的内容包括（　　）。

A. 识别和评价财务报表风险

B. 识别和评价经营管理状况

C. 识别和评价资产管理状况

D. 识别和评价负债管理状况

答案：ABCD

解析：财务报表分析应特别关注以下内容：识别和评价财务报表风险、经营管理状况、资产管理状况、负债管理状况。

## 六、计量证券信用风险的客户评级和债项评级的内容和计量方法

客户评级和债项评级是反映信用风险水平的两个维度，客户评级主要针对交易主体，其等级主要由债务人的信用水平决定；而债项评级是在假设客户已经违约的情况下，针对每笔债项本身的特点预测债项可能的损失率。

1. 客户评级的内容和计量方法

客户评级是投资机构对客户偿债能力和偿债意愿的计量和评价，反映客户违约风险的大小。客户评级的评价主体是商业银行，评价目标是客户违约风险，评价结果是信用等级和违约概率。

（1）客户评级的内容

①违约。违约的定义是内部评级法的重要定义，是估计违约概率、违约损失率（LGD）、违约风险暴露（EAD）等信用风险参数的基础。若认定债务人违约，则应检查该债务人所有关联债务人的评级，评估其偿还债务的能力。关联债务人在经济上的相互依赖和一体化程度决定了能否对关联债务人实行交叉违约认定。

②违约概率。违约概率是指借款人在未来一定时期内发生违约的可能性。违约概率一般被具体定义为借款人内部评级 1 年期违约概率与 0.03% 中的较高者。违约概率的估计包括两个层面：一是单一借款人的违约概率；二是某一信用等级所有借款人的违约概率。对任一级别的债务人，相关部门可以使用违约概率预测模型得到的每个债务人违约概率的简单平均值作为该级别的违约

概率。

【真题回顾（201705）】客户评级是对客户（　　）的计量和评价，反映客户违约风险的大小。

A. 偿债能力　　B. 公司治理水平

C. 高管团队稳定性　　D. 偿债意愿

答案：AD

解析：客户评级是对客户偿债能力和偿债意愿的计量和评价，反映客户违约风险的大小。客户评级的评价目标是客户违约风险，评价结果是信用等级和违约概率。

【真题回顾（201611、201606）】根据巴塞尔协议Ⅱ，违约的定义是估计（　　）等信用风险参数的基础。

A. 违约意愿　B. 违约概率　C. 违约损失率　D. 违约风险暴露

答案：BCD

解析：违约是估计违约概率、违约损失率、违约风险暴露等信用风险参数的基础。违约概率是指借款人在未来一定时期内发生违约的可能性；违约损失率是指估计的某一债项违约后损失的金额占该违约债项风险暴露的比例；违约风险暴露是指债务人违约时预期表内项目和表外项目的风险暴露总额。

（2）客户评级的计量方法

客户信用评级大致经历了专家判断法、信用评分模型和违约概率模型三个主要发展阶段。

①专家判断法。专家判断法即专家系统，是依赖高级信贷人员和信贷专家自身的专业知识、技能和丰富经验，运用各种专业性分析工具，在分析评价各种关键要素的基础上依据主观判断来综合评定信用风险的分析系统。一般而言，专家系统在分析信用风险时主要考虑两方面因素：一是与借款人有关的因素，包括声誉、杠杆、收益波动性；二是与市场有关的因素，包括经济周期、宏观经济政策、利率水平。

②信用评分模型。信用评分模型是一种传统的信用风险量化模型，利用可观察到的借款人特征变量计算出一个数值来代表债务人的信用风险，并将借款人归类于不同的风险等级。对个人客户而言，可观察到的特征变量主要包括收入、资产、年龄、职业以及居住地等；对法人客户而言，包括现金流量、各种财务比率等。信用评分模型的关键在于特征变量的选择和各自权重的确定。目前，应用最广泛的信用评分模型有线性概率模型、Logit 模型、Probity 模型和线性辨别模型。

③违约概率模型。目前，信用风险管理领域在市场上和理论上比较常用的

违约概率模型包括 Riskcalc 模型、KMV 的 Credit Monitor 模型、KPMG 风险中性定价模型、死亡概率模型。

Riskcalc 模型是在传统信用评分技术的基础上发展起来的一种适用于非上市公司的违约概率模型，其核心是通过严格的步骤从客户信息中选择出最能预测违约的一组变量，经过适当变换后运用 Logit/Probit 回归技术预测客户的违约概率。

KMV 的 Credit Monitor 模型，是一种适用于上市公司的违约概率模型，其核心在于把企业与银行的借贷关系视为期权买卖关系，借贷关系中的信用风险信息因此隐含在期权交易中，从而通过期权定价理论求解出信用风险溢价和相应的违约率，即预期违约概率。

KPMG 风险中性定价模型，其核心思想是假设金融市场中的每个参与者都是风险中立者，不论是高风险资产、低风险资产或无风险资产，只要资产的期望收益是相等的，市场参与者对其的接受态度就是一致的，这样的市场环境被称为风险中性范式。

死亡概率模型是根据风险资产的历史违约数据，计算在未来一定持有期内不同信用等级的客户/债项的违约概率（死亡率）。通常分为边际死亡率（MMR）和累计死亡率（CMR）。

2. 债项评级的内容和计量方法

债项评级是对交易本身的特定风险进行计量和评价，反映客户违约后估计的债项损失大小。特定风险因素有抵押、地区、行业、优先性、产品类别等。债项评级不但可以反映债项本身的交易风险，还可以同时反映客户的债项交易风险和信用风险。

（1）违约风险暴露（EAD）

违约风险暴露是指债务人违约时预期表内项目和表外项目的风险暴露总额，包括已使用的授信余额、应收未收利息、未使用授信额度的预期提取数量以及可能发生的相关费用等。如果客户已经违约，则违约风险暴露为其违约时的债务账面价值；如果客户尚未违约，则违约风险暴露对于表内项目为债务账面价值，对于表外项目为：已提取金额 + 信用转换系数 × 已承诺未提取金额。

（2）违约损失率（LGD）

违约损失率指估计的某一债项违约后损失的金额占该违约债项风险暴露的比例，即损失占风险暴露总额的百分比（损失的严重程度，LGD = 1 − 回收率）。计量违约损失率的方法主要有两种：

①市场价值法。通过市场上类似资产的信用价差和违约概率推算违约损失率，其假设前提是市场能及时有效反映债券发行企业的信用风险变化，主要适

用于已经在市场上发行并且可交易的大企业、政府、银行债券。根据所采用的信息中是否包含违约债项，市场价值法又进一步细分为市场法（采用违约债项计量非违约债项）和隐含市场法（不采用违约债项，直接根据信用价差计量）。

②回收现金流法。根据违约历史清收情况，预测违约资产在清收过程中的现金流，并计算出 LGD，即 LGD = 1 - 回收率 = 1 - （回收金额 - 回收成本）/违约风险暴露。

【真题回顾（201703、201606）】债项评级是对（　　）的特定风险进行计量和评价，反映客户违约后估计的债项损失大小。

A. 公司评级　B. 交易本身　C. 信用状况　D. 偿债能力

答案：B

解析：债项评级是对交易本身的特定风险进行计量和评价，反映客户违约后估计的债项损失大小。

### 七、监测信用风险的主要指标和计算方法

信用风险监测是指风险管理人员通过各种监控技术，动态捕捉信用风险指标的异常变动，判断其是否已达到引起关注的水平或已经超过阈值。有效的信用风险监测体系应实现以下目标：确保业务人员了解借款人或交易对方当前的财务状况及其变动趋势；监测对合同条款的遵守情况；评估抵（质）押物相对债务人当前状况的抵补程度以及抵（质）押物价值的变动趋势；识别借款人违约情况，并及时对风险上升的授信进行分类；对已造成借用风险损失的授信对象或项目，迅速进入补救和管理程序。

风险监测指标体系通常包括潜在指标和显现指标两大类。前者主要用于对潜在因素或征兆信息的定量分析，后者用于显现因素或现状信息的量化。在信用风险管理领域，重要的风险监测指标有：不良贷款率、关联授信比例、贷款风险迁徙率、单一（集团）客户授信集中度、预期损失率、逾期贷款率、不良贷款拨备覆盖率、贷款损失准备充足率。

1. 不良贷款率

不良贷款率 = （次级类贷款 + 可疑类贷款 + 损失类贷款）/各项贷款 ×100%

2. 关联授信比例

关联授信比例 = 全部关联方授信总额/资本净额 ×100%

全部关联方授信总额是指商业银行全部关联方的授信余额，扣除关联方提

供的保证金存款以及质押的银行存单和我国中央政府债券。关联方包括关联自然人、法人或其他组织。

3. 预期损失率

预期损失率 = 预期损失/资产风险暴露 ×100%

预期损失是指信用风险损失分布的数学期望，代表大量贷款或交易组合在整个经济周期内的平均损失，是商业银行已经预计到将会发生的损失。

4. 单一（集团）客户授信集中度

单一（集团）客户贷款集中度 = 最大一家（集团）客户贷款总额/资本净额 ×100%

最大一家（集团）客户贷款总额是指报告期末各项贷款余额最高的一家（集团）客户的各项贷款的总额。

5. 贷款风险迁徙率

风险迁徙类指标衡量商业银行信用风险变化的程度，表示为资产质量从前期到本期变化的比率，属于动态监测指标。

（1）正常贷款迁徙率

正常贷款迁徙率 =（期初正常类贷款中转为不良贷款的金额 + 期初关注类贷款中转为不良贷款的金额）/（期初正常类贷款余额 - 期初正常类贷款期间减少金额 + 期初关注类贷款余额 - 期初关注类贷款期间减少金额）×100%

期初正常类贷款（关注类贷款）中转为不良贷款的金额，是指期初正常类贷款（关注类贷款）中，在报告期末分类为次级类、可疑类、损失类的贷款余额之和。

期初正常类贷款（关注类贷款）期间减少金额，是指期初正常类贷款（关注类贷款）中，在报告期内，由于贷款正常收回、不良贷款处置或贷款核销等原因而减少的贷款。

（2）正常类贷款迁徙率

正常类贷款迁徙率 = 期初正常类贷款向下迁徙金额/（期初正常类贷款余额 - 期初正常类贷款期间减少金额）×100%

期初正常类贷款向下迁徙金额，是指期初正常类贷款中，在报告期末分类为关注类、次级类、可疑类、损失类的贷款余额之和。

（3）关注类贷款迁徙率

关注类贷款迁徙率 = 期初关注类贷款向下迁徙金额/（期初关注类贷款余额 - 期初关注类贷款期间减少金额）

期初关注类贷款向下迁徙金额，是指期初关注类贷款中，在报告期末分类为次级类、可疑类、损失类的贷款余额之和。

(4) 次级类贷款迁徙率

次级类贷款迁徙率 = 期初次级类贷款向下迁徙金额/(期初次级类贷款余额 - 期初次级类贷款期间减少金额)×100%

期初次级类贷款向下迁徙金额，是指期初次级类贷款中，在报告期末分类为可疑类、损失类的贷款余额之和。期初次级类贷款期间减少金额，是指期初次级类贷款中，在报告期内，由于贷款正常收回、不良贷款处置或贷款核销等原因而减少的贷款。

(5) 可疑类贷款迁徙率

可疑类贷款迁徙率 = 期初可疑类贷款向下迁徙金额/(期初可疑类贷款余额 - 期初可疑类贷款期间减少金额)×100%

期初可疑类贷款向下迁徙金额，是指期初可疑类贷款中，在报告期末分类为损失类的贷款余额。期初可疑类贷款期间减少金额，是指期初可疑类贷款中，在报告期内，由于贷款正常收回、不良贷款处置或贷款核销等原因而减少的贷款。

6. 逾期贷款率

逾期贷款率 = 逾期贷款余额/贷款总余额×100%

它反映了贷款按期归还情况，从是否按期还款的角度反映贷款使用效益情况和信用风险程度，促进银行对逾期贷款尽快妥善处理。

7. 不良贷款拨备覆盖率

不良贷款拨备覆盖率 = (一般准备 - 专项准备 - 特种准备)/(次级类贷款 + 可疑类贷款 + 损失类贷款)

一般准备是根据全部贷款余额的一定比例计提的用于弥补尚未识别的可能性损失的准备；专项准备是指根据《贷款风险分类指导原则》对贷款进行风险分类后，按每笔贷款损失的程度计提的用于弥补专项损失的准备；特种准备指针对某一国家、地区、行业或某一类贷款风险计提的准备。

8. 贷款损失准备充足率

贷款损失准备充足率 = 贷款实际计提准备/贷款应提准备×100%

贷款实际计提准备指商业银行根据贷款预计损失而实际计提的准备。

【真题回顾(201611)】商业银行信用风险管理的重要检测指标有(　　)。

A. 不良贷款率　　　　B. 预期损失率

C. 逾期贷款率　　　　D. 贷款损失准备充足率

答案：ABCD

解析：在信用风险管理领域，重要的风险检测指标有：不良资产/贷款率、逾期损失率、单一（集团）客户授信集中度、关联授信比例、贷款风险迁徙率、逾期贷款率、不良贷款拨备覆盖率、贷款损失准备充足率。

## 八、预警信用风险的程序和主要方法

风险预警是风险管理相关机构根据各种渠道获得的信息，通过一定的技术手段，对信用风险状况进行动态监测和早期预警。

1. 风险预警的程序

风险预警是各种工具和各种处理机制的组合结果，无论是否依托于动态化、系统化、精确化的风险预警系统，都应当逐级、依次完成下列程序。

（1）信用信息的收集和传递

收集的信息包括信贷人员提供的信息和外部渠道得到的信息，并通过信用风险信息系统进行储存。

（2）风险分析

信息通过适当的分层处理、甄别和判断后，进入预测系统或预警指标体系中。预测系统运用预测方法对未来内外部环境进行预测，预警指标经过运算估计出未来市场和客户的风险状况，所输出的结果与预警参数进行比较，以便作出是否发出警报，以及发出何种程度警报的判断。

（3）风险处置

风险处置是指在风险警报的基础上，为控制和最大限度地降低风险而采取的一系列措施。根据阶段划分，风险处置可以划分为全面性处置和预控性处置。

全面性处置是在对风险的类型、性质和程度进行系统详尽的分析后，从内部组织管理、业务经营活动等方面采取措施来转移、分散和规避风险，使风险预警信号回到正常范围。

预控性处置是在风险预警报告已经作出，而决策部门尚未采取相应措施之前，由风险预警部门或决策部门对尚未爆发的潜在风险提前采取控制措施，避免风险继续扩大造成不利影响。

（4）后评价

风险预警的后评价是指经过风险预警及风险处置过程后，对风险预警的结果进行科学的评价，以发现风险预警中存在的问题（如虚警或漏警），深入分析原因，并对预警系统和风险管理行为进行修正或调整，因此对完善预警系统十分重要。风险预警运行时要不断通过时间序列分析等技术来检验其有效性，包括数据源和数据结构的改善。同时改进预警指标和模型，包括参数的动态维护、模型解释变量的筛选等。

2. 风险预警的主要方法

在实践中，根据运作机制的不同，将风险预警方法分为黑色预警法、蓝色预警法和红色预警法。

（1）黑色预警法

这种预警方法不引进警兆自变量，只考察警兆（警兆是警情爆发前的先兆性指标）指标的时间序列变化规律即循环波动特征。各种商情指数、预期合成指数、商业循环指数、经济扩散指数、经济波动图等都可以看成黑色预警法的应用。

（2）蓝色预警法

这种预警方法侧重定量分析，根据风险征兆等级预报整体风险的严重程度，具体分为两种模式。

①指数预警法，即利用警兆指标合成的风险指数进行预警。其中，应用范围最广的是扩散指数，是指全部警兆指数中个数处于上升的警兆指数所占的比重。当这一指数大于0.5时，警兆指标中有半数处于上升，即风险呈上升趋势；如果小于0.5，则表示半数以上警兆指数下降，即风险呈下降趋势。

②统计预警法，是对警兆与警素之间的相关关系进行相关性分析，确定其先导长度和先导强度，再根据警兆变动情况，确定各警兆的警级，结合警兆的重要性进行警级综合，最后预报警度。

（3）红色预警法

该方法重视定量分析与定性分析相结合。其流程是：首先对影响警素变动的有利因素与不利因素进行全面分析；其次进行不同时期的对比分析；最后结合风险分析专家的直觉和经验进行预警。

## 九、控制信用风险的限额管理方法

风险限额管理是指对关键风险指标设置限额，并据此对业务进行监测和控制的过程。

1. 单一客户授信限额管理

$$MBC = EQ \times LM$$

$$LM = f\ (CCR)$$

其中，MBC为最高债务承受额；EQ为所有者权益；LM为杠杆系数；CCR

为客户资信等级；f（CCR）为客户资信等级与杠杆系数对应的函数关系。

【真题回顾（201705）】在单一客户限额管理中，客户所有者权益为5亿元，杠杆系数为0.8，则该客户最高债务承受额为（　　）。

A. 5.0　　B. 0.8　　C. 6.25　　D. 4.0

答案：D

解析：风险限额管理是指对关键风险指标设置限额，并据此对业务进行检测和控制的过程。单一客户授信限额的计算公式是：最高债务承受金额 = 所有者权益 × 杠杆系数 = 5 × 0.8 = 4。

2. 集团客户授信限额管理

集团客户授信限额管理，应确定对集团的总授信额度。集团客户授信限额管理一般流程如下：

（1）根据总行关于行业的总体指导方针和集团客户与授信行的密切关系，初步确定对该集团的总体授信限额；

（2）按单一客户的授信限额，初步测算关联企业各成员单位（含总部）的最高授信额度参考值；

（3）分析各授信单位的具体情况，调整各单位的最高授信额度，同时，使每个成员单位的授信限额之和控制在集团公司整体的授信限额以内，并最终确认各成员单位的授信限额。

3. 国家风险与区域风险限额管理

国家风险限额是用来对某一国的信用风险暴露进行管理的额度框架。区域风险限额管理与国家风险限额管理有所不同，我国在一定时期内实施区域风险限额管理是有必要的。

4. 组合限额管理

组合限额分为授信集中度限额和总体组合限额。通过设定组合限额，可以防止信贷风险过于集中在组合层面的某些方面，从而有效控制组合信用风险。设定组合限额分为5步：

（1）按某组合的维度确定资本分配权重；

（2）根据资本分配权重，对预期的组合进行压力测试，估算组合的损失；

（3）将压力测试估算出的预计组合损失与资本相对比；

（4）根据资本分配权重，确定各组合以资本表示的组合限额；

（5）根据资本转换因子，将以资本表示的该组合的组合限额转换为以计划授信额表示的组合限额。

### 十、信用风险缓释技术的主要内容及处理方法

信用风险缓释是指公司运用合格的抵（质）押品、净额结算、保证和信用衍生工具等方式转移或降低信用风险。采用内部评级法计量信用风险监管资本时，信用风险缓释功能体现为违约概率、违约损失率或违约风险暴露（如净额结算）的下降。

1. 合格抵（质）押品

合格抵（质）押品包括金融质押品、实物抵押品（应收账款、商用房地产和居住用房地产）以及其他抵（质）押品。合格抵（质）押品的信用风险缓释作用体现为违约损失率的下降，同时也可能降低违约概率。合格抵（质）押品的认定要求包括：

（1）抵（质）押品应是《中华人民共和国物权法》《中华人民共和国担保法》规定可以接受的财产或权利。

（2）权属清晰，且抵（质）押品设定具有相应的法律文件。

（3）满足抵（质）押品可执行的必要条件；须经国家有关主管部门批准或者办理登记的，应按规定办理相应手续。

（4）存在有效处置抵（质）押品的流动性强的市场，并且可以得到合理的抵（质）押品的市场价格。

（5）在债务人违约、无力偿还、破产或发生其他借款合同约定的信用事件时，银行能够及时地对债务人的抵（质）押品进行清算或处置。

在内部评级法初级法下，当借款人利用多种形式的抵（质）押品共同担保时，需要将风险暴露拆分为由不同抵（质）押品覆盖的部分，分别计算风险加权资产。拆分按金融质押品、应收账款、商用房地产和居住用房地产以及其他抵（质）押品的顺序进行。

【真题回顾（201703、201607）】在内部评级法初级法下，借款人利用多种形式的抵（质）押品共同担保时，需要将风险暴露进行拆分，拆分按照（　　）以及其他抵（质）押品的顺序进行。

A. 商用房地产和居住用房地产、金融质押品、应收账款

B. 金融质押品、商用房地产和居住用房地产、应收账款

C. 金融质押品、商用房地产和居住用房地产、应收账款

D. 金融质押品、应收账款、商用房地产和居住用房地产

答案：D

解析：根据合格抵（质）押品的认定要求，在内部评级法初级法下，当借款人利用多种形式的抵（质）押品共同担保时，需要将风险暴露拆分为由不同抵（质）押品覆盖的部分，分别计算风险加权资产。拆分按金融质押品、应收账款、商用房地产和居住用房地产及其他抵（质）押品的顺序进行。

2. 合格净额结算

净额结算对降低信用风险的作用在于，交易主体只需承担净额支付的风险。若没有净额结算条款，那么在交易双方间存在多个交易时，守约方可能被要求在交易终止时向违约方支付交易项下的全额款项，但守约方收取违约方欠款的希望却很小。内部评级法下，表内净额结算的风险缓释作用体现为违约风险暴露的下降。

合格净额结算的认定要求包括：

（1）可执行性。具有法律上可执行的净额结算协议，无论交易对象是无力偿还或是破产，均可实施。

（2）法律确定性。在任何情况下，能确定同一交易对象在净额结算合同下的资产和负债。

（3）风险监控。在净头寸的基础上监测和控制相关风险暴露。

在内部评级法初级法下，合格净额结算包括：表内净额结算；回购交易净额结算；场外衍生工具及交易账户信用衍生工具净额结算。采用合格净额结算缓释信用风险时，应持续监测和控制后续风险，并在净头寸的基础上监测和控制相关的风险暴露。采用内部评级法高级法的机构，应建立估计表外项目违约风险暴露的程序，规定每笔表外项目采用的违约风险暴露估计值。

3. 合格保证和信用衍生工具

在内部评级法初级法下，合格保证的范围包括：

（1）主权、公共企业、多边开发银行和其他银行。

（2）外部评级在 A－级及以上的法人、其他组织或自然人。

（3）虽然没有相应的外部评级，但内部评级的违约概率相当于外部评级 A－级及以上水平的法人、其他组织或自然人。

采用内部评级法高级法的机构，可以按要求自行认定合格保证，但应有历史数据证明保证的风险缓释作用。

采用信用衍生工具缓释信用风险需满足的要求包括：法律确定性、可执行性、评估、信用事件的规定。信用衍生工具的范围包括信用违约互换、总收益互换等。当信用违约互换和总收益互换提供的信用保护与保证相同时，可以作为合格信用衍生工具。

4. 信用风险缓释工具池

对单独一项风险暴露存在多个信用风险缓释工具时：

（1）采用内部评级法初级法的机构，应将风险暴露细分为每一信用风险缓释工具覆盖的部分，每一部分分别计算加权风险资产。如信用保护由一个信用保护者提供，但有不同的期限，也应细分为几个独立的信用保护。细分的规则应使信用风险缓释发挥最大作用。

（2）采用内部评级法高级法的机构，如果通过增加风险缓释技术可以提高对风险暴露的回收率，则鼓励对同一风险暴露增加风险缓释技术（采用多个信用风险缓释工具）来降低违约损失率。采用此种方法处理的机构应证明此种方式对风险抵补的有效性，并建立合理的多重信用风险缓释工具处理的相关程序和方法。

【真题回顾（201611）】采用信用衍生工具缓释信用风险需满足的要求是（　　）。

A. 法律确定性　B. 信用事件的规定　C. 风险监控　D. 评估

答案：ABD

解析：采用信用衍生工具缓释信用风险需满足的要求包括：法律确定性、可执行性、评估、信用事件的规定。

# 第二节　市场风险管理

【大纲要求】

| 内容 | 程度 |
|---|---|
| 1. 市场风险的四种类型 | 了解 |
| 2. 久期分析、风险价值、压力测试、情景分析的基本原理和适用范围 | 掌握 |
| 3. 市场风险管理流程 | 掌握 |
| 4. 控制市场风险的限额管理、风险对冲等方法 | 掌握 |

【内容精讲】

## 一、市场风险的四种类型

市场风险是指因市场价格（利率、汇率、股票价格和商品价格）的不利变动而发生损失的风险。市场风险可以分为利率风险、汇率风险、股票价格风险和商品价格风险。

1. 利率风险

利率风险是指由于市场利率变动的不确定性而造成损失的可能性。利率波动会直接导致资产价值的变化。随着我国利率市场化进程的推进，利率风险将逐步成为我国金融业最主要的市场风险。利率风险按照来源不同，分为重新定价风险、收益率曲线风险、基准风险和期权性风险。

（1）重新定价风险

重新定价风险也称为期限错配风险，是最主要和最常见的利率风险形式，源于银行资产、负债和表外业务到期期限（就固定利率而言）或重新定价期限（就浮动利率而言）之间所存在的差异。这种重新定价的不对称性使银行的收益或内在经济价值会随着利率的变动而发生变化。例如，如果以短期存款作为长期固定利率贷款的融资来源，当利率上升时，贷款的利息收入是固定的，但利息支出随着利率的上升而增加，从而导致未来收益减少、经济价值降低。

（2）收益率曲线风险

收益率曲线是由不同期限但具有相同风险、流动性和税收的收益率连接而形成的曲线，用于描述收益率与到期期限之间的关系。例如，市场上 10 年期国债的收益率曲线基本反映了该市场中金融产品的到期期限与到期无风险收益率之间的关系。正常情况下，金融产品的到期期限越长，其到期收益率越高。但因重新定价的不对称性，收益率曲线的斜率和形态都可能发生变化（出现收益率曲线的非平行移动），对银行的收益或内在经济价值产生不利影响，从而形成收益率曲线风险，也称利率期限结构变化风险。

（3）基准风险

基准风险也称利率定价基础风险或基差风险，是一种重要的利率风险。在利息收入和利息支出所依据的基准利率变动不一致的情况下，虽然资产、负债和表外业务的重新定价特征相似，但因其利息收入和利息支出发生了变化，也会对银行的收益或内在经济价值产生不利的影响。

（4）期权性风险

期权性风险是一种越来越重要的利率风险。期权可以是单独的金融工具，如场内（交易所）交易的期权和场外的期权合同，也可以隐含于其他标准化金融工具之中，如债券或存款的提前兑付、贷款的提前偿还等。通常，期权和期权性条款都是在对期权持有者有利时执行。因此，期权性工具因具有不对称的支付特征而给期权出售方带来的风险，被称为期权性风险。例如，若利率变动对存款人或借款人有利，存款人就可能选择重新安排存款，借款人可能会选择重新安排贷款，从而影响收益和内在经济价值。当前，金融创新日新月异，越来越多具有期权性质的金融产品因具有较高的杠杆效应，可能会进一步放大期权性风险而对银行的财务状况产生不利影响。

2. 汇率风险

汇率风险是指由于汇率的不利变动而导致发生损失的风险。汇率波动取决于外汇市场的供求状况，主要包括国际收支、通货膨胀率、利率政策、汇率政策、市场预期以及投机冲击等，以及各国国内的政治、经济等多方面因素。

3. 股票价格风险

股票价格风险是指由于股票价格发生不利变动而带来损失的风险。每个股票市场至少应包含一个用于反映股价变动的综合市场风险因素（如股指）。投资于个股或行业股指的头寸可表述为与该综合市场风险因素相对应的“贝塔”等值。

4. 商品价格风险

商品价格风险是指其持有的各类商品及其衍生头寸由于商品价格发生不利变动而造成经济损失的风险。这里所述的商品主要是指可以在场内自由交易的农产品、矿产品（包括石油）和贵金属等，尤其以商品期货的形式为主。商品价格波动取决于国家的经济形势、商品市场的供求状况和国际炒家的投机行为等。

## 二、久期分析、风险价值、压力测试、情景分析的基本原理和适用范围

市场风险计量方法包括但不限于缺口分析、久期分析、外汇敞口分析、敏感性分析、风险价值（VaR）、压力测试、情景分析、返回检验等。下面主要介绍久期分析、风险价值、压力测试、情景分析的基本原理和适用范围。

1. 久期分析的基本原理和适用范围

久期也称持续期，是指以未来时间发生的现金流，按照目前的收益率折现成现值，再用每笔现值乘以现在距离该笔现金流发生时间点的时间年限，然后进行求和，以这个总和除以债券目前的价格得到的数值。

久期分析也称持续期分析或期限弹性分析，主要用于衡量利率变动对整体经济价值的影响。具体来说，就是对各时段的缺口赋予相应的敏感性权重，得到加权缺口，然后对所有时段的加权缺口进行汇总，从而估算某一给定的小幅（通常小于1%）利率变动可能会对整体经济价值产生的影响。

（1）久期分析的基本原理

久期的概念最早由麦考利在 1938 年提出，他提出要通过衡量债券的平均到期期限来研究债券的时间结构。当被运用于不可赎回债券时，麦考利久期就是以年数表示的可用于弥补证券初始成本的货币加权平均时间价值。

久期对于财务经理的主要价值在于它是衡量利率风险的直接方法，久期越长，利率风险越大。

票面利率、到期时间、初始收益率是影响债券价格的利率敏感性的三个重要因素，它们与久期之间的关系也表现出一些规则。

①保持其他因素不变，票面利率越低，息票债券的久期越长。票面利率越高时，早期的现金流现值越大，占债券价格的权重越高，使时间的加权平均值越低，即久期越短。

②保持其他因素不变，到期收益率越低，息票债券的久期越长。到期收益率越低时，后期的现金流现值越大，在债券价格中所占的比重也越高，时间的加权平均值越高，久期越长。

③一般来说，在其他因素不变的情况下，到期时间越长，久期越长。债券的到期时间越长，价格的利率敏感性越强，这与债券的到期时间越长久期越长是一致的。但是，久期并不一定总随着到期时间的增长而增长。

（2）久期分析的适用范围

①对于利率的大幅变动（大于 1%），由于头寸价格的变化与利率的变动无法近似为线性关系，久期分析的结果就不再准确，需要进行更为复杂的技术调整。

②如果在计算敏感性权重时对每一时段使用平均久期，即采用标准久期分析法，久期分析仍然只能反映重新定价风险，不能反映基准风险及因利率和支付时间的不同而导致的头寸的实际利率敏感性差异，也不能很好地反映期权性风险。

2. 风险价值的基本原理和适用范围

（1）风险价值的基本原理

风险价值（VaR）描述了在某一特定的时期内，在给定的置信度下，某一金融资产或其组合可能遭受的最大潜在损失值；或者说在一个给定的时期内，某一金融资产或其组合价值的下跌以一定的概率不会超过的水平是多少。用公式表达为

$$\mathrm{Prob}(\Delta P > \mathrm{VaR}) = 1 - c$$

其中，$\Delta P$ 是指证券组合在持有期内的损失；VaR 代表置信水平 $c$ 下处于风险中的价值。

上述中包含两个基本因素：未来一定时期和给定的置信度。前者可以是1天、2天、1周或1个月等；后者是概率条件。例如，时间为1天，置信水平为95%（概率），所持股票组合的VaR=10000元，其含义就是明天该股票组合可有95%的把握保证其最大损失不会超过10000元，或者是明天该股票组合最大损失超过10000元的可能性只有5%。

VaR的计算方法从最基本的层次上可以归纳为两种，即局部估值法和完全估值法。

局部估值法是通过仅在资产组合的初始状态进行一次估值，并利用局部求导来推断可能的资产变化而得出风险衡量值。典型的局部估值法是德尔塔—正态分布法。

完全估值法是通过对各种情景下投资组合的重新定价来衡量风险。典型的完全估值法是历史模拟法和蒙特卡罗模拟法。

①德尔塔—正态分布法，也叫方差—协方差法。假定组合回报服从正态分布，于是利用正态分布的良好特性——置信度与分位数的对应性计算的组合的VaR等于组合的收益率的标准差与相应置信度下分位数的乘积：

$$\text{VaR} = W_0 \times Z_\alpha \times \sigma \times \sqrt{\Delta t}$$

其中，$W_0$代表初始投资额，$Z_\alpha$表示标准正态分布下置信度$\alpha$对应的分位数（例如，对应于95%的置信水平，$Z_\alpha=1.65$；对应于99%的置信水平，$Z_\alpha=2.33$），$\sigma$表示组合收益率的标准差，$\Delta t$表示持有期。

很显然，正如以上所述，VaR取决于两个重要的参数：持有期和置信度。针对不同的投资对象和风险管理者，这两个值的选择有所差异。具体而言，选择一个适当的持有期主要考虑以下因素：头寸的波动性、交易发生的频率、市场数据的可获性、监管者的需求等。通常情况下，金融机构倾向于按日计算VaR；但对一般投资者而言，可按周或月计算VaR。国际清算银行规定的作为计算监管资本VaR持有期为10天。置信度水平通常选择95%~99%。95%的置信度意味着预期100天里只有5天所发生的损失会超过相应VaR值；而99%的置信度意味着预期100天里只有1天所发生的损失会超过相应的值。

正态分布法的优点在于大大简化了计算量，但是由于其具有很强的假设，无法处理实际数据中的厚尾现象，具有局部测量性等不足。

②历史模拟法。历史模拟法的核心在于根据市场因子的历史样本变化模拟证券组合的未来损益分布，利用分位数给出一定置信度下的估计。“模拟”的核心是将当前的权数放到历史的资产收益率时间序列中：

$$R_{p,k} = \sum_{i=1}^{N} w_{i,t} R_{i,k} (k = 1,\cdots,t)$$

其中，$R_{p,k}$ 表示投资组合在时间 $k$ 的收益率，是构造的虚拟收益率；$w_{i,t}$ 代表当前时间 $t$ 的投资权重；$R_{i,k}$ 表示组合中第 $i$ 只证券在时间 $k$ 的收益率。计算步骤为

a. 计算组合中第 $i$ 只证券在时间 $t$ 的收益率 $R_{i,k}$。

b. 计算虚拟投资组合时间序列的收益率 $R_{p,k}$。

将可能的虚拟组合收益率从小到大排序，得到损益分布，通过给定的置信度对应的分位数求出 VaR。例如，对于1000 个可能的损益，95% 的置信度对应的分位数为组合的第 50 个最大损失值。

历史模拟法的概念直观、计算简单，无须进行分布假设，可以有效处理非对称和厚尾等问题，而且历史模拟法可以较好地处理非线性、市场大幅波动等情况，可以捕捉各种风险。但是，历史模拟法的缺点也是显而易见的。首先，它假定市场因子的未来变化与历史完全一样，这与实际金融市场的变化是不一致的。其次，历史模拟法需要大量的历史数据。通常认为，历史模拟法需要的样本数据不能少于1500 个。最后，历史模拟法的计算量非常大，对计算能力的要求比较高。

③蒙特卡罗模拟法。历史模拟法计算的 VaR 是基于历史市场价格变化得到组合损益的 n 种可能结果，从而在观察到的损益分布的基础上通过分位数计算 VaR。蒙特卡罗模拟法模拟的 VaR 计算原理与此类似，不同之处在于市场价格的变化不是来自历史观察值，而是通过随机数模拟得到。其基本思路是假设资产价格的变动依附在服从某种随机过程的形态，利用电脑模拟，在目标时间范围内产生随机价格的途径，并依次构建资产报酬分布，在此基础上求出 VaR。蒙特卡罗模拟法的操作主要包括 3 个步骤：

a. 选择适合描述资产价格途径的随机过程。比如，对于股价或汇率的随机过程，多以几何布朗运动模型来描述。

b. 依据随机过程模拟虚拟的资产价格途径。

c. 综合模拟结果，构建资产报酬分布，并以此计算投资组合的 VaR。

蒙特卡罗模拟法的主要优点：可涵盖非线性资产头寸的价格风险、波动性风险，甚至可以计算信用风险；可处理时间变异的变量、厚尾、不对称等非正态分布和极端状况等特殊情景。

缺点：需要繁杂的电脑技术和大量的复杂抽样，既昂贵又费时；对于代表价格变动的随机模型，若是选择不当，会导致模型风险的产生；模拟所需的样本数必须足够大，才能使估计出的分布得以与真实的分布接近。

（2）风险价值的适用范围

VaR 值考虑不同的风险因素、不同投资组合（产品）之间风险分散化效应，对未来损失风险进行事前预测，具有传统计量方法不具备的特性和优势，已经成为监管部门和业界计量监控市场风险的主要手段。VaR 值的局限性有无法预测尾部极端损失情况、单边市场走势极端情况、市场非流动性因素。

3. 压力测试的基本原理和适用范围

（1）压力测试的基本原理

投资者不仅应通过市场风险计量方法对在正常市场情况下所承受的市场风险进行分析，还应当通过压力测试来估算突发的小概率事件等极端不利的情况下可能对其造成的潜在损失，如在汇率、利率、股票价格等单一市场风险要素发生剧烈变动的情况下，证券投资可能遭受的损失。压力测试的目的就是评估投资者在极端不利情况下的损失承受能力。

压力测试应包括：

①利率总水平的突发性变动；

②主要市场利率之间关系的变动；

③收益率曲线的斜率和形状发生变化；

④主要金融市场流动性变化和市场利率波动性变化；

⑤关键业务假定不适用；

⑥参数失效或参数设定不正确。

（2）压力测试的适用范围

压力测试有效弥补了 VaR 值计量方法无法反映置信水平之外的极端损失的缺点，市场风险量化分析要结合使用压力测试分析和 VaR 计量。

4. 情景分析的基本原理和适用范围

（1）情景分析的基本原理

情景分析法又称脚本法或者前景描述法，是假定某种现象或某种趋势将持续到未来的前提下，对预测对象可能出现的情况或引起的后果作出预测的方法。通常用来对预测对象的未来发展作出种种设想或预计，是一种直观的定性预测方法。

与敏感性分析和压力测试对单一因素进行分析不同，情景分析是一种多因素分析方法，结合设定的各种可能情景的发生概率，研究多种因素同时作用时可能产生的影响。情景分析中所用的情景通常包括基准情景、最好的情景和最坏的情景。情景可以人为设定（如直接使用历史上发生过的情景），也可以从对市场风险要素的历史数据变动的统计分析中得到，或通过运行描述在特定情况下市场风险要素变动的随机过程得到。

情景分析的步骤如下：

①确定主题；

②选择主要影响因素；

③描述和筛选方案；

④模拟演练；

⑤制定战略；

⑥建立早期预警系统。

（2）情景分析的适用范围

情景分析适用于下列领域：

①风险高、资金密集、战略调整所需投入大、产品/技术开发的前导期长的产业，如钢铁、石油等产业。

②不确定因素较多，无法唯一准确预测的情况，比如制药业、金融业以及相关的股市等。

## 三、市场风险管理流程

市场风险管理流程包括：

（1）开展新产品和开展新业务之前，充分识别和评估其中包含的市场风险；

（2）经董事会或其授权的专门委员会批准，建立相应的内部审批、操作和风险管理流程；

（3）相关部门审核、认可其内部审批程序的操作及风险管理程序。

## 四、控制市场风险的限额管理、风险对冲等方法

市场风险限额管理的主要目的是确保将所承担的市场风险规模控制在可以承受的合理范围内，使所承担的市场风险水平与其风险管理能力和资本实力相匹配，一般包括市场风险的限额管理、风险对冲和经济资本配置。

1. 市场风险的限额管理

市场风险限额管理体系主要包括交易组合定义、限额结构和限额指标设定与审批、限额监控与报告、限额调整、超限额管理等。市场风险限额指标主要包括：头寸限额、风险价值（VaR）限额、止损限额、期限限额、敏感度限

额、发行人限额和币种限额等。

（1）头寸限额是指对总交易头寸或净交易头寸设定的限额。总头寸限额对特定交易工具的多头头寸或空头头寸分别加以限制；净头寸限额对多头头寸和空头头寸相抵后的净额加以限制。

（2）风险价值限额是指对基于量化方法计算出的市场风险计量结果来设定限额。例如，对采用内部模型法计量出的风险价值设定限额。

（3）止损限额是指所允许的最大损失额。当某个头寸的累计损失达到或接近止损限额时，就必须对该头寸进行对冲交易或立即变现。止损限额适用于一日、一周或一个月等一段时间内的累计损失。

（4）敏感度限额是指保持其他条件不变的前提下，对单个市场风险要素（利率、汇率、股票价格和商品价格）的微小变化对金融工具或资产组合收益或经济价值影响程度所设定的限额。例如，利率敏感度限额是对利率不利变动100个基点引起整体经济价值最大损失进行限额，Vega限额是对期权标的物波动率单位变动所允许的期权价值最大变动值进行限制。

2. 风险对冲

风险对冲就是指通过投资或购买与管理基础资产收益波动负相关或完全负相关的某种资产或金融衍生品来冲销风险的一种风险管理策略。当原风险敞口出现亏损时，新风险敞口能够盈利，并且使盈利能够尽量全部抵补亏损。例如，使用利率掉期对处于利率风险之中的资产负债进行套期保值。

但是，需要注意的是，金融衍生产品自身本来就潜藏着巨大的市场风险，投资者必须正确认识和理解各种衍生产品的风险特征，有能力把握多种金融产品组合在一起所形成的复杂状况，并且具备风险对冲所需的强大知识和信息技术支持。

【真题回顾（201705）】市场风险控制的主要方法有（　　）。

A. 资产证券化　B. 限额管理　C. 风险对冲　D. 经济资本配置

答案：BCD

解析：市场风险控制的方法主要有：①限额管理，常用的市场风险限额包括交易限额、风险限额和止损限额等；②风险对冲，通过金融衍生产品等金融工具，在一定程度上实现对冲市场风险的目的；③经济资本配置，通常采取自上而下法或自下而上法。

# 第三节 流动性风险管理

【大纲要求】

| 内容 | 程度 |
| --- | --- |
| 1. 资产负债期限结构、分布结构影响流动性的途径和机制 | 了解 |
| 2. 流动性比率法、现金流分析法、缺口分析法和久期分析法等流动性风险评估方法 | 掌握 |
| 3. 流动性风险的监测指标和预警信号 | 了解 |
| 4. 利用压力测试、情景分析预测流动性 | 掌握 |
| 5. 控制流动性风险的主要做法 | 熟悉 |

【内容精讲】

对流动性风险的识别和分析体现在市场流动性风险和融资流动性风险两个方面。

（1）市场流动性风险是指由于市场深度不足或市场动荡，资产持有者无法以合理的市场价格出售资产以获得资金的风险，反映了其在无损失或微小损失情况下迅速变现的能力。资产变现能力越强，其流动性状况越佳，流动性风险也相应越低。

（2）融资流动性风险是指投资者在不影响日常经营或财务状况的情况下，无法及时有效地满足资金需求的风险，反映了其在合理的时间、成本条件下迅速获取资金的能力。

## 一、资产负债期限结构影响流动性的途径和机制

1. 资产负债期限结构的概念

资产负债期限结构是指在未来特定的时段内，到期资产（现金流入）与到期负债（现金流出）的构成状况。资产负债结构管理，包括负债结构管理、资产结构管理和资产负债对应结构管理。

2. 影响流动性的途径和机制

若不能匹配到期资产与到期负债的到期日和规模，即形成资产负债的期限错配，则可能造成流动性风险。

商业银行最常见的资产负债期限错配情况是将大量短期借款（负债）用于

长期贷款（资产），即“借短贷长”，其优点是可以提高资金使用效率、利用存贷款利差增加收益；缺点是如果这种期限错配严重失衡，则有可能因到期资产所产生的现金流入严重不足造成支付困难，导致流动性风险。

## 二、资产负债期限分布结构影响流动性的途径和机制

资产负债分布结构不合理，会影响金融机构现金流量的稳定性，进而增加流动性风险。金融机构应当严格遵守限额管理的相关要求，最大限度地降低其资金来源（负债）和使用（资产）的同质性，确保资产负债分布结构合理。具体有以下几点建议：

（1）金融机构应控制各类资金来源的合理比例，适度分散客户种类和资金到期日；

（2）在日常经营中持有足够水平的流动资金和合理的流动资产组合，作为应付紧急融资的储备；

（3）制定适当的债务组合以及与主要资金提供者建立稳健持久的关系；

（4）制定风险集中限额，并监测日常遵守的情况；

（5）资金使用（如贷款发放、购买金融产品）应注意交易对象、时间跨度、还款周期等要素的分布结构。

## 三、流动性风险评估方法

1. 流动性比率/指标法

流动性比率/指标法是各国监管当局和金融机构广泛使用的流动性风险评估方法，通常采用两种方式：

（1）同类金融机构之间横向比较各项流动性比率/指标。投资机构可以首先选取行业中具备良好流动性状况的同类金融机构并计算其各项资产、负债及错配期限的比率/指标，然后计算自身所对应的各项比率/指标，最后将自身指标与行业良好标准进行横向比较，并据此对自身的流动性风险水平作出客观评价。

（2）投资机构内部纵向比较不同历史时期的各项流动性比率/指标。为保持流动性风险管理的持续性和一致性，投资机构应当定期对自身不同历史时期的各项资产、负债及错配期限的比率/指标进行比较，以正确认识流动性风险状况的发展和变化趋势，同时也有助于理解其风险管理水平以及风险偏好的变

化情况。

投资机构应根据自身业务规模和特色设定多种流动性比率/指标，满足流动性风险管理需要。在日常经营管理过程中，时刻关注当前流动性状况，恰当把握和控制各项流动性比率/指标的上下波动幅度，适度调整资产负债的期限、币种、分布结构。

2. 现金流分析法

评估金融机构短期内的流动性状况，可以通过对金融机构一定时期内现金流入（资金来源）和现金流出（资金使用）的分析和预测，可改用"剩余"或"赤字"来表示金融机构现金流入和现金流出的差异。

当资金来源大于资金使用时，出现资金"剩余"，表明投资机构流动性相对充足，拥有一个"流动性缓冲器"；当资金来源小于资金使用时，出现流动性"赤字"，此时必须考虑这种资金匮乏可能造成的支付困难以及由此产生的流动性风险。根据历史经验分析得知，当资金剩余额与总资产之比小于3%～5%，甚至为负数时，商业银行应当对其流动性状况高度重视。

为合理预测投资机构在未来不同时段内的流动性需求，应当尽可能准确预测未来特定时段内（如未来7天、15天、30天）的新贷款净增值（新贷款额－到期贷款－贷款出售）、存款净流量（流入量－流出量），以及其他资产负债的净流量，将上述各项资金净流量加总，再与期初的"剩余"或"赤字"相加，即可获得未来特定时段内的流动性头寸。

3. 缺口分析法

缺口分析法针对未来特定时段，计算到期资产（现金流入）和到期负债（现金流出）之间的差额，即流动性缺口，以判断金融机构在不同时段内的流动性是否充足。需要注意的是，在特定时段内虽没到期，但可以不受损失或承担较少损失就能出售的资产应当被计入到期资产。

金融机构在未来特定时段内的贷款平均额和核心存款平均额之间的差额构成了融资缺口，即

$$\text{融资缺口} = \text{贷款平均额} - \text{核心存款平均额}$$

如果缺口为正，金融机构通常需要出售流动性资产或在资金市场进行融资，即

$$\text{融资缺口} = -\text{流动性资产} + \text{借入资金}$$

合并上述两个公式可得

$$\text{借入资金（流动性需求）} = \text{融资缺口} + \text{流动性资产} = (\text{贷款平均额} - \text{核心存款平均额}) + \text{流动性资产}$$

4. 久期分析法

利率波动将直接影响金融机构资产和负债价值变化，进而造成流动性状况发生变化。因此，同样可以采用市场风险管理中的久期分析方法，评估利率变化对其流动性状况的影响。

用 $D_A$ 表示总资产的加权平均久期，$D_L$ 表示总负债的加权平均久期，$V_A$ 表示总资产，$V_L$ 表示总负债，$R$ 为市场利率，当市场利率变动时，资产和负债的变化可表示为

$$\Delta V_A = -[D_A \times V_A \times \Delta R/(1+R)]$$

$$\Delta V_L = -[D_L \times V_L \times \Delta R/(1+R)]$$

市场风险管理中的久期缺口同样可以用来评估利率变化对金融机构某个时期的流动性状况的影响：

（1）当久期缺口为正值时，如果市场利率下降，则资产价值增加的幅度比负债价值增加的幅度大，流动性也随之增强；如果市场利率上升，则资产价值减少的幅度比负债价值减少的幅度大，流动性也随之减弱。

（2）当久期缺口为负值时，如果市场利率下降，流动性也随之减弱；如果市场利率上升，流动性也随之增强。

（3）当久期缺口为零时，利率变动对投资机构的流动性没有影响。这种情况极少发生。

总之，久期缺口的绝对值越大，利率变化对金融机构的资产和负债价值影响越大，对其流动性的影响也越明显。

【真题回顾（201703、201605）】能够估算利率变动对所有头寸的未来现金流现值的影响，从而能够对利率变动的长期影响进行评估的分析方法是(　　)。

A. 缺口分析　　B. 敞口分析　　C. 敏感分析　　D. 久期分析

答案：D

解析：与缺口分析相比较，久期分析是一种更为先进的利率风险计量方法。缺口分析侧重于计量利率变动对短期收益的影响，而久期分析则能计量利率风险对整体经济价值的影响，即估算利率变动对所有头寸的未来现金流现值的影响，从而对利率变动的长期影响进行评估，并且更为准确地计量利率风险敞口。

## 四、流动性风险的检测指标和预警信号

1. 流动性风险的检测指标

表 5－1　　　　流动性风险检测参考指标

| 监测参考指标 |
| --- |
| 未来一定期限内的流动性缺口＝未来一定期限内到期的表内外资产－未来一定期限内到期的表内外负债<br>未来一定期限内到期的表内外资产＝未来一定期限内到期的表内资产＋未来一定期限内到期的表外收入<br>未来一定期限内到期的表内外负债＝未来一定期限内到期的表内负债＋未来一定期限内到期的表外支出<br>活期存款中的稳定部分按规定方法进行审慎估算 |
| 流动性缺口率＝未来一定期限内的流动性缺口/同期内到期的表内外资产×100%<br>同期内到期的表内外资产＝同期内到期的表内资产＋同期内到期的表外收入<br>活期存款中的稳定部分按规定方法进行审慎估算<br>核心负债比例＝核心负债/总负债×100%<br>核心负债包括距离到期日三个月以上（含）的定期存款和发行债券，以及活期存款中的稳定部分<br>总负债是按照金融企业会计制度编制的资产负债表中负债总计的余额<br>活期存款中的稳定部分按规定方法进行审慎估算 |
| 最大十家存款客户存款比例＝最大十家存款客户存款余额合计/各项存款余额×100% |
| 最大十家同业融入比例＝（最大十家同业机构交易对手同业拆借＋同业存放＋卖出回购款项）/总负债余额×100% |
| 同业市场负债比例＝（与所有同业机构交易对手同业拆借＋同业存放＋卖出回购款项）/总负债余额×100% |
| 重要币种的流动性覆盖率<br>重要币种是指以该币种计价的负债占商业银行负债总额5%以上的货币。对某种重要币种表内外项目单独计算流动性覆盖率，主要用于监测商业银行重要币种的短期流动性风险水平 |

2. 流动性风险的预警信号

流动性风险的预警信号主要包括内部预警信号、外部预警信号和融资预警信号。

（1）内部预警信号

内部预警信号主要包括金融机构内部有关风险水平、盈利能力、资产质

量，以及其他可能对流动性产生中长期影响的指标变化。例如，某项或多项业务/产品的风险水平增加；资产或负债过于集中；资产质量下降；盈利水平下降；快速增长的资产的主要资金来源为市场大宗融资等。

（2）外部预警信号

外部预警信号主要包括第三方评级、所发行的有价证券的市场表现等指标的变化。例如，市场上的负面传言；外部评级下降；所发行的股票价格下降；所发行的可流通债券（包括次级债）的交易量上升且买卖价差扩大；交易/经纪商不愿买卖债券而迫使投资者寻求熟悉的交易/经纪商支持等。

（3）融资预警信号

融资预警信号主要包括负债稳定性和融资能力的变化等。例如，债权人提前要求兑付造成支付能力出现不足；融资成本上升；融资交易对手开始要求抵（质）押物且不愿提供中长期融资；愿意提供融资的对手数量减少且单笔融资的金额显著上升；被迫从市场上购回已发行的债券等。

【真题回顾（201611）】下列各项中，（　　）不是银行等金融机构流动性风险预警的内部预警指标或信号。

A. 盈利能力下降　　B. 某项业务风险水平增加

C. 资产过于集中　　D. 所发行的股票价格下跌

答案：D

解析：商业银行流动性风险内部预警信号主要包括商业银行内部有关风险水平、盈利能力、资产质量，以及其他可能对流动性产生中长期影响的指标变化。D 项属于外部预警信号。

## 五、流动性风险评估方法

1. 压力测试

压力测试是指将整个金融机构或资产组合置于某一特定的（主观想象的）极端市场情况下，如假设利率骤升 100 个基本点、某一货币突然贬值、股价暴跌等异常的市场变化，然后测试该金融机构或资产组合在这些关键市场变量突变的压力下的表现状况，通过分析压力测试的结果，确定风险点和脆弱环节，并将压力测试结果运用于证券公司的相关决策过程。

《证券公司流动性风险管理指引》规定：证券公司至少应每半年开展一次流动性风险压力测试，分析其短期和中长期承受压力情景的能力。在压力情景下，证券公司满足流动性需求并持续经营的最短期限应当不少于 30 天。

2. 情景分析

情景分析有助于金融机构深刻理解并预测在多种风险因素的共同作用下，其整体流动性风险可能出现的不同状况。金融机构通常将可能面临的市场条件分为正常、最好和最坏三种情景，尽可能考虑到每种情景下可能出现的有利或不利的重大流动性变化。

在流动性风险情景分析中，分析金融机构正常状况下的现金流量变化最为重要，有助于金融机构充分利用各种融资渠道，避免在某一时刻持有过量的闲置资金或面临过高的资金需求，以有效缓解市场波动所产生的冲击。

分析最坏情景通常可分为两种情形：

（1）金融机构自身问题所造成的流动性危机。

（2）整体市场危机。

【真题回顾（201705、201604）】下列关于金融机构风险压力测试的说法，正确的有（　　）。

A. 可以对风险计量模型中的每一个变量进行压力测试

B. 可以根据历史上发生的极端事件来生成压力测试的假设前提

C. 压力测试重点关注风险因素的变化对资产组合造成的不利影响

D. 在信用风险领域可以从违约概率入手进行压力测试

答案：BCD

解析：A 项，压力测试主要用于评估资产或投资组合在极端不利的条件下可能遭受的重大损失，并不需要对风险计量模型中的每一个变量进行压力测试。

## 六、控制流动性风险的主要做法

1. 确定流动性风险偏好

确定流动性风险偏好要根据公司经营战略、财务实力、融资能力、业务特点、突发事件和总体风险偏好，并充分考虑其他风险与流动性风险相互影响与转换的情况。证券公司的流动性风险偏好应该确定公司在正常和压力情景下愿意且能够承受的流动性风险水平。

2. 计量、监测和报告流动性风险状况

主要依据业务性质、规模、风险状况及复杂程度，监测和分析正常和压力情景下未来不同时间段的融资来源的多元化和稳定程度、资产负债期限错配、市场流动性和优质流动性资产等，对异常情况及时预警。构建现金流测算和分析框架，对正常和压力情景下未来不同时间段的现金流缺口进行有效计量、监测和控制。

3. 制定流动性风险监控指标

流动性风险监控指标主要包括净稳定资金率和流动性覆盖率。

4. 限额管理及压力测试

证券公司应对流动性风险实施限额管理，按照其业务性质、规模、流动性风险偏好、复杂程度以及外部市场发展变化情况，设定流动性风险限额并监控其执行情况。应至少每年对流动性风险限额进行一次评估，必要时进行调整。而且，应至少每半年进行一次流动性风险压力测试，分析其承受短期和中长期压力情景的能力。

5. 制订有效的流动性风险应急计划

金融机构应根据公司业务性质、规模、风险水平、复杂程度和组织架构，充分考虑压力测试结果，制订有效的流动性风险应急计划，以确保公司可以应对紧急情况下的流动性需求。

流动性风险应急计划应符合以下要求：

（1）合理设定应急计划触发条件。

（2）规定应急程序和措施，明确各参与人的权限、职责及报告路径。

（3）列明应急资金来源，估计可能的筹资规模和所需时间，充分考虑流动性转移限制，确保应急资金来源的充分性和可靠性。

# 第四部分

## 专项业务

# 第六章

# 品种选择

## 第一节　产品选择

【大纲要求】

| 内容 | 程度 |
| --- | --- |
| 1. 证券产品选择的目标 | 熟悉 |
| 2. 证券产品选择的基本原则 | 掌握 |
| 3. 证券产品选择的步骤 | 掌握 |
| 4. 现金类、债券类、股票类和衍生产品类证券产品的组成及基本特征 | 熟悉 |
| 5. 产品与客户适配的相关要求 | 掌握 |

【内容精讲】

### 一、证券产品选择的目标

1. 本金保障

最常见的投资目的是本金保障，即投资者通过投资达到保存资本或者保持资金购买力的目的。当持有富余现金，社会发展又处于通货膨胀状态时，如果不进行有效益的投资，则会侵蚀现金的购买力。

2. 资本增值

资本增值是指投资者通过投资一些产品或其他金融工具，期望所投资产品能够增值，从而获得财富的增加。

3. 收益

已拥有若干资产且回避风险的人，往往期待在保障本金的前提下，同时也能获得一些收益，债券投资最为常见。

## 二、证券产品选择的基本原则

1. 收益性原则

收益性是选择证券产品最基本的要求。收益一般包含直接收益与资本增值两部分，但有些产品可能只有其中一种。例如，债券一般只有利息，不存在增值；股票的股利（分红）主要看公司的分红安排，资本增值看市场表现。

2. 安全性原则

安全性原则是要保证证券投资的本金不受损失。证券投资安全性原则要求投资者进行分散投资，或者根据自己的投资风格选择适当的投资产品。

3. 流动性原则

流动性原则主要是指产品的赎回速度。也就是是否存在可交易市场，且能够快速在无损失或微小损失的情况下迅速变现的能力。

## 三、证券产品选择的步骤

1. 确定证券产品选择的策略

证券产品选择的目标是获得预期的收益，但风险和收益是同时存在的。投资者应先确定自己的投资目标和对风险的态度，然后再决定投入多少资金量，最后确定在最终的投资组合中可能选择的证券产品的种类和数量。

2. 了解证券产品的特性

投资者要广泛了解各种证券产品的收益、风险情况。证券产品的种类很多，其性质、期限、有无担保、收益高低、支付情况、风险大小及内容各不相同，只有对其全面了解后，才能正确作出选择。

3. 分析证券产品

在对证券本身及市场情况有了全面了解之后，充分利用有关信息，运用基本分析、技术分析和组合理论对证券产品进行深入分析。另外，买卖的时机也要慎重考虑。

4. 构建投资组合

把不同风险和不同收益水平的证券产品组合在一起可以构建具有新特性的

证券产品。

## 四、现金类、债券类、股票类和衍生产品类证券产品的组成及基本特征

1. 现金类证券产品

现金类证券产品一般是指货币型理财产品。

现金类证券产品包含以下几类：

（1）银行产品：活期存款、通知存款、一年以内的银行理财产品。

（2）证券基金管理公司产品：货币式基金、短期理财基金。

（3）证券公司产品：债券逆回购、货币型集合资产管理计划。

（4）信托公司产品：货币型的信托中信托（TOT）。

现金类证券产品的基本特征为：风险较低；安全性较高；收益低但稳定；流动性较强。

2. 债券类证券产品

债券是一种金融契约，是政府、金融机构、工商企业等机构直接向社会借债筹措资金时，向投资者发行，同时承诺按一定利率支付利息并按约定条件偿还本金的债权债务凭证。

（1）债券的组成

按发行主体分类，债券可分为政府债券、金融债券、公司债券等。在各类债券中，政府债券由国家作保证，信用等级最高，也被称为“金边债券”；然后依次是金融债券和公司债券。

①政府债券。政府债券是政府为筹集资金而向投资者出具、并承诺在一定时期支付利息和到期偿还本金的债务凭证。我国政府债券包括国债和地方政府债。其中，国债是财政部代表中央政府发行的债券。地方政府债包括由中央财政代理发行和地方政府自主发行的由地方政府负责偿还的债券。

另外，政府债券是政府筹集资金来解决发展等资金需要、弥补国家财政赤字、扩大公共开支的重要手段，并且随着金融市场的发展，逐渐具备了金融商品和信用工具的职能，成为国家实施宏观经济政策、进行宏观调控的工具。

②金融债券。金融债券是由银行和非银行金融机构经特别批准而发行的债券，目的是筹集资金用于特殊用途或改变本身的资产负债结构。金融债券包括政策性金融债、商业银行债券、特种金融债券、非银行金融机构债券、证券公司债、证券公司短期融资券等。政策性金融债的发行人是政策性金融机构，即国家开发银行、中国农业发展银行、中国进出口银行。商业银行债券的发行人是

商业银行。特种金融债券是指经中国人民银行批准，由部分金融机构发行的，所筹集的资金专门用于偿还不规范证券回购债务的有价证券。非银行金融机构债券由非银行金融机构发行。证券公司债和证券公司短期融资券由证券公司发行。

③公司债券。公司债券是公司依照法定程序发行、约定在一定期限还本付息的有价证券，其目的是满足经营的需要。公司债券的发行主体是股份公司，但有的国家也允许非股份制企业发行债券。所以在归类时可将公司债券和企业债券合称公司（企业）债券。

【真题回顾（201703、201605）】政府机构进行证券投资的主要目的是进行宏观调控和（　　）。

A. 获取利息　　B. 获取资本收益

C. 调剂资金余缺　　D. 获取投资回报

答案：C

解析：机构投资者主要有政府机构、金融机构、企业和事业法人及各类基金等。政府机构参与证券投资的目的主要是为了调剂资金余缺和进行宏观调控。各级政府及政府机构出现资金剩余时，可通过购买政府债券、金融债券将剩余资金投资于证券市场。

【真题回顾（201705）】一般而言，下列债券按其信用风险依次从低到高排列的是（　　）。

A. 政府债券、公司债券、金融债券

B. 金融债券、公司债券、政府债券

C. 政府债券、金融债券、公司债券

D. 金融债券、政府债券、公司债券

答案：C

解析：在各类债券中，政府债券是信用等级最高的，常被称为“金边债券”，属于国家信用；金融债券的信用等级次之；公司债券的信用等级最低，是商业信用的体现。

（2）债券的特征

债券类证券产品具有如下特征：

①偿还性。债券一般都规定有偿还期限，发行人必须按约定条件偿还本金并支付利息。股票一般不具有偿还性。

②流通性。债券一般都可以在流通市场上自由转让。

③安全性。与股票相比，债券通常规定有固定的利率，与企业绩效没有直接联系，收益比较稳定，风险较小。此外，在企业破产时，债券持有者享有优

先于股票持有者对企业剩余资产的索取权。但债权人仍然可能会在企业破产清算和市场价格下跌后的转让过程中面临损失风险。

④收益性。债券的收益性主要表现在两个方面：一是投资债券可以给投资者定期或不定期地带来利息收入；二是投资者可以利用债券价格的变动，买卖债券赚取差额。

【真题回顾（201605）】一般来讲，政府债券与公司债券相比（　　）。

A. 公司债券风险大，收益低

B. 公司债券风险小，收益高

C. 政府债券风险大，收益高

D. 政府债券风险小，收益稳定

答案：D

解析：政府债券是政府发行的债券，由政府承担还本付息的责任，是国家信用的体现。政府债券的付息由政府保证，其信用度最高，风险最小，对投资者来说，投资政府债券的收益是比较稳定的。

3. 股票类证券产品

股票是一种有价证券，它是股份有限公司签发的，用于证明股东所持股份的，并据此获得股息和红利的凭证。

（1）股票的分类

按股东享有权利的不同，股票可以分为普通股票和优先股票。

①普通股票。普通股票是最基本、最常见的一种股票，其持有者享有股东的基本权利和义务。普通股票的股利完全随公司盈利的高低而变化。在公司盈利较多时，普通股票股东可获得较高的股利收益，但在公司盈利和剩余财产的分配顺序上在债权人和优先股票股东之后，故其承担的风险也较高。与优先股票相比，普通股票是标准的股票，也是风险较大的股票。

普通股按投票权不同也划分为不同等级，如A级和B级。A级普通股没有投票权或只有部分投票权；B级普通股则具有完全投票权，一般为公司创办人所有，目的是在股权稀释过程中掌握公司的控制权。

②优先股票。优先股票是一种特殊股票，在其股东权利、义务中附加了某些特别条件。优先股票的股息率是固定的，其持有者的股东权利受到一定限制，但在公司盈利和剩余财产的分配顺序上比普通股票股东享有优先权。

股票按是否记载股东姓名，可以分为记名股票和不记名股票。

①记名股票。记名股票是指在股票票面和股份公司的股东名册上记载股东姓名的股票。一般来说，如果股票是归某人单独所有，则应记载持有人的姓

名；如果股票是归国家授权的投资机构或者法人所有，则应记载国家授权的投资机构或者法人的名称；如果股票持有者因故改换姓名或者名称，就应到公司办理变更姓名或者名称的手续。《中华人民共和国公司法》规定，公司发行的股票可以为记名股票，也可以为无记名股票。股份有限公司向发起人、国家授权投资的机构、法人发行的股票，应当为记名股票，并应当记载该发起人、国家授权投资的机构、法人的名称或者姓名，不得另立户名或者以代表人姓名记名。公司发行记名股票的，应当置备股东名册，记载下列事项：股东的姓名或者名称及住所、各股东所持股份数、各股东所持股票的编号、各股东取得股份的日期。

②不记名股票。不记名股票是指在股票票面和股份公司股东名册上均不记载股东姓名的股票。不记名股票也称“无记名股票”，与记名股票的差别不是在股东权利等方面，而是在股票的记载方式上。无记名股票发行时一般留有存根联，它在形式上分为两部分：一部分是股票的主体，记载了有关公司的事项，如公司名称、股票所代表的股数等；另一部分是股息票，用于进行股息结算和行使增资权利。《中华人民共和国公司法》规定，发行无记名股票的，公司应当记载其股票数量、编号及发行日期。

按是否在股票票面上标明金额，股票可以分为有面额股票和无面额股票。

①有面额股票。有面额股票是指在股票票面上记载一定金额的股票。这一记载的金额也称为“股票票面金额”“股票票面价值”或“股票面值”。股票票面金额的计算方法是用资本总额除以股份数求得，但实际上很多国家是通过法规予以直接规定，而且一般是限定了这类股票的最低票面金额。另外，同次发行的有面额股票的每股股票面金额相等，票面金额一般以国家主币为单位。大多数国家的股票都是有面额股票。《中华人民共和国公司法》规定，股份有限公司的资本划分为股份，每一股的金额相等。

②无面额股票。无面额股票也被称为“无面值股票”“分权股票”“比例股票”或“份额股票”，是指在股票票面上不记载股票面额，只注明它在公司总股本中所占比例的股票。无面额股票的价值随股份公司净资产和预期未来收益的增减而相应增减。公司净资产和预期未来收益增加，每股价值上升；反之，公司净资产和预期未来收益减少，每股价值下降。无面额股票淡化了票面价值的概念，与有面额股票的差别仅在表现形式上，即无面额股票代表着股东对公司资本总额的投资比例。20 世纪早期，美国纽约州最先通过法律，允许发行无面额股票，以后美国其他州和其他一些国家也相继仿效。但目前世界上很多国家（包括中国）的公司法规定不允许发行这种股票。

（2）股票的特征

股票类证券产品的特征有：

①收益性。收益性是股票最基本的特征，它是指股票可以为持有人带来收益的特性。持有股票的目的在于获取收益。股票的收益来源可分成两类：

a. 来自股份公司的收益。认购股票后，持有者即对发行公司享有经济权益，其实现形式是公司派发的股息、红利，数量多少取决于股份公司的经营状况和盈利水平。

b. 来自股票流通的增值。股票持有者可以持股票到依法设立的证券交易场所进行交易，当股票的市场价格高于买入价格时，卖出股票就可以赚取差价收益，这种差价收益称为“资本利得”。

②风险性。股票风险的内涵是股票投资收益的不确定性，或者说实际收益与预期收益之间的偏离。风险本身是一个中性概念，但是，多数理性的投资者厌恶风险，如果要引导投资者投资风险较高的股票，就必须提供更高的预期收益，这就是“高风险高收益”的含义。

③流动性。流动性是指股票可以通过依法转让而变现，即在本金保持相对稳定、变现的交易成本极小的条件下，股票很容易变现的特性。股票持有人不能从公司退股，但股票转让为其提供了变现的渠道。需要注意的是，由于股票的转让可能受各种条件或法律法规的限制，因此，并非所有股票都具有相同的流动性。通常情况下，大盘股流动性强于小盘股，上市公司股票的流动性强于非上市公司股票，而上市公司股票的转让又可能因市场或监管原因而受到限制，从而具有不同程度的流动性。

④永久性。永久性是指股票所载有权利的有效性是始终不变的，因为它是一种无期限的法律凭证。股票的有效期与股份公司的存续期间相联系，二者是并存的关系。

⑤参与性。参与性是指股票持有人有权参与公司重大决策的特性。股票持有人作为股份公司的股东，有权出席股东大会，行使对公司经营决策的参与权。

4. 衍生产品类证券产品

衍生产品类证券产品是与基础金融产品相对应的一种产品，是指建立在基础产品或基础变量之上，其价格取决于基础金融产品价格（或数值）变动的派生金融产品。

（1）衍生产品类证券产品的组成

衍生产品类证券产品从基础产品分类的角度，可以划分为股权类产品的衍生产品、货币衍生产品、利率衍生产品、信用衍生产品以及其他衍生产品。

①股权类产品的衍生产品。这是指以股票或股票指数为基础产品的金融衍生产品，主要包括股票期货、股票期权、股票指数期货、股票指数期权以及上述合约的混合交易合约。

②货币衍生产品。这是指以各种货币作为基础产品的金融衍生产品，主要包括远期外汇合约、货币期货、货币期权、货币互换以及上述合约的混合交易合约。

③利率衍生产品。这是指以利率或利率的载体为基础产品的金融衍生产品，主要包括远期利率协议、利率期货、利率期权、利率互换以及上述合约的混合交易合约。

④信用衍生产品。这是指以基础产品所蕴含的信用风险或违约风险为基础变量的金融衍生产品，用于转移或防范信用风险，是现在发展最为迅速的一类衍生产品，主要包括信用互换、信用连结票据等。

⑤其他衍生产品。除以上四类金融衍生产品之外，还有相当数量的金融衍生产品是在非金融变量的基础上开发的，如用于管理气温变化风险的天气期货、管理政治风险的政治期货、管理巨灾风险的巨灾衍生产品等。

金融衍生产品从其自身交易的方法和特点可以分为金融远期合约、金融期货、金融期权、金融互换和结构化金融衍生产品。

①金融远期合约。金融远期合约是指交易双方在场外市场上通过协商，按约定价格（远期价格）在约定的未来日期（交割日）买卖某种标的金融资产（或金融变量）的合约。金融远期合约规定了将来交割的资产、交割的日期、交割的价格和数量，合约条款根据双方需求协商确定。金融远期合约主要包括远期利率协议、远期外汇合约和远期股票合约。

②金融期货。金融期货是指交易双方在金融市场上，以约定的时间和价格，买卖某种金融工具的具有约束力的标准化合约。金融期货是以金融工具（或金融变量）为基础工具的期货交易，主要包括货币期货、利率期货、股票指数期货和股票期货四种。

③金融期权。这是指合约买方向卖方支付一定费用（称为“期权费”或“期权价格”），在约定日期内（或约定日期）享有按事先确定的价格向合约卖方买卖某种金融工具的权利的契约，包括现货期权和期货期权两大类。除交易所交易的标准化期权、权证之外，还存在大量场外交易的期权，这些新型期权通常被称为奇异型期权。

④金融互换。这是指两个或两个以上的当事人按共同商定的条件，在约定的时间内定期交换现金流的金融交易。可分为货币互换、利率互换、股权互

换、信用违约互换等类别。

⑤结构化金融衍生产品。前述四种常见的金融衍生产品是最简单和最基础的金融衍生产品，利用其结构化特性，通过相互结合或者与基础金融产品结合，能够开发设计出更多具有复杂特性的金融衍生产品，后者通常被称为“结构化金融衍生产品”，或简称为“结构化产品”。

（2）衍生产品类证券产品的特征

衍生产品类证券产品具有下列四个显著特性：

①跨期性。金融衍生产品是交易双方通过对利率、汇率、股价等因素变动趋势的预测，约定在未来某一时间按照一定条件进行交易或选择是否交易的合约。

②杠杆性。金融衍生产品交易一般只需要支付少量的保证金或权利金就可签订远期大额合约或互换不同的金融产品，高杠杆一般意味着高风险和高收益并存。

③联动性。这是指金融衍生产品的价值与基础产品或基础变量紧密联系、规则变动。

④不确定性或高风险性。金融衍生产品的交易后果取决于交易者对基础产品（变量）未来价格（数值）的预测和判断的准确程度。

## 五、产品与客户适配的相关要求

适当性是指金融中介机构所提供的金融产品或服务与客户的财务状况、投资目标、风险承受水平、财务需求、知识和经验之间的契合程度。即投资适当性的要求是“适合的投资者购买恰当的产品”。

投资者适当性制度是境外成熟市场普遍采用的一种保护性措施，避免在金融产品创新过程中，将金融产品提供给风险并不匹配的投资群体。

证券公司在销售金融产品、提供金融服务时，可能会遇到客户要求购买或接受高于其风险承受能力等级的金融产品或金融服务的情形。针对这种情形，原则上讲，如果证券公司认为客户购买金融产品或接受金融服务不适当或者无法判断是否适当，证券公司不应该向客户主动进行推介。但是，如果客户主动要求购买或接受高于其风险承受能力等级的产品或服务，证券公司应当向其进行风险提示。经过风险提示后客户仍然坚持购买产品或接受服务的，证券公司应当要求客户以书面方式进行确认，由客户承诺对投资决定自行承担责任。证券公司应当保存好相关提示记录和确认文件，做好留痕工作。

适当性被忽略的原因主要有：投资者不一定能够掌握有关产品的充分信息；投资者因自身经验和知识的欠缺，即便掌握了充分的相关信息，也不一定能够评估产品的风险水平；投资者对自身的风险承受能力可能缺乏正确认知等。

【真题回顾（201604）】违反投资适当性原则的主要原因在于（　　）。

A. 投资者并不一定能够掌握有关产品的充分信息

B. 投资者自身经验和知识的欠缺

C. 投资服务机构可能会提供一些虚假的信息

D. 投资者对自身的风险承受能力也可能缺乏正确认知

答案：ABD

解析：投资适当性原则经常被违反，其主要原因在于：①投资者并不一定能够掌握有关产品的充分信息；②由于投资者自身经验和知识的欠缺，即便掌握了充分的相关信息，也不一定能够评估产品的风险水平；③投资者对自身的风险承受能力也可能缺乏正确认知。

## 第二节　时机选择

【大纲要求】

| 内容 | 程度 |
| --- | --- |
| 1. 买卖证券产品时机的一般原则 | 掌握 |
| 2. 证券产品进场时机选择的要求 | 熟悉 |
| 3. 证券产品买进时机选择的策略 | 熟悉 |
| 4. 证券产品卖出时机选择的策略 | 熟悉 |

【内容精讲】

### 一、买卖证券产品时机的一般原则

一般来讲，股价上涨转为下跌期间都是股票卖出时机，股价下跌转为上涨期间都是股票买进时机。具体而言，下列情况应立即买进股票，卖出在相反条件下操作：

（1）股价经长期下跌后，由股价指数显示的最后一次反弹后跌落的低点比反弹前的最低点高时。

（2）上证、深证两种股价平均数互相证实多头市场已来临时。

（3）股价经长期下跌后，计算出的市盈率已接近或低于股价最低点时的市盈率，说明股价已至低价区，趋势图上已形成重要的反转形态，并且向上突破颈线时。

（4）在多头市场中期的回档后期，股价向上突破整理形态，并加速上升远离整理形态时。

（5）股价向上突破下跌的趋势线，收盘价超过市价的3%以上时。

（6）连续三根甚至四根大阴线，紧跟着高幅度的一天反转时。

## 二、证券产品进场时机选择的要求

（1）进场时机的选择应结合证券市场环境；

（2）以理财的角度进行资产配置；

（3）流动性强的投资产品可考虑随时进场；

（4）进场时机选择应当在构建投资组合的基础之上；

（5）选择进场时机需要积极的投资思维跟进；

（6）进场时机的选择应当制定合理的退出目标。

## 三、证券产品买进时机选择的策略

1. 辨别买进时机

良好的买进时机就是股价全部下跌时。“低买”做到后，总会有“高卖”之时。当整个股市暴跌之后，个别股价也会遭受波及。一旦暴跌过后，无论买什么股类都会获利。

2. 选股不如选时

低价买进，高价卖出，是股票投资的基本方针。在股市熊市时买进，牛市时卖出，便是适当的时机。但人们的行为往往可能会有羊群效应。

3. 谷底买进战略

股价跌落谷底，而不容易回升时买进，这是股票投资的良机。股票在“股市萧条时买进”的原则，是不会变的。

4. 高价买进战略

高价买进战略是短期投资的一项策略。高价买进的战略若要成功，须具备三个条件：

（1）具有良好展望的股类；

（2）行情看涨；

（3）选择公司业绩良好的股类。

5. 其他买进策略要点

（1）重大利多因素正在酝酿时买进；

（2）不确切的传言造成非理性下跌时买进；

（3）总体经济环境因素逐渐趋向有利的时候或政府正在拟定重大的激励措施时买进。

### 四、证券产品卖出时机选择的策略

1. 卖出策略要点

（1）股票价格走势达到高峰，再也无力继续攀上时，应卖出股票；

（2）重大不利因素正在酝酿时应卖出股票；

（3）从高价跌落10%时应卖出股票。

2. 设置止盈止损点并严格控制

依据股票种类的不同，买进时最好先制订一个令自己满意的卖价目标。此价格以不使自己利益受损为原则，当股市行情到了自己预期的目标时，应及时抛出。

## 第三节　行业轮动

**【大纲要求】**

| 内容 | 程度 |
|---|---|
| 1. 行业轮动的概念和特征 | 了解 |
| 2. 行业轮动的驱动因素 | 了解 |
| 3. 行业轮动的主要策略及配置 | 了解 |
| 4. 不同行业轮动的关联性和介入时点的选择 | 了解 |

【内容精讲】

## 一、行业轮动的概念和特征

1. 概念

行业轮动是一种市场短期趋势的表现形式。在一个完整的经济周期中，有些是先行行业，有些是跟随行业。可以根据行业轮动现象，主动利用市场趋势获利，其本质是利用不同投资品种强势时间的错位对行业品种进行切换以达到投资收益最大化的目的。

2. 特征

行业轮动必须建立在对具体的体制、制度以及发展阶段的分析基础之上，并且关注经济的周期变化。不同制度的国家、不同的经济体系、不同的发展阶段，轮动策略不同。行业轮动有如下特征：

（1）行业轮动与经济周期和货币周期紧密联系，相互作用和影响；

（2）行业轮动必须注意经济体系的特征和经济变量的相互作用方式。

## 二、行业轮动的驱动因素

行业轮动的实质是一种行业受经济周期影响的现象，而不是行业本身的兴起或衰退。行业轮动研究的顺序是由经济的谷底开始，然后发展到高潮，再转向谷底。国家政策、公司自身运行状况、科技进步与行业成长周期、投资者理念变化构成了主要的行业轮动驱动因素。

1. 国家政策因素

国家政策因素与股市行业轮动具有关联影响。中国股票市场的供需矛盾、结构矛盾以及市场参与者的不成熟等原因，使政府加强了对股票市场的监管和调控，政策干预及调控成为市场波动的一个主要影响因素，中国股市一直有所谓的“政策市”之称，呈现出一种特殊的游戏规则。

股市政策较大程度地影响了中国股市的行业轮动，股市运行受短期性政策事件的影响极大。虽然近年来政策事件对股市的冲击作用正在逐步弱化，股市政策调控逐渐趋于成熟，但国家宏观经济政策对股市的影响仍然是股市波动当之无愧的第一影响因素。

2. 公司自身运行状况因素

上市公司运营情况是投资者最为关注的方面之一，随着近年来价值投资理念的深入人心，绩优行业的行情还会进一步看涨，在股市运行过程中上扬的走势将更加明显。事实上这一检验结果与我国股市的实际运行状况也是非常吻合的。但在中国股市运行的实际情况中，业绩不良的公司通过并购重组往往在一段时期内会出现较大的上涨行情。

3. 科技进步与行业成长周期因素

科技革命是影响所有行业及其上市公司命运的最重要因素，各个行业在科技革命中的归属、地位和代表性最终决定了一个行业在股市运行中的收益率和地位。在不同的科技水平下，不同的行业处于其行业成长周期的不同阶段，起着领涨与领跌的不同作用，反映到股市波动上来，就形成了行业板块间的交错轮动。

4. 投资者理念变化

传统的股票投资理念，主要依据两个投资理论，一是“空中楼阁理论”，它比较注重心理价值，主要研究分析投资者在将来可能会如何行动，估计在何种投资形势下公众最宜建造空中楼阁，然后抢在众人之前买进股票，待股价上涨之后抛出，以获得差价收益。二是“企业基础理论”，指股票投资主要取决于企业的基本面，通过仔细研究分析企业现在的情况和将来的前景，得出其内在的价值，当市场低于其内在价值时买进股票，市场股价高于其内在价值时卖出股票。

近年来，这种旧的投资理念受到了严重的挑战，国际市场上以企业基本面为基础的“价值投资理念”，在中国股市上日益为投资者所认同和接受。从2002年底开始，中国股市开始了新一轮的价格调整，投资者更为重视对绩优板块的投资，理性的价值投资成为市场的主导力量。反映到行业轮动上来，就表现为蓝筹股、绩优股行业明显的上升趋势。

## 三、行业轮动的主要策略及配置

轮动投资策略主要是通过对特定代理变量的观测适时投资强势品种，从而获取超额收益。行业轮动的主要策略有主动轮动和被动轮动。主动轮动通过代理变量的预示作用选择未来表现强势的行业进行投资。$M_2$（广义货币，Broad money，$M_2$ = 流通中的现金 + 企业活期存款 + 定期存款 + 居民储蓄存款 + 其他存款）行业轮动策略属于主动轮动策略。被动轮动是在轮动的趋势确立后进行相关行业的投资。市场情绪轮动策略属于被动轮动。

1. $M_2$ 行业轮动策略

（1）数据与轮动策略的建立

①信息的同步性：考虑到 $M_2$ 的披露时间及信息的传导时间，所有投资时段都滞后了一个月的时间；②组合的构建策略：在货币政策处于扩张时等权重配置周期性行业，紧缩时等权重配置非周期性行业。

（2）$M_2$ 行业轮动策略的优点

该策略具有如下优点：

①理念容易理解，且符合自上而下的投资理念，适合机构投资者进行行业配置。

②将行业划分为周期性和非周期性进行投资，这种分类标准与实际投资中对行业属性的认识也非常接近，减少了对行业基本面和公司信息的依赖。

③在紧缩时，由于选择投资于非周期性行业，能够避免较大的不确定性，使整个组合的风险大大降低，抗风险能力得到增强。

④依据货币供应增速 $M_2$ 进行轮动，使策略具有较强的可操作性。

从对货币周期的划分，到按照货币周期的紧缩和扩张进行行业轮动策略的实证来看，货币供应量 $M_2$ 是宏观经济运行中的重要指标，也是货币政策效果的集中体现，用它来指导行业配置确实能够起到增强组合收益、降低组合风险的作用。

2. 基于市场情绪的行业轮动策略

基于市场情绪设计行业轮动投资策略主要考虑两点：一是哪些行业处于上扬趋势，即哪些行业从市场情绪来看变得可投资；二是这些可投资的行业中哪些行业更具备比较优势，即哪些行业具有比业绩基准更强的上扬趋势。

市场情绪的刻画手段有很多，如种种技术指标都是从某一角度来刻画市场情绪的，联合证券金融工程也曾经开发出噪声指数、基于可交易组合的均线模式识别以及特定时段模式识别等技术来刻画市场多空情绪强弱，但必须选择交易信号指示明确的趋势性市场情绪指标。值得注意的是，一般市场情绪指标由于过度依赖历史信息，在遭遇行情剧烈波动时往往会发生误判，所以基于市场情绪的行业轮动策略中止损策略的考虑必不可少。

## 四、不同行业轮动的关联性和介入时点的选择

1. 行业轮动的关联性

（1）强势行业的关联性

我国证券市场行业表现的相关性较强，而理想的行业投资就是选择均能超越指数的多个行业进行组合投资，这就需要研究强势行业的关联性，也即当一个行业具有超越指数的能力时哪些行业同时也具备超越指数的能力。

我们把强势行业的关联定义为当一个行业超越沪深 300 指数时另一行业同期也能超越指数的概率，从近年的历史来看，信息与医药行业是最适宜同时投资的两大行业，当信息行业具备超越指数的能力时医药行业也有 70% 的概率超越沪深 300 指数，但整体来看并没有很稳健的行业关联规律，尤其是金融、能源和电信更无强关联的行业与其强势协同。

另外值得注意的是行业强势时段的弱关联，弱关联意味着应避免同时配置，如能源与信息、金融与信息、电信与公用间强势时段的关联最弱，同时配置很可能导致两个行业强弱互抵，从而难以战胜指数。

（2）个股强势轮动的关联性

个股强势轮动的关联强度用股票 A 超越指数的当月股票 B 也超越指数的概率来表示，个股的强势以两种方式表示，一是当月超越沪深 300 指数，二是当月超越沪深 300 指数 2% 以上。通过研究发现，个股强势轮动的关联强度相比行业有所增强。

2. 行业轮动介入时点的选择

行业轮动的时机是最难掌握的，需要对经济周期和市场周期进行前瞻性判断。

（1）四种周期

四种周期包括：政策周期、市场周期（估值周期）、经济周期和盈利周期。

在市场的不同阶段，这四种周期的演变速度和先后次序不同。熊末牛初，股市见底时这四种周期见底的先后次序是：政策周期领先于市场周期；市场周期领先于经济周期；经济周期领先于盈利周期。熊末牛初，判断市场走势，资金面和政策面是领先指标，基本面是滞后指标。

（2）三种杠杆

①财务杠杆：对利率的弹性。

②运营杠杆：对经济的弹性。

③估值杠杆：对剩余流动性的弹性。

第一阶段，熊市见底时，经济低迷，货币政策宽松，利率不断降低，通常财务杠杆高的企业先见底，剩余企业的市场份额和定价权都得到提高；第二阶段，经济开始复苏，利率稳定于低位，此时的行业轮动通常是运营杠杆高的行业领涨；第三阶段，经济繁荣，利润快速增长，股票价格涨幅更大，估值扩张替代基本面改善成为推动股价的主动力，这时估值杠杆高，有想象空间的股票往往能够领涨；第四阶段，熊牛替换时，不应过度关注盈利增长的确定性，而应关注股票对各种正在改善的外部因素的弹性。

（3）介入时点选择

选择介入时点时应注意以下几点：

①牛市和熊市是四个周期和三个杠杆的博弈和互动。

②有周期性就表明有可预测性。

③认识四种周期的先后顺序和相互间的作用之后，才能在牛熊更替中作出有预见性和前瞻性的判断。

④有杠杆，股价的波动浮动通常会较为剧烈。

⑤当股市经过大跌而达到合理的估值水平之后，开始在资金面和政策面的推动下上涨，这时不应过多担忧基本面。

⑥单纯的行业轮动的时机选择是比较困难的，必须结合估值和品质综合考量。

# 第七章

# 投资组合

## 第一节　股票投资组合

【大纲要求】

| 内容 | 程度 |
|---|---|
| 1. 投资组合管理的目标 | 熟悉 |
| 2. 投资组合管理的步骤 | 熟悉 |
| 3. 股票投资风格分类体系 | 熟悉 |
| 4. 股票投资风格绩效评价的指标体系和计算方法 | 掌握 |
| 5. 积极型股票投资策略操作方法 | 掌握 |
| 6. 简单型消极投资策略 | 了解 |
| 7. 指数型消极投资策略的市值法和分层法 | 掌握 |
| 8. 加强指数法 | 熟悉 |

【内容精讲】

### 一、投资组合管理的目标

投资组合管理是指投资管理人按照资产选择理论与投资组合理论对资产进行多元化管理，以实现分散风险、提高效率的投资目的。投资者需求往往是根据风险来定义的，而投资组合管理者的任务则是在承担一定风险的条件下，使投资回报率实现最大化。

## 二、投资组合管理的步骤

组合管理的目标是实现投资收益的最大化，也就是使组合的风险和收益特征能够给投资者带来最大满足。具体而言，就是使投资者在获得一定收益水平的同时承担最低的风险，或在投资者可接受的风险水平之内使其获得最大的收益。不言而喻，实现这种目标有赖于有效和科学的组合管理内部控制。从控制过程来看，证券组合管理通常包括以下几个基本步骤：

（1）确定证券投资政策。证券投资政策是投资者为实现投资目标应遵循的基本方针和基本准则，包括确定投资目标、投资规模和投资对象以及应采取的投资策略和措施等。投资目标是指投资者在承担一定风险的前提下，期望获得的投资收益率。由于证券投资属于风险投资，而且风险和收益之间呈现一种正相关关系，所以证券组合管理者如果把只能赚钱不能赔钱订为证券投资的目标，是不客观的。客观和合适的投资目标应该是在盈利的同时也承认可能发生的亏损。因此，投资目标的确定应包括风险和收益两项内容。投资规模是指用于证券投资的资金数量。投资对象是指证券组合管理者准备投资的证券品种，它是根据投资目标确定的。确定证券投资政策是证券组合管理的第一步，它反映了证券组合管理者的投资风格，并最终反映在投资组合所包含的金融资产类型特征上。

（2）进行证券投资分析。证券投资分析是证券组合管理的第二步，是指对证券组合管理第一步所确定的金融资产类型中个别证券或证券组合的具体特征进行考察分析。这种考察分析的一个目的是明确这些证券的价格形成机制和影响证券价格波动的诸因素及其作用机制；另一个目的是发现那些价格偏离其价值的证券。

（3）构建证券投资组合。构建证券投资组合是证券组合管理的第三步，主要是确定具体的证券投资品种和在各证券上的投资比例。在构建证券投资组合时，投资者需要注意个别证券选择、投资时机选择和多元化三个问题。个别证券选择主要是预测个别证券的价格走势及其波动情况；投资时机选择涉及预测和比较各种不同类型证券的价格走势和波动情况（例如，预测普通股相对于公司债券等固定收益证券的价格波动）；多元化则是指在一定的现实条件下，组建一个在一定收益条件下风险最小的投资组合。

（4）投资组合的修正。投资组合的修正作为证券组合管理的第四步，实际上是定期重温前三步的过程。随着时间的推移，过去构建的证券组合对投资者来说，可能已经不再是最优组合了，这可能是因为投资者改变了对风险和回报的态度，或者是其预测发生了变化。作为对这种变化的反应，投资者可能会对现有的组合进行必要的调整，以确定一个新的最佳组合。然而，进行任何调整都将支付交易成本，因此投资者应该对证券组合在某种范围内进行个别调整，使在剔除交易成本后，在总体上能够最大限度地改善现有证券组合的风险回报特性。

（5）投资组合业绩评估。证券组合管理的第五步是通过定期对投资组合进行业绩评估，来评价投资的表现。业绩评估不仅是证券组合管理过程的最后一个阶段，也可以看成一个连续操作过程的组成部分。说得更具体一点，可以把它看成证券组合管理过程中的一种反馈与控制机制。由于投资者在投资过程中获得收益的同时还将承担相应的风险，获得较高收益可能是建立在承担较高风险的基础之上，因此在对证券投资组合业绩进行评估时，不能仅仅比较投资活动所获得的收益，而应该综合衡量投资收益和所承担的风险情况。

【真题回顾（201611）】确定具体的投资品种和在各种资产的投资比例属于证券组合管理中的一个重要步骤，该步骤也可以表述为（　　）。

A. 构建证券投资组合　　B. 进行证券投资分析

C. 确定证券投资政策　　D. 投资组合的修正

答案：A

解析：证券投资组合管理通常包括证券投资政策、进行证券投资分析、构建证券投资组合、投资组合的修正、投资组合业绩评估。其中，构建证券投资组合主要是确定具体的证券投资品种和在各证券上的投资比例。

## 三、股票投资风格分类体系

股票市场上的基金经理人往往采取一些不同的投资策略，这些策略逐渐演变成不同的投资类型。常见的投资类型是增长类股票投资和收益类（或非增长类）股票投资。此外，还有按照公司规模划分的小型资本股票（通常称为小盘股）投资和大型资本股票（通常称为大盘股）投资等。

这些类型是按市场上不同行为模式的股票集合划分的。也就是说，这些股票类型可以看成股票市场的子市场。这些子市场的存在使基金经理人可以根据不同股票集合的行为模式规划投资战略。相应地，在不同股票集合行为模式的基础上制定战略也使投资者拥有更多的选择机会。

所谓股票投资风格分类体系，就是按照不同标准将股票划分为不同的集合，具有相同特征的股票集合共同构成一个系统的分类体系。因此，股票投资风格的划分关键是对股票特征的把握和分类标准的选取。不同风格股票的划分具有不同的方法，即使在同样风格股票的划分过程中也可能存在不同的方法。建立这样的风格分类体系并不是一项简单的工作。事实上，对股票进行风格划分的过程也正是基金管理人投资策略的形成过程。

1. 按公司规模分类

按公司规模划分的股票投资风格通常包括小型资本股票、大型资本股票和混合型资本股票三种类型。对股票按公司规模分类是基于不同规模公司的股票具有不同的流动性，通常小型资本股票的流动性较低，而大型资本股票的流动性则相对较高；股票投资收益是对投资者承担风险和放弃收益的综合补偿。鉴于小型股票的流动性偏低，因此从长期来看，小型资本股票的回报率实际上要比大型资本股票更高。

2. 按股票价格行为的分类

按股票价格行为所表现出来的行业特征，可以将股票分为增长类、周期类、稳定类和能源类等类型。通过分析股票在市场上的不同价格行为，并以此作为分类标准似乎更加直观。其划分依据主要是各个股票之间的相关系数，从而使每一类股票内部的相关系数均为正而且较大，而不同类型的股票之间的相关性则不高。这种分析方法用来确定股票的价格行为是否和增长类股票与非增长类股票（周期类、稳定类、能源类股票）的分类相一致。

3. 按公司成长性分类

按照公司成长性可以将股票分为增长类股票和收益类（非增长类）股票。通常，我们将增长类股票定义为增长速度超过经济发展速度的股票；收益类股票则是随经济发展速度同步增长的股票。为了便于分析，我们通常选取持续增长率和红利收益率为指标来描述公司的成长性。

具有高增长率的公司为了加速扩张发展，会保持较高的盈余保留率，因此只会支付较低的红利；非增长类公司由于已经进入成熟期，不再大幅扩张，因此会支付较高的红利，相对于未反映出公司成长性的股价而言，将会有较高的红利收益率。

【真题回顾（201604）】按股票价格行为所表现出来的行业特征，可将股票分为（　　）。

A. 增长类股票　B. 稳定类股票　　C. 周期类股票　D. 能源类股票

答案：ABCD

解析：不同风格股票的划分具有不同的方法：①按公司规模划分的股票投

资风格通常包括小型资本股票、大型资本股票和混合型资本股票三种类型；②按股票价格行为所表现出来的行业特征，可以将其分为增长类、周期类、稳定类和能源类等类型；③按照公司成长性可以将股票分为增长类股票和非增长类（收益类）股票。

### 四、股票投资风格绩效评价的指标体系和计算方法

股票投资风格指数就是对股票投资风格进行业绩评价的指数。比如，增长类股票和非增长类股票的基本特点有很大的不同，因而专门投资于增长类或收益类股票的经理业绩很大程度上取决于所选取股票类型的发展趋势。由此引入了风格指数的概念作为评价投资管理人业绩的标准。

以公司成长性为标准设计的风格指数为例。在按照一定的指标，如市盈率和市净率指标将股票分为增长类和非增长类之后就可以按照一定的权重构建指数，反映各自的回报情况。风格指数可以使基金经理更清楚地了解某类股票在一定时期内的走向，其所起到的作用就像对市场状况有广泛代表性的标准普尔 500 指数一样。相应地，这些指数为精确地评估投资经理管理由增长类股票和收益类股票组成的投资组合的业绩提供了一个标准。

1. 消极的股票投资风格管理及应用

所谓消极的股票投资风格管理，是指选定一种投资风格后，不论市场发生何种变化均不改变这一选定的投资风格。对集中投资于某一种风格股票的基金经理人而言，选择消极的股票风格管理是非常有意义的。因为投资风格相对固定，既节省了投资的交易成本、研究成本、人力成本，也避免了不同风格股票收益之间相互抵消的问题。

2. 积极的股票投资风格管理及应用

所谓积极的股票投资风格管理，是指通过对不同类型股票的收益状况作出的预测和判断，主动改变投资组合中增长类、周期类、稳定类和能源类股票权重的股票投资风格管理方式。

【真题回顾（201705、201605）】股票投资风格指数是对股票投资风格进行（　　）的指数。

A. 风险评价　　B. 业绩评价　　C. 资产评价　　D. 负债评价

答案：B

解析：股票投资风格指数是对股票投资风格进行业绩评价的指数，引入了风格指数的概念作为评价投资管理人业绩的标准。比如，增长类股票和非增长

类股票的基本特点有很大的不同，因而专门投资于增长类或收益类股票的经理业绩很大程度上取决于所选取股票类型的发展趋势。由此引入了风格指数的概念作为评价投资管理人业绩的标准。

## 五、积极型股票投资策略操作方法

积极型股票投资策略归纳起来大致包括以下几种：在否定弱式有效市场前提下的以技术分析为基础的投资策略，如道氏理论、移动平均法、价格与交易量的关系等理论；在否定半强式有效市场前提下的以基本分析为基础的投资策略，如低市盈率法和股利贴现模型等；结合对弱式有效市场和半强式有效市场的挑战，人们提出的市场异常策略，如小公司效应、日历效应等。

1. 以技术分析为基础的投资策略

以技术分析为基础的投资策略是在否定弱式有效市场的前提下，以历史交易数据为基础，预测单只股票或市场总体未来变化趋势的一种投资策略。

（1）道氏理论

道氏理论是技术分析的鼻祖，在道氏理论之前技术分析还不成体系。美国人查尔斯·道是道氏理论的创始人。为了反映市场总体趋势，他与爱德华·琼斯创立了著名的道琼斯平均指数。

道氏理论的主要观点有：

①市场价格指数可以解释和反映市场的大部分行为。这是道氏理论的核心思想，其理论含义就是任何因素对证券市场的影响最终都必然体现在股票价格的变动上。因此，只要对基于市场交易数据建立的市场价格指数进行分析就可以观察市场的大部分行为。目前世界资本市场应用最广泛的道琼斯工业指数、标准普尔500指数、金融时报指数、日经指数等都是源于道氏理论的思想。

②市场波动具有三种趋势：主要趋势、次要趋势和短暂趋势。道氏理论认为价格的波动尽管表现形式不同，但是，我们最终可以将它们分为三种趋势，即主要趋势、次要趋势和短暂趋势。三种趋势的划分为其后出现的波浪理论打下了基础。

③交易量在确定趋势中具有重要作用，趋势反转点是作出判断的一个重要参考指标。在对股票价格未来走势进行预测时，趋势反转点是作出判断的一个重要参考指标。而股票价格走势是暂时的调整还是趋势较长时间段的反转，有的时候往往很难判别。在长期的实践中，人们找到了一个很好的辅助参考指标——交易量指标。通过对交易量放大或萎缩的观察，再配合对股票价格形态

的分析，增加了对趋势反转点判断的准确性。

④收盘价是最重要的价格。对股票价格表现而言，一般一天有几个比较重要的价格：开盘价、收盘价、全天最高价、全天最低价。道氏理论认为在所有价格中，收盘价最重要。

从操作效果来看，道氏理论对大的趋势判断有较大的作用，对短期波动的预测则显得无能为力。另外，道氏理论的结论滞后于价格的缺陷也限制了该理论的广泛应用。

（2）超买超卖型指标

在道氏理论之后，越来越多的投资经理注意到，可以通过控制股价背离参考基准的幅度作出买入或卖出决定，进而实现控制投资损益的目的。根据选定的参考基准和计算方法的差异，相继出现了简单过滤器规则、移动平均法、上涨和下跌线以及相对强弱理论。其中，以简单过滤器规则和移动平均法为代表。

①简单过滤器规则。简单过滤器规则是以某一时点的股价作为参考基准，预先设定一个股价上涨或下跌的百分比作为买入和卖出股票的标准，即如果股票价格相对于参考基准上升的幅度达到了预先设定的百分比，就买入该股票；而如果股票价格相对于参考基准下跌的幅度达到了预先设定的百分比，就卖出该股票。这一事先设定的股票价格变化的百分比就称为“过滤器”。它将股价上涨或下跌幅度达到标准的股票筛选出来作为投资组合的选择对象。

简单过滤器规则无论是从理论基础来看还是从具体操作来看都比较简单而且直观，但是在执行过程中，基金经理人还必须考虑交易成本对投资收益的影响。在短期内股票价格波动较大的情况下，依据简单过滤器规则可能经常会发出买入或卖出的信号，而频繁操作的结果则可能产生较高的交易成本，也不利于投资组合的稳定。

另外，在投资领域被广泛应用的止损定律与简单过滤器规则具有相同的理论基础。简单过滤器规则是判断股票价格是否进入上升期或是下降期，并开始追涨或杀跌；而止损定律则是指股价下跌10%或者某一个预先设定的百分比就卖出所持股票，从而达到将损失控制在一定范围之内的目的。

②移动平均法。移动平均法实质上是简单过滤器规则的一种变形。它以一段时期内的股票价格移动平均值为参考基础，考察股票价格与该平均价之间的差额，并在股票价格超过平均价的某一百分比时买入该股票，在股票价格低于平均价的一定百分比时卖出该股票。

根据计算方式和选择参数的不同，计算平均价的方式可以是简单移动平均，也可以是对某一区间的价格赋予更大权重从而计算出综合的移动平均价。

移动平均法可以参考乖离率（BIAS）的计算公式来测定股价的背离程度。乖离率是描述股价与股价移动平均线距离远近程度的一个指标。BIAS 的计算公式为

N 日乖离率 =（当日收盘价 - N 日移动平均价）/N 日移动平均价 ×100%

当乖离率超过某数值时，为卖出时机；当乖离率低于某负数值时，为买入时机。不同的团队，不同的情形下，设定的乖离率不同。

（3）价量关系指标

市场行为最基本的表现就是成交价和成交量。过去和现在的成交价、成交量涵盖了过去和现在的市场行为。技术分析就是利用过去和现在的成交量、成交价资料，以图形分析和指标分析为工具，来解释预测未来的市场走势。在某一点上的价和量反映的是买卖双方在这一时点上共同的市场行为，是双方的暂时均势点。随着时间的变化，均势会不断发生变化，这就是价量关系的变化。一般地，买卖双方对价格的认同程度通过成交量的大小得到确认：认同程度大，成交量大；认同程度小，成交量小。双方的这种市场行为反映在价、量上就往往呈现出这样一种趋势：价升量增、价跌量减。根据这一趋势规律，当价格上升时，成交量不再增加，意味着价格得不到买方确认，价格的上升趋势将会改变；反之，当价格下跌时，成交量萎缩到一定程度就不再萎缩，意味着卖方不再认同价格的继续下降了，价格下降趋势将会改变。成交价、成交量的这种规律关系是技术分析的合理性所在。因此，价、量是技术分析的基本要素，一切技术分析方法都是以价量关系为研究对象的。用技术分析预测股票的价格走势时，价量关系是一个重要的参考指标。成交量是推动股价上涨的原动力，是测量股市行情变化的温度计，通过其增加或减少的速度可以推断出多空之间的力量对比和股价涨跌的幅度。通常认为，交易量和价格都上升是投资者对某只股票感兴趣而且这一兴趣将持续下去的信号。反之，价格上升而交易量下降则是股票价格随后将下跌的信号。由此，人们总结出逆时针曲线理论的八大循环，即价稳量增、价量齐升、价涨量稳、价涨量缩、价稳量缩、价跌量缩、价格快速下跌而量小、价稳量增。葛兰碧在对成交量和股价趋势关系研究之后，总结出九大法则，被称为葛兰碧九大法则。

目前，价量关系的对比分析已经成为技术分析的基本手段。

2. 以基本分析为基础的投资策略

基本分析是在否定半强式有效市场的前提下，以公司基本面状况为基础进行的分析，其内容包括公司的资本结构、资产运作效率、偿债能力、盈利能力

和市场占有率等方面，还可以通过同行业的横向或上下游的纵向比较加深对公司基本面的了解。

所谓半强式有效市场，就是证券当前价格完全反映所有公开信息，不仅包括证券价格序列信息，还包括有关公司价值的信息、有关宏观经济形势和政策方面的信息。如果市场是半强式有效的，那么目前的价格是合适的，未来的价格变化依赖于新的公开信息。而基本分析则是否定这种股价合适的情况，也就是说，有些股价是被错估的，通过对公司基本面相关公开信息的分析来找到被错估的股票，并以此获得超额利润。目前通用的基本分析方法主要有以下几类：

（1）低市盈率（P/E 比率）

选择“双低”股票作为自己的目标投资对象是目前机构投资者普遍运用的投资策略。所谓“双低”，就是低市盈率、低市净率。市盈率是股票价格与每股净利润的比值，市净率则是股票价格与每股净资产的比值。这种选择的理论基础在于，这两类股票的股价有较高的实际收益的支持。也就是说，这类股票价格被高估的可能性较低，被低估的可能性则较高。选取这两个指标有利于投资经理筛选价值被低估或风险较小的股票。从目前世界市场的股价表现来看，在美国曾一度出现的股市泡沫使人们对高市盈率和高市净率的股票缺乏投资信心。因此，低市盈率指标受到普遍欢迎正是在股市过热之后，投资理念向价值回归的一种表现。

（2）股利贴现模型

股利贴现模型（DDM）就是将未来各期支付的股利（通常还包括未来某时股票的预期售价）通过选取一定的贴现率折合为现值的方法，考察即期资产价格与预期未来现金流量折现后的现值之间的差异，即净现值（NPV），据此判断股票是否被错误定价。如果净现值大于 0，即股票价值被低估，应买入；如果净现值小于 0，即股票价格被高估，应卖出。模型中的预期现金流量包括预期的股利支付和未来某时股票的预期售价。通常我们可以通过资本资产定价模型确定折现率，并假定在全部期限内折现率保持不变。按照对未来股利支付的不同假定，股利贴现模型可演化为固定增长模型、三阶段股利贴现模型或随机股利贴现模型等具体表现形式。

另外，我们也可以从内含报酬率的角度来判断买入或卖出。内含报酬率就是净现值等于 0 时的折现率，它反映了股票投资的内在收益情况。如果内含报酬率高于资本的必要收益率，则买入；如果内含报酬率低于资本的必要收益率，则卖出。

3. 市场异常策略

常见的市场异常策略包括小公司效应、低市盈率效应、被忽略的公司效应以及日历效应、遵循公司内部人交易活动等策略。

（1）小公司效应

所谓小公司效应就是我们在股票投资风格管理中曾经提到的，以市场资本总额衡量的小型资本股票，它们的投资组合收益通常优于股票市场的整体表现。一些研究成果支持了这一效应。从统计数据来看，在大多数时间里，小公司的投资回报优于大公司。

（2）低市盈率效应

低市盈率效应是指由低市盈率股票组成的投资组合的表现要优于由高市盈率股票组成的投资组合的表现。这与基本分析中的低市盈率指标基本吻合。通过对低市盈率股票的观察可以发现：一方面，这类股票的市场价格更接近于价值，或者出现价值被低估的情况；另一方面，这类股票往往是市场投资者关注较少的股票，或者不是短期内的热点。而对资本市场而言，价格向价值回归是一种长期趋势，热点转换或者行业轮动也是市场运动的规律，因此价值被低估的、暂时性非热点的公司，往往就是潜在的下一个热点，其股价上涨的空间和概率都比较大。

（3）被忽略的公司效应

这指那些被市场忽略的公司的表现常常会优于那些备受关注的公司的表现。

（4）日历效应

人们在长期的投资实践中发现，在每年的某个特定时刻或者时间段，市场走势往往表现出一些特定的规律。例如，在长假前的几天里，在假期消费心理和大资金回笼的影响下，股价走势往往比较弱。因此，在具体操作中，很多机构人员可能选择在特定时刻或者时间段到来之前预先反应，从而更好地把握投资机会。

（5）遵循公司内部人的交易活动

现实中完全有效的市场是不可能或很难达到的目标，因此我们通常所说的内部人往往可以利用其特殊地位提前于投资者获得公司尚未公布的信息，或者掌握比普通投资者更多的信息，并以此获得超额回报。正如我们所知道的那样，一项信息只有在由少数人掌握的情况下才可能为其带来超额收益，一旦信息被所有人获得，则超额收益就会消失。而内部人正是掌握该信息的少数人，因此有些投资者采取跟随内部人的方式实施其投资策略，在有些时候也可以分享一部分超额收益。

4. 各投资策略的比较及主流变换

以技术分析为基础的投资策略与以基本分析为基础的投资策略的区别主要包括以下几个方面：

（1）对市场有效性的判定不同

以技术分析为基础的投资策略是以否定弱式有效市场为前提的，认为投资者可以通过对以往价格进行分析而获得超额利润；而以基本分析为基础的投资策略是以否定半强式有效市场为前提的，认为公开资料没有完全包括有关公司价值的信息、有关宏观经济形势和政策方面的信息，因此通过基本分析可以获得超额利润。

（2）分析基础不同

技术分析以市场上历史的交易数据（股价和成交量）为研究基础，认为市场上的一切行为都反映在价格变动中；基本分析以宏观经济、行业和公司的基本经济数据为研究基础，通过对公司业绩的判断确定其投资价值。

（3）使用的分析工具不同

技术分析通常以市场历史交易数据的统计结果为基础，通过曲线图的方式描述股票价格运动的规律；基本分析则主要以宏观经济指标、行业基本数据和公司财务指标等数据为基础进行综合分析。

从投资策略发展演变的过程来看，技术分析和基本分析都曾经主导过一个时期投资分析的主流。从道·琼斯提出道氏理论以来，技术分析得到了蓬勃发展，比较典型的如K线理论、切线理论、波浪理论等都是较为成熟而且应用广泛的技术分析理论。随着上市公司运作的逐步规范和投资理念的理性回归，基本分析越来越受到投资者的关注，股利贴现模型和低市盈率等指标都得到了更为广泛的应用。

投资策略发展到今天，目前以基本分析为主，辅以技术分析，这也是投资策略的主流。以基本分析作为判断公司投资价值的基础，以技术分析观察股价市场走势判断买卖时机，两种分析方法的结合充分发挥了各自的优势。

## 六、简单型消极投资策略

简单型消极投资策略一般是在确定了恰当的股票投资组合之后，在3～5年的持有期内不再发生积极的股票买入或卖出行为，而进出场时机也不是投资者关注的重点。简单型消极投资策略具有交易成本和管理费用最小化的优势，但同时也放弃了从市场环境变化中获利的可能。适用于资本市场环境和投资者偏好变化不大，或者改变投资组合的成本大于收益的情况。

## 七、指数型消极投资策略的市值法

积极型股票投资策略是投资经理人在长期的实践摸索中逐步形成的多样化投资策略的集合表现形式，在长期的发展过程中形成了各种不同的理论基础和具体的操作方法。归纳起来大致包括以下几种：在否定弱式有效市场前提下的以技术分析为基础的投资策略，如道氏理论、移动平均法、价格与交易量的关系等理论；在否定半强式有效市场前提下的以基本分析为基础的投资策略，如低市盈率法和股利贴现模型等；结合对弱式有效市场和半强式有效市场的挑战，人们提出的市场异常策略，如小公司效应、日历效应等。

指数型消极投资策略的核心思想是相信市场是有效的，任何积极的股票投资策略都不能取得超过市场的投资收益，因此复制一个与市场结构相同的指数组合，就可以排除非系统性风险的干扰而获得与市场相同或相近的投资回报。因此，采取指数型策略的投资管理人并不试图用基本分析的方式来区分价值被高估或低估的股票，也不试图预测股票市场的未来变化，而是力图模拟市场构造投资组合，以取得与市场组合相一致的风险收益结果。

投资组合的构建方法有完全复制法、市值加权法、分层市值加权法和最优化法。

1. 完全复制法

完全复制法是把指数中所包含的股票全部复制到组合中，个股投资比例和标的指数完全一致。

2. 市值加权法

市值加权法是根据指数成分股的市值权重，按从大到小的顺序，选取前几位的股票构建模拟组合。

3. 分层市值加权法

分层市值加权法就是首先对指数成分按照某种标准进行分类，然后在每类中再度按照权重选取前几位的股票构建模拟组合。

4. 最优化法

最优化法是用数学运筹学的方法，在满足指数化模拟构建的前提下，使其中的某个目标实现最优化。

【真题回顾（201703、201609）】指数型股票投资策略的基本理念是（ ）。

A. 证券的价格波动很大，而其内在价值稳定且可测量，短期内证券市场价格通常会偏离其内在价值，但市场存在自我纠偏的机制，长期来看市场价格与其内在价值趋同

B. 在市场中筛选出预期利润或收入具有高增长潜力的成长型上市公司，且公司当前股价能够反映公司的成长性，从而在未来具有较大的上升空间

C. 通过购买一部分或者全部某特定指数所包含的股票，来构建指数基金的投资组合，目的是使这个投资组合的变动趋势与该指数相一致，以取得与指数大致相同的收益率

D. 证券的价格可通过对过往价格走势进行分析，从而在此基础上，对未来的股价进行预测

答案：C

解析：指数型消极投资策略是指通过复制一个与市场结构相同的指数组合，构建指数基金的投资组合，从而排除非系统性风险的干扰，获得与市场相同或相近的投资回报。

【真题回顾（201611）】下列各项中，（　　）是对指数按照某种标准进行分类，然后按照权重选择股票构建组合。

A. 分类市值加权法　　B. 最优市值加权法

C. 分层市值加权法　　D. 完全市值加权法

答案：C

解析：分层市值加权法就是首先对指数成分按照某种标准进行分类，然后在每类中再度按照权重选取前几位的股票构建模拟组合。

### 八、加强指数法

鉴于目前国际上很多国家的资本市场还无法达到强式有效市场的标准，比如我国股市目前是一种弱式有效市场，在这样的市场条件下，投资者可以通过获取比别人更多的信息或掌握更多的技术获得更高的收益。这使主动式的专家理财方式有可能比被动式的指数化管理取得更好的成绩。因此，基金管理人试图将指数化管理方式与积极型股票投资策略相结合，在盯住选定的股票指数的基础上作适当的主动性调整，这种股票投资策略被称为加强指数法。

虽然加强指数法的核心思想是将指数化投资管理与积极型股票投资策略相结合，但是加强指数法与积极型股票投资策略之间仍然存在着显著的区别，也

就是风险控制程度不同。加强指数法的重点是在复制组合的基础上加强风险控制，其目的不在于积极寻求投资收益的最大化，因此通常不会引起投资组合特征与基准指数之间的实质性背离。而积极型股票投资策略对投资组合与基准指数的拟合程度要求不高，因此经常会出现与基准指数的特征产生实质性偏离的情况。

事实上，加强指数法的出现也反映了投资管理方式的发展出现了新的变化，即积极型管理与消极型管理开始相互借鉴，甚至相互融合。市场的发展使双方都意识到了自身运作的局限性，从而开始尝试借鉴和吸收对方的有效内容，降低风险或提高收益。例如，有的积极型股票投资管理者可能吸收了一部分指数化投资方式；而有的消极型股票投资管理者可能在不偏离基本原则的基础上，增加积极型投资管理的因素。

# 第二节　债券投资组合

**【大纲要求】**

| 内容 | 程度 |
| --- | --- |
| 1. 水平分析、债券互换、骑乘收益率曲线等积极型债券组合管理策略 | 掌握 |
| 2. 指数策略、免疫策略等消极型债券组合管理策略 | 掌握 |

**【内容精讲】**

## 一、积极型债券组合管理策略

积极型债券投资组合管理策略包括了水平分析、债券互换、骑乘收益率曲线等类型。

1. 水平分析

水平分析是一种基于对未来利率预期的债券组合管理策略，其主要的形式为利率预期策略，也就是债券投资者基于其对未来利率水平的预期调整债券资产组合，以使其保持对利率变动的敏感性。由于久期是衡量利率变动敏感性的重要指标，这意味着如果预期利率上升，就应当缩短债券组合的久期；如果预期利率下降，则应当增加债券组合的久期。对以债券指数作为评价基准的资产管理人来说，当预期利率上升时，将缩短投资组合的持续期；反之，当预期利率下降时，将增加投资组合的持续期。

2. 债券互换

债券互换就是同时买入和卖出具有相近特性的两个以上债券品种，从而获取收益级差的行为。不同债券品种在利息、违约风险、期限（久期）、流动性、税收特性、可回购条款等方面的差别，决定了债券互换的可行性和潜在获利可能。在进行积极债券组合管理时使用债券互换有多种目的，但其主要目的是通过债券互换提高组合的收益率。

一般而言，只有在存在较高的收益级差和较短的过渡期时，债券投资者才会进行互换操作。过渡期是指债券价格从偏离值返回历史平均值的时间。收益级差越大，过渡期越短，投资者从债券互换中获得的收益率就越高。

债券互换的估价方法相当复杂。一种较简单的估价方法是投资期分析法。投资期分析法把债券互换各个方面的回报率分解为四个组成成分，其中源于时间成分和票息因素所引起的收益率变化是两种确定性的成分，而由于到期收益率变化所带来的资本增值或损失（收益成分）和票息的再投资收益是两种不确定性的组成成分。

总回报 = 时间成分 + 票息 + 收益成分 + 票息再投资收益

以投资期分析为基础，可以分别讨论不同类型的债券互换：替代互换、市场间利差互换以及税差激发互换。

（1）替代互换

定义：替代互换是指在债券出现暂时的市场定价偏差时，将一种债券替换成另一种完全可替代的债券，以期获取超额收益。替代互换是在同一种类债券之中的两个债券之间进行的。如 A 国债和 B 国债之间，A 企业债和 B 企业债之间。

风险来源：①纠正市场定价偏差的过渡期比预期的更长；②价格走向与预期相反；③全部利率反向变化。

（2）市场间利差互换

定义：市场间利差互换是不同市场之间债券的互换。投资者进行这种互换操作的动机，是由于投资者认为不同市场债券的利差偏离了正常水平并以某种趋势继续运行。市场间利差互换所涉及的债券种类是不同的，如 A 国债和 B 企业债之间。

市场间利差互换有两种操作思路：①买入一种收益相对较高的债券，卖出当前持有的债券。其操作依据是预期市场间的债券利差会缩小，新购买的债券价格相比于原先持有的债券具有更快的上升速度。②买入一种收益相对较低的债券而卖出当前持有的债券。其操作依据是市场间的债券利差会延续原来的趋势继续扩大，这样新购买的债券的价格会继续上升，其到期收益率还将下降，通过债券互换就能够实现更高的资本增值。看似矛盾的操作，其实是因为对市场的判断不同导致的策略差异。

风险来源：面临的风险包括过渡期会延长、新买入债券的价格及到期收益率走势和预期的趋势不同等。因此，相比于替代互换，市场间利差互换的风险更大一些。

（3）税差激发互换

税收对债券投资收益具有明显影响。其影响的主要途径有：债券收入现金流本身的税收特性不同（如国债与企业债券的投资收益适用于不同的税率）、现金流的形式（如资本增值和利息收入作为不同形式的现金流要承担不同的税负）、现金流的时间特征（相同税率条件下，越晚支付越好）。税差激发互换的目的就在于通过债券互换来减少年度的应付税款，从而提高债券投资者的税后收益率。

3. 骑乘收益率曲线

骑乘收益率曲线策略又称收益率曲线追踪策略，可以视为水平分析的一种特殊形式。债券的收益率曲线随时间变化而变化，因此债券投资者就能够以债券收益率曲线形状变动的预期为依据来建立和调整组合头寸。

收益率曲线的变化方式有平行移动和非平行移动两种。非平行移动又分为收益率曲线的斜度变化和收益率曲线的谷峰变动两种情况。一般认为，较平缓的收益率曲线说明长期债券与短期债券之间的收益差额趋于递减，而较陡峭的收益率曲线预示长短期债券之间的收益差额是递增的。

常用的收益率曲线策略包括子弹式策略、两极策略和梯式策略三种。其中，子弹式策略是使投资组合中债券的到期期限集中于收益率曲线的一点；两极策略是将组合中债券的到期期限集中于两极；梯式策略是将组合中债券到期期限进行均匀分布。

债券收益率曲线的变动将带来投资组合的不同业绩表现，投资者需要根据自身的需求和风险承受能力选择适当的投资策略。例如，当收益率曲线很陡时，子弹组合的业绩经常优于两极组合；当收益率曲线有正的斜率，并且预计收益率曲线不变时，长期债券的收益率较短期债券的收益率更高。但是，这种投资策略也会导致风险的提高。投资者必须权衡更高的预期收益与更高的价格波动风险，以调整其债券投资组合。

【真题回顾（201705、201604）】以下投资策略中，不属于积极债券组合管理策略的是（　　）。

A. 指数化投资策略

B. 多重负债下的组合免疫策略

C. 多重负债下的现金流匹配策略

D. 债券互换

答案：ABC

解析：积极债券组合管理策略包括：水平分析、债券互换、应急免疫、骑乘收益率曲线；消极债券组合管理策略包括指数化投资策略、久期免疫策略、现金流匹配策略、阶梯形组合策略、哑铃形组合策略等。

## 二、消极型债券组合管理策略

消极型债券组合管理策略是指消极的债券组合管理者往往把市场价格视为均衡交易价格，于是他们并不寻找被低估的品种，而只关注于控制债券组合的风险。一般使用两种消极管理策略：一种是指数策略；另一种是免疫策略。

指数策略和免疫策略都假定市场价格是公平的均衡交易价格。它们的区别在于处理利率暴露风险的方式不同。债券指数资产组合的风险报酬结构与所追踪的债券市场指数的风险报酬结构近似；而免疫策略则试图建立一个几乎是零风险的债券资产组合。在这个组合中，市场利率的变动对债券组合的表现几乎毫无影响。

1. 指数化投资策略

（1）指数化的目标和动机

指数化投资策略的目标是使债券投资组合达到与某个特定指数相同的收益，它以市场充分有效的假设为基础，属于消极型债券投资策略之一。这种策略虽然可以达到预期的绩效，但往往放弃了获得更高收益的机会或不能满足投资者对现金流的需求。债券指数化投资的动机包括以下几种因素：

①经验证据表明积极型的债券投资组合的业绩并不好。

②与积极型债券组合管理相比，指数化组合管理所收取的管理费用更低。

③选择指数化债券投资策略，有助于基金发起人增强对基金经理的控制力，因为指数化债券组合的业绩不能明显偏离其基准指数的表现。

（2）指数的选择

债券市场上有各种不同的债券指数，投资者可以根据自身的投资范围等条件选择相应的指数作为参照物。

（3）指数化的方法

①分层抽样法。将指数的特征排列组合后分为若干个部分（一些最常用的特征包括偿还期限、票息、修正期限、发行主体的类别、信用级别、现金流的特点等），在构成该指数的所有债券中选出能代表每一个部分的债券，以不同特征债券在指数中的比例为权重建立组合。

②优化法。用数学规划的方法，在满足分层抽样法要达到的目标的同时，还满足一些其他条件，并使其中的一个目标实现最优化，如在限定修正期限与曲度的同时使到期收益最大化。

③方差最小化法。债券组合收益与指数收益之间的偏差称为追随误差，为指数中每一种债券估计一个价格函数，然后利用大量的历史数据估计追随误差的方差，并求得追随误差方差最小化的债券组合。

以上三种方法中，分层抽样法适合于证券数目较小的情况。当作为基准的债券数目较大时，优化法与方差最小化法比较适用，但后者要求采用大量的历史数据。

（4）指数化的衡量标准

跟踪误差是衡量资产管理人管理绩效的指标。由于跟踪误差有可能来自建立指数化组合的交易成本、指数化组合的组成与指数组成的差别、建立指数机构所用的价格与指数债券的实际交易价格的偏差三个方面，不同的组合构造方法将对跟踪误差产生不同的影响。

一般来说，指数构造中所包含的债券数量越少，由交易费用所产生的跟踪误差就越小，但由于投资组合与指数之间的不匹配所造成的跟踪误差就越大；反之，如果指数构造中所包含的债券数量越多，由交易费用所产生的跟踪误差就越大，但投资组合与指数之间的配比程度的提高可以降低跟踪误差。

（5）指数化的局限性

指数化策略可以保证投资组合业绩与某种债券指数相同。该指数的业绩并不一定代表投资者的目标业绩，与该指数相配比也并不意味着资产管理人能够满足投资者的收益率需求目标。例如，养老金的目标在于有足够的资金按期偿付预定的债务，指数化只能降低投资业绩劣于指数业绩的可能性；但指数的收益率与发起人的债务之间并不一定有直接的联系，也并不一定能够满足投资者的需求。

资产管理人在构造指数化组合时可能将面临其他困难，比如：

①构造投资组合时的执行价格可能高于指数发布者所采用的债券价格，因而导致投资组合业绩劣于债券指数业绩。

②公司债券或抵押支持债券可能包含大量不可流通或流动性较低的投资对象，其市场指数可能无法复制或者复制成本很高。

③总收益率依赖于对息票利息再投资利率的预期，如果指数构造机构高估了再投资利率，则指数化组合的业绩将明显低于指数的业绩。

（6）加强的指数化

加强的指数化通过一些积极的但是低风险的投资策略来提高指数化组合的总收益。指数规定的收益目标变为最小收益目标，而不再是最终收益目标。例如，用两种或更多的债券组合成一种新的债券，使之具有相同的修正期限，但拥有更高的曲度。

2. 免疫策略

免疫策略的目的是使所管理的资产组合免予市场利率波动的风险。

（1）满足单一负债要求的投资组合免疫策略

在投资者买入特定债券之后，如果市场利率下降，将导致债券价格上升，但同时再投资收益率下降；而当市场利率上升时，债券价格将下降，但再投资收益率上升。债券价格波动风险与再投资风险之间存在替代关系，因此为了保证至少能够实现目标收益，投资者应当构造买入这样一种债券：当市场利率下降时，债券价格上升带来的收益抵消再投资收益下降导致的损失之后还有盈余；当市场利率上升时，债券再投资收益的增加在抵消债券价格下降导致的损失之后还有盈余。这样，不论市场利率如何变化，都能够保证债券组合的收益率不低于目标收益。然而，当且仅当收益率曲线是水平状态或收益率的任何变动都使收益率曲线平行移动（利率在所有期限点上以相同的基点上升或下降）时，债券投资组合才能够免遭市场利率波动的风险。如果市场利率的变化使收益率曲线形状发生改变，则与负债久期相匹配的债券投资组合就不能实现完全免疫。那么，投资者此时构造债券投资组合的目标就是在最大限度地避免市场利率变动影响的同时，使实际收益低于目标收益的风险最小化。

为使债券组合最大限度地避免市场利率变化的影响，组合应应满足以下两个条件：

①债券投资组合的久期等于负债的久期；

②投资组合的现金流量现值与未来负债的现值相等。

在以上两个条件与其他方面的需求确定的情况下，求得规避风险最小化的债券组合。规避风险是指在市场收益率非平行变动时，组合所蕴含的再投资风险。规避风险由市场利率的波动和组合本身的风险特征构成，在无法预期利率波动的形势时，应尽量降低组合本身的风险特征。

零息债券的规避风险为零，是债券组合的理想产品。在实践中，零息债券的组合收益往往低于附息债券的组合收益，因此它要求有一个较低的目标收益率。

或有规避是一种常用的投资方法，投资者首先要确定准确的规避收益，然后确定一个能满足目标收益的可规避的安全收益水平。当实际收益高于目标收益时，投资者可采取积极的投资策略，争取获得更高的收益；而当实际收益接近安全收益水平时，投资者应立刻采取规避策略，以保证获得目标收益。其间，要有一个有效的检测程序，确保至少能够实现安全收益。

（2）多重负债下的组合免疫策略

多重负债免疫策略要求投资组合可以偿付不止一种预定的未来债务，而不管利率如何变化。与满足单一时期现金流时所采取的规避策略基本相似，多重负债下的组合免疫策略要求达到以下条件：

①债券组合的久期与负债的久期相等；

②组合内各种债券久期的分布必须比负债的久期分布更广；

③债券组合的现金流现值必须与负债的现值相等。

在上述三个条件满足的情况下，用数学规划的方法求得规避风险最小化的债券组合。

（3）多重负债下的现金流匹配策略

现金流匹配策略是按偿还期限从长到短的顺序，挑选一系列的债券，使现金流与各个时期现金流的需求相等，是一种完全免疫策略。这种策略没有任何免疫期限的现值，也不承担任何市场利率风险，但成本往往较高。

与多重免疫策略相比，现金流匹配没有持续期的要求，但要求在利率没有变动时仍然需要对投资组合进行调整。同时，两种策略的实际成本也有高低差异。现金流匹配策略为了达到现金流与债务的配比必须投入高于必要资金量的资金，这一部分超额资金将以保守的再投资利率进行再投资；而多重时期免疫策略中，所有的再投资收益率都假设固定在较高的目标收益率上。因此，资产管理人需要在现金流匹配策略中无法和债务流匹配的风险与多重时期免疫策略中可能较低的成本这两者之间进行权衡。

# 第三节　衍生工具

【大纲要求】

| 内容 | 程度 |
|---|---|
| 1. 实施对冲策略的主要步骤 | 熟悉 |
| 2. 风险敞口分析和对冲比率确定的主要内容 | 掌握 |
| 3. 主要条款比较法、比率分析法和回归分析法等常见的对冲策略有效性评价方法 | 掌握 |
| 4. 实施套利策略的主要步骤 | 熟悉 |
| 5. 期现套利、跨期套利、跨商品套利和跨市场套利等套利方法 | 熟悉 |

【内容精讲】

## 一、实施对冲策略的主要步骤

对冲交易是指在期货期权远期等市场上同时买入和卖出一笔数量相同、品种相同或相近、盈亏相抵的合约，以达到套利或规避风险等目的。

最传统的对冲策略是套利策略，其本质是金融产品定价的“一价原理”，也就是当同一产品的不同表现形式之间的定价出现差异时，买入相对低估的品种、卖出相对高估的品种以取得中间的价差收益。

对冲策略的制定是企业开展对冲业务的核心环节之一，通常需要风险敞口分析、市场分析、对冲工具的选择、对冲比率的确定等几个步骤。

## 二、风险敞口分析和对冲比率确定的主要内容

1. 风险敞口分析

（1）风险敞口的定义

风险敞口也称风险暴露，是指暴露在外未加保护的，会对企业经营产生消极影响的风险。企业风险的不确定性包括两个方面：

①发生时间的不确定性；

②影响程度的不确定性。

（2）企业风险敞口的类型

①单向敞口。单向敞口是指企业的原材料或产品中，只有一方面临较大的价格变动风险，而另一方的价格较为确定。根据原材料价格风险与产品价格风险的大小关系，单向敞口又可以分为：上游敞口下游闭口和上游闭口下游敞口。其中，上游敞口下游闭口是指原材料价格风险较大，产品价格比较稳定；上游闭口下游敞口是指原材料价格比较稳定，产品价格波动较大。

②双向敞口。双向敞口是指原材料和产品都面临较大的价格波动风险。

（3）风险敞口的识别

企业的风险敞口由企业的类型决定。站在产业链的角度，企业可以分为生产型、贸易型、加工型、消费型四类基本形式。

①生产型企业属于单向敞口中的上游闭口、下游敞口型。一般拥有生产所需的原料，在整个产业链中，负责原材料的生产，上游风险较小，主要风险点在于产品跌价。

②贸易型企业上下游都有风险，其风险属于双向敞口的类型。采购货物时，担心价格上涨，导致采购成本上升；出售货物时，又担心价格下降，导致销售利润减少。然而，采购货物时，货物持续跌价，企业也不敢买，担心购买之后价格继续下跌。

③加工型企业同贸易型企业类似，其风险也属于双向敞口。

④消费型企业的风险一般情况下存在于采购成本环节，因此，其风险属于下游闭口、上游敞口的类型。

企业类型与风险敞口对冲方式如表 7－1 所示。

**表 7－1　　企业类型与风险敞口对冲方式**

| 企业类型 | 风险敞口类型 | 对冲方式 |
|---|---|---|
| 生产型 | 上游闭口、下游敞口型 | 卖出对冲 |
| 贸易型 | 双向敞口型 | ①针对不同的时间窗口采取不同的对冲方式<br>②这种企业往往既需要买入对冲也需要卖出对冲 |
| 加工型 | 双向敞口型 | |
| 消费型 | 下游闭口、上游敞口型 | 买入对冲 |

对于大型企业，其业务可能覆盖上、中、下游的两个或三个领域，使用单一目标的分析方式难以梳理清楚，应采取“先拆分，再整合”的方式，分别梳理每个业务部分的风险点以后，再联合起来看某些风险点是否可以相互覆盖。从风险管理的角度讲，全产业链的模式本身也是大型企业管理风险的一种方法。

（4）风险敞口的度量

通过对企业经营过程中的风险点进行分析，能够明确企业的风险敞口，从而确定对冲的基本方向，这是风险敞口的定性分析。分析产业的风险承受能力需要对风险敞口进行量化分析，即定量分析。只有通过定量分析，才能衡量企业的风险承受能力。若对经营和预算影响不大，则是可以承受的风险，不一定需要对冲；若可能导致企业严重亏损甚至危及生死存亡，则是无法承受的风险，应该适当进行风险规避。量化风险的手段和工具较多，经常使用的量化工具包括敏感性分析法、VaR（风险价值）法，情景分析法、压力测试、波动率分析法等常用量化工具。

2. 对冲比率的确定

$$对冲比率=\frac{持有期货合约的大小}{资产风险暴露数量}$$

传统对冲理论中，对冲比率为1。其前提是期货的标的资产要完全等同于风险资产。在绝大多数情况下，恰当的对冲比率并非等于1。因此，要制定对冲策略，确定对冲比率非常重要。

【真题回顾（201703、201604）】一个人在现货市场买入5000桶原油，同时在期货市场卖出4000桶原油期货合约进行套期保值，则对冲比率是(　　)。

A. 1. 25　　B. 1　　C. 0. 5　　D. 0. 8

答案：D

解析：对冲比率是指持有期货合约的头寸大小与资产风险暴露数量大小的比率。根据定义，该组合的对冲比率为4000/5000=0. 8。

## 三、常见的对冲策略有效性评价方法

对冲策略有效性，是指通过对冲工具抵消被对冲项目公允价值或现金流变动的程度。实际中，常见的对冲有效性评价方法主要有回归分析法、比率分析法和主要条款比较法等。

1. 主要条款比较法

主要条款比较法是通过比较对冲工具和被对冲项目的主要条款，以确定对冲是否有效的方法。对冲工具和被对冲项目的主要条款包括：名义金额或本金、到期期限、内含变量、定价日期、商品数量、货币单位等。

主要条款比较法的优点是评估方式直接明了，操作简便，主要观察对冲的四个基本要素（品种相同、数量相等、方向相反、时间相近）是否相符，缺点是评估以定性分析为主，定量检测不够，同时忽略了基差风险的存在。

【注】某一特定商品在某一特定时间和地点的现货价格与该商品在期货市

场的期货价格之差称为基差。

2. 比率分析法

比率分析法是通过比较被对冲风险引起的对冲工具和被对冲项目公允价值或现金流量变动比率，以确定对冲是否有效的方法。如果上述比率在 80% ~ 125% 的范围内，可以认定对冲是高度有效的。

比率分析法的计算方式较为简单明了，将基差的变化也纳入了考虑，但缺乏对冲操作过程的监测和实时的效果评估，仅考虑了对冲期初和期末的盈亏变化。

3. 回归分析法

回归分析法分析了对冲工具和被对冲项目价值变动之间是否具有高度相关性，进而判断对冲是否有效。运用回归分析法，自变量反映被对冲项目公允价值变动或预计未来现金流量现值变动，因变量反映对冲工具公允价值变动。常用的评价指标是回归方程的$R^2$统计量。

【真题回顾（201705）】主要条款比较法中，用于比较的条款包括(　　)。

A. 名义金额或本金　　B. 到期期限　　C. 商品数量　　D. 货币单位

答案：ABCD

解析：主要条款比较法通过比较对冲工具和被对冲项目的主要条款，包括名义金额或本金、到期期限、内含变量、定价日期、商品数量、货币单位等，以确定对冲是否有效。

## 四、实施套利策略的主要步骤

以跨市套利策略为例，其步骤如下：

机会识别→历史确认→概率分布及相关性确认→置信区间及状态确认→基本面因素分析→基金持仓验证→补救措施等。

## 五、套利方法

股指期货的套利有两种类型：一是在期货和现货之间套利，叫做期现套利；二是在不同的期货合约之间进行价差交易套利，其又可以分为跨期套利、跨品种套利和跨市场套利等。

1. 期现套利

（1）概念

期现套利是指利用期货市场与现货市场之间不合理价差的波动套利。

（2）理论依据

期现套利的理论依据是持有成本理论。当期货价格与现货价格的价差高于持仓成本时，就会有人买进现货，卖出期货，最终会促进价差重新回归到正常区间水平。

（3）期现套利的操作技巧

期现套利应选择与企业经营有关的商品；要确定好套利的方向：有正向期现套利和反向期现套利两种。

①正向期现套利

原理：当期货价格大于现货价格时，称正向市场。当期货价格对现货价格的升水大于持仓成本时，套利者可以实施正向期现套利，即在买入（持有）现货的同时卖出同等数量的期货，等待期现价差收敛时平掉套利头寸或通过交割结束套利。

②反向期现套利

原理：当期货价格小于现货价格时，称为反向市场。反向套利是构建现货空头和期货多头的套利行为（在期现套利中就是做空基差）。

（4）期现套利常见的风险

①投机操作。企业操作一段时间后，把避险转变成投机操作，结果因经验不足等原因造成损失。

②现货和期货操作数量差别过大。企业在进行套期保值和套利时，现货和期货操作数量差别过大，超出部分称为投机交易，当价格出现大的波动时，会造成损失。

③对期货交易的保证金制度了解不够。当行情出现较大波动时，因为无力追加保证金而被迫“砍仓”，从而出现亏损。

【真题回顾（201611）】某客户准备对原油进行对冲交易，现货价格为40美元每桶，1个月后的期货价格为45美元每桶，则零时刻的基差是（　　）美元。

A. －8　　B. －5　　C. －5　　D. －3

答案：C

解析：基差是指某一特定商品在某一特定时间和地点的现货价格与该商品在期货市场的期货价格之差，即基差＝现货价格－期货价格。本题中的基差＝40－45＝－5（美元）。

2. 跨期套利

跨期套利是指在同一市场买入（或卖出）某一交割月份期货合约的同时，卖出（或买入）另一交割月份的同种商品期货合约，希望在两个不同月份的期货合约价差出现有利变化时对冲平仓获利。

3. 跨品种套利

跨品种套利是指利用两种或两种以上相关联商品的期货合约的价格差异进行套利交易。即买入某一商品的期货合约，同时卖出另一相同交割月份、相互关联的商品期货合约，以期在有利时机同时将这两种合约对冲平仓获利。

4. 跨市场套利

跨市场套利是指针对不同交易所上市的同一品种同一交割月份的合约进行价差套利。

【真题回顾（201705、201604）】以下构成跨期套利的是（　　）。

A. 买入 A 交易所 5 月铜期货合约，同时卖出 B 交易所 5 月铜期货合约

B. 买入 A 交易所 5 月铜期货合约，同时买入 A 交易所 7 月铜期货合约

C. 买入 A 交易所 5 月铜期货合约，同时卖出 A 交易所 7 月铜期货合约

D. 买入 A 交易所 5 月铜期货合约，同时买入 B 交易所 5 月铜期货合约

答案：C

解析：跨期套利是指在同一市场（同一交易所）同时买入、卖出同种商品、不同交割月份的期货合约，以期在有利时机同时将这些期货合约对冲平仓获利。

# 第八章

# 理财规划

## 第一节　现金、消费和债务管理

【大纲要求】

| 内容 | 程度 |
|---|---|
| 1. 现金、消费和债务管理的目标 | 熟悉 |
| 2. 现金预算编制的内容和程序 | 熟悉 |
| 3. 现金预算控制的方法 | 了解 |
| 4. 现金预算与实际的差异分析 | 了解 |
| 5. 应急资金管理的内容 | 了解 |
| 6. 即期消费和远期消费的内容 | 熟悉 |
| 7. 消费支出预期的内容 | 熟悉 |
| 8. 其他消费的内容 | 了解 |
| 9. 有效债务管理的目标 | 熟悉 |
| 10. 银行借贷品种及还款方式的选择及需要考虑的因素 | 熟悉 |
| 11. 个人信贷能力的决定因素 | 了解 |
| 12. 债务管理应注意的事项 | 了解 |
| 13. 家庭财务预算的综合分析 | 掌握 |

【内容精讲】

### 一、现金、消费和债务管理的目标

1. 现金管理的目标

现金管理的目标表现为必要的资产流动性，具体包括：

①为了满足日常开支、预防突发事件，个人有必要持有流动性较强的资产，以保证有足够的资金来支付短期内计划中和计划外的费用；

②由于过强的流动性会降低资产的收益能力，因此不能无限地持有现金类资产。

理财规划师进行理财规划时，既要保证客户资金的流动性，又要考虑现金的持有成本，通过现金规划使短期需求可用手头现金来满足，预期的现金支出通过各种储蓄或短期投资工具来满足。

2. 消费管理的目标

消费管理的目标表现为合理的消费支出。理财规划的目的在于使个人财务状况稳健合理。在实际生活中，减少个人开支有时比寻求高投资收益更容易达成理财目标。个人（家庭）的信用卡消费或大额消费支出如购房、购车往往对家庭生活影响较大。有效的消费支出规划可提高家庭生活的质量。

3. 债务管理的目标

债务管理的目标表现为适度的债务负担。随着经济和金融市场的发展，普通民众的理财意识和需求日渐强烈，同时金融机构各种理财产品工具（包括不同的借贷形式）不断创新和丰富，驱动人们超前消费，越来越多的人积极借助各类个人信贷工具以实现个人家庭不同时期的理财需求（个人生命周期不同时期收支结余的差异为个人信贷提供了可能），杠杆投资等家庭财务活动也日趋普遍，因此在理财规划中家庭债务管理的重要性逐步体现出来。

## 二、现金预算编制的内容和程序

1. 内容

现金管理的内容是现金和流动资产。用一定的时间去评估现有的财务状况、支出模式及目标，会得到一项比较实际的预算。预算必须符合个人的生活方式、家庭状况和价值观。

2. 程序

（1）设定长期理财规划目标。

（2）预测年度收入。

收入稳定的国家机关工作人员或在大企业工作的工薪阶层，可以较准确地预估年度收入；收入淡旺季差异大的市场销售人员或自由职业者，须以过去的平均收入为基准，作最好与最坏状况下的分析。

（3）算出年度支出预算目标：

年度收入 – 年储蓄目标 = 年度支出预算

（4）对预算进行控制与差异分析。

【真题回顾（201609）】合理的现金预算是实现个人理财规划的基础，下列有关现金预算的说法，错误的是（　　）。

A. 需要评估客户的财务状况、支出模式及目标

B. 必须评估一段时间内的客户情况

C. 要帮助客户达到长期财务目标的需要

D. 必须与客户生活方式等因素相一致

答案：C

解析：理财规划师进行理财规划时，既要保证客户资金的流动性，又要考虑现金的持有成本，通过现金规划使短期需求可用手头现金来满足，预期的现金支出通过各种储蓄或短期投资工具来满足。

【真题回顾（201703、201606）】在现金管理中，年度支出预算等于(　　)。

A. 年度收入 – 年度支出　　B. 年储蓄目标 – 年度支出

C. 年度收入 – 上一年支出　　D. 年度收入 – 年储蓄目标

答案：D

解析：现金管理的内容是现金和流动资产。由于“储蓄 = 收入 – 支出”可以推导出“支出 = 收入 – 储蓄”，也就是年度收入 – 年储蓄目标 = 年度支出预算。

【真题回顾（201611）】合理的现金预算是实现个人理财规划的基础，预算编制包括（　　）。

A. 设定长期理财规划目标　　B. 预测年度收入

C. 算出年度支出预算目标　　D. 计算合理的现金储蓄目标

答案：ABC

解析：现金预算编制的程序包括：（1）设定长期理财规划目标；（2）预测年度收入；（3）算出年度支出预算目标；（4）对预算进行控制与差异分析。

【真题回顾（201705、201611）】赵某是一位自由职业者，以出售自己的美术作品为主要收入来源，收入变化幅度很大，投资顾问在预测其年度收入的时候，需要考虑（　　）。

A. 客户过去一段时间的年平均收入

B. 客户的收入最低时的情况

C. 客户的收入最高时的情况

D. 客户对于未来收入的期望

答案：ABC

解析：预测年度收入时，收入波动大的职业者，应该以过去的平均收入为基准，作最好与最坏情况下的分析。

【真题回顾（201610）】现金预算必须与个人的（　　）一致。

A. 生活方式　　B. 兴趣爱好　　C. 家庭情况　　D. 价值观

答案：ACD

解析：现金管理的内容是现金和流动资产。用一定的时间去评估现有的财务状况、支出模式及目标，会得到一项比较实际的预算。预算必须符合个人的生活方式、家庭状况和价值观。

## 三、现金预算控制的方法

认知需要是储蓄的动力，开源或节流产生储蓄。通过合理的工作安排，增加家庭收入，将支出较高的部分作为节约支出的重点控制项目。

认知需要 = 储蓄动机 + 开源节流的努力方向

为了控制费用与投资储蓄，应该建议客户开立三种类型的银行账户：

（1）定期投资账户：达到强迫储蓄的功能；

（2）扣款账户：若有贷款本息要缴，则在贷款行开一个扣款账户，方便随时掌握贷款的本息交付状况；

（3）开立信用卡账户：弥补临时性资金不足，减少低收益资金的比例。

## 四、现金预算与实际的差异分析

差异分析应注意以下要点：

（1）总额差异的重要性大于细目差异；

（2）要定出追踪的差异金额或比率门槛；

（3）依据预算的分类进行个别分析；

（4）刚开始作预算时若差异很大，应每月选择一个重点项目进行改善；

（5）若实在无法降低支出，需设法增加收入。

【真题回顾（201606）】下列关于预算与实际的差异分析，说法正确的是（　　）。

A. 总额差异的重要性低于细目差异

B. 若差异很大，需要各个项目同时进行改善

C. 不能调整收入

D. 依据预算的分类进行个别分析

答案：D

解析：A 项，总额差异的重要性大于细目差异；B 项，刚开始作预算时若差异很大，应每月选择一个重点项目进行改善，而不是各个项目同时进行改善；C 项，如果实在无法降低支出就要增加收入，收入是可以调整的。

## 五、应急资金管理的内容

现金管理规划是指进行家庭或者个人日常的、日复一日的现金及现金等价物的管理。现金规划的核心是建立应急基金，保障个人和家庭生活质量和状态的持续性稳定，是针对家庭财务流动性的管理。在正常的收入与支出范围内，每月或多或少会有一些结余，但是当碰到意外收入突然减少、中断或支出突然大幅增加时，如没有一笔紧急准备金可以动用则会陷入财务困境。紧急备用金可以应对失业或失能导致的工作收入中断，应对紧急医疗或意外所导致的超支费用。

1. 以现有资产状况来衡量紧急预备金的应变能力

失业保障月数 = 存款、可变现资产或净资产/月固定支出

意外或灾害承受能力 = （可变现资产 + 保险理赔金 - 现有负债）/基本费用

其中，可变现资产包括变现容易或者流动性较好的资产，如现金、活期存款、基金份额等，不包括汽车、固定资产等不容易变现的资产；固定支出除生活费开销以外，还包括贷款支出等确定现金支出；失业保障月数的指标越高，表示即便失业也暂时不会影响生活，可审慎地寻找下一个适合的工作。最低标准的失业保障月数是三个月，能维持六个月的失业保障较为妥当。

2. 紧急预备金的储存形式

紧急预备金可以用两种方式来储备：

（1）流动性高的活期存款、短期定期存款或货币市场基金。

（2）利用贷款额度。

以存款作为储备是为了保持资金的流动性但可能无法达到长期投资的平均报酬率。而以贷款额度作为预备，一旦动用就要支付高利息。最好的方式是二者搭配。

【真题回顾（201605）】（　　）的核心是建立应急基金，保障个人和家庭生活质量和状态的稳定性。

A. 保险规划　　B. 现金规划　　C. 投资规划　　D. 税收规划

答案：B

解析：现金管理规划是指进行家庭或者个人日常的、日复一日的现金及现金等价物的管理。现金规划的核心是建立应急基金，保障个人和家庭生活质量和状态的持续性稳定，是针对家庭财务流动性的管理。

【真题回顾（201604）】现金管理是对现金和流动资产的日常管理，其目的在于（　　）。

A. 满足日常支出的需求　　B. 满足财富积累的需求

C. 满足应急资金的需求　　D. 满足未来消费的需求

答案：ABCD

解析：现金管理是对现金和流动资产的日常管理，其目的主要在于：①满足日常的、周期性支出的需求；②满足应急资金的需求；③满足未来消费的需求；④满足财富积累与投资获利的需求。

## 六、即期消费和远期消费的内容

根据消费时间不同，消费可分为即期消费和远期消费。即期消费就是有钱就用于消费，远期消费就是把钱先存起来用于未来消费。

（1）即期消费是指消费者为了获得某一方面生活的满足、根据消费能力对商品的当前消费行为。即期消费对任何人来说都要发生，一个人对日常生活的维持，就属于即期消费。

（2）远期消费是指在较长时间才需要实现的消费，一般指时间在 3 年以上的消费。比如储蓄买房或养老的打算。

月光族固然潇洒，但其长远的财务状况令人担忧；而一味地存钱却忽略现在的生活水平，也不算明智。保持一个合理的结余比例不仅是平衡即期消费和未来消费的问题，也是个人理财的起点。

## 七、消费支出预期的内容

支出预期指的是消费者基于对未来的估计和判断而储备的支出。支出预期具有很强的不确定性，消费者会根据自身情况以及经济、社会的变化不断修改预期。

家庭消费支出包括住房支出、汽车消费支出、信用卡消费支出等内容。家庭消费支出规划的目的是合理安排消费资金，树立正确的消费观念，节省成本，保持稳健的财务状况。

## 八、其他消费的内容

1. 孩子的消费

孩子消费问题是国内不合理消费最多的地方。从客户的生活方式或价值观的角度，银行从业人员不应轻易否定，但从个人理财的角度，可以给客户作一些分析，引导客户建立一个合理的金钱观。

2. 住房、汽车等大额消费

随着社会的发展和生活水平的提高，住房和汽车消费在我们的消费中占的比重越来越大，但由于攀比心理，这两项消费很容易出现超出消费能力的提前消费或过度追求高消费，并由此给我们的财务带来危害。

3. 保险消费

从消费的角度来看，尽管保障很重要，但保障的支出水平也同样应当和自身的收入水平相适应。

## 九、有效债务管理的目标

在有效债务管理中，应先算好可负担的额度，再拟订偿债计划，按计划还清负债。负债是平衡现在与未来享受的工具。

## 十、银行借贷品种及还款方式的选择及需要考虑的因素

银行从业人员应帮助客户选择最佳的借贷品种和还款方式，使其在有限的收入条件下，既能按期还本付息，又可以用最低的贷款成本实现效用最大化。需要考虑的因素包括：

（1）贷款需求。

（2）家庭现有经济实力。

（3）预期收支情况。

（4）还款能力。

（5）合理选择贷款种类和担保方式。

（6）选择贷款期限与首期用款及还贷方式。

（7）信贷策划特殊情况的处理。

## 十一、个人信贷能力的决定因素

1. 决定因素

在合理的利率成本下，个人的信贷能力取决于客户收入能力和客户资产价值。一般而言，客户收入能力越高，个人信贷能力越强；客户资产价值与信贷能力正相关。

2. 影响因素

影响个人贷款还款能力的具体因素包括：年龄、收入情况、身体状况、职业性质、负债等。

## 十二、债务管理应注意的事项

家庭债务管理重在适合，其核心就是对未来的还贷能力以及借贷活动对家庭财务的影响的评估。进行债务管理时应注意：

（1）债务总量与资产总量的合理比例。如总负债通常不超过净资产。

（2）债务期限与工作时间的合理关系。如还贷款的期限不要超过退休的年龄。

（3）债务支出与家庭收入的合理比例。一般来说，债务支出与家庭收入的合理比例是0.4，但还要考虑家庭结余比例、收入变动趋势、利率走势等其他因素。

（4）短期债务和长期债务的合理比例。要充分考虑债务的时间特性和客户生命周期以及家庭财务资源的时间特性之间的匹配。

（5）债务重组。债务问题出现危机时，债务重组是实现财务状况改善的重要方式。

【真题回顾（201611）】下列关于债务管理的说法，错误的是（　　）。

A. 负债比率体现了总体负债情况，也反映出综合偿债能力，应尽力避免出现总负债大于总资产的情况

B. 偿债本息支出作为家庭支出中最重要的刚性支出之一，是家庭必须优先满足的

C. 对于家庭每年盈余的运用，应结合投资标的的风险，以及其他家庭财务状况，利用杠杆进行投资

D. 平均负债利率体现了债务的平均利率，超过合理区间就需要关注偿债能力以及考虑债务重组的可能性

答案：C

解析：财务杠杆是把双刃剑，高收益对应高风险，而一般家庭可能不具备杠杆投资的知识，很容易造成损失，应该谨慎对待。所以 C 项不对。

## 十三、家庭财务预算的综合分析

1. 家庭收支状况的分析

（1）收支盈余情况分析

总收入减去总支出后的结余如果为负，则家庭当年的收支出现入不敷出的情况；反之，则当年家庭收支出现盈余。如果统计年度出现“其他收入”，由于其不可持续性，应该在排除后，分析当年收支是否能够得以平衡或出现盈余。

（2）财务自由度的分析

财务自由度 = 理财收入/生活支出

财务自由度越接近“1”或者大于“1”，财务自由度就越高，表明理财收入已基本能够覆盖生活支出。如果理财收入中包括了资本利得、财产转让所得等无法持续获得的收入，财务自由度的指标未必能够完全体现未来的家庭收支情况。

（3）收入支出结构分析

①收入结构分析

工作收入、理财收入和其他收入各自的占比情况，可体现出家庭收入的组成结构。理财收入占比越大，则家庭对工作收入的依赖越低；工作收入的占比越大，则家庭对工作收入的依赖就越大。如果理财收入中包括了资本利得、财产转让所得等无法持续获得的收入，或者统计年度出现了其他收入，收入结构的比较只能体现被统计年度的收入情况。

②生活支出结构分析

在收入支出表中可以较直观地看到生活支出中各类支出子项目的占比情况，应对统计年度中出现占比较高的项目加以留意。

③结余能力分析

通过对生活结余占比和理财结余占比的比较，可以看出家庭盈余的主要来

源；通过客户对结余的支配情况的分析，可以观察到客户结余管理效率的高低；自由结余占比越大，客户的结余使用效率越低；总储蓄为正，自由结余为负，则说明家庭已出现流动性问题，可以适当调整已支配结余的额度，或者通过调整生活支出，来达到收支平衡。

④应急能力分析

通过资产负债表中的流动性资产额度除以家庭月支出（收入支出表中的总支出额度/12）得到家庭紧急预备金月数，以此来衡量家庭的应急能力。通常会要求客户建立紧急预备金账户，并保持较高的流动性；紧急预备金额度通常为家庭月支出的 3 ~6 倍。

2. 家庭债务管理状况的分析

（1）资产负债率

资产负债率 = 总负债/总资产

若该比率超过 50%，则客户的总体负债偏高。

（2）融资比率分析

融资比率 = 投资性负债/投资性资产

该比率体现了客户家庭的理财积极程度。

（3）负债结构分析

①消费负债比率

消费负债比率 = 消费性负债/总负债

如果消费性负债是逾期的信用卡债，需向客户了解信用卡债的形成原因，或者比较有针对性地向客户了解其家庭是否出现过流动性问题。

②投资性负债比率

投资性负债比率 = 投资性负债/总负债

当该比率较高或者只有投资性负债时，说明家庭的生活品质已经到了一定的水平。

③自用性负债比率

自用性负债比率 = 自用性负债/总负债

当自用性负债是家庭的主要负债时，客户家庭可能还处在提升家庭生活品质的阶段，也可能是在财富积累的初级阶段。

（4）偿债能力分析

①平均负债利率分析

平均负债利率 = 统计年度利息支出/总负债

当该比率高于基准贷款利率的 20% 时，一方面需提醒客户关注自己的财务负担，另一方面则可根据实际情况，在负债管理计划中提出债务重组的建议。

②债务负担率分析

债务负担率 = 统计年度的本息支出/税后工作收入

该比率超过40%，对生活品质可能会产生影响。

## 第二节　保险规划

【大纲要求】

| 内容 | 程度 |
|---|---|
| 1. 保险基本原理和我国主要的保险品种 | 了解 |
| 2. 保险规划的目标 | 熟悉 |
| 3. 制订保险规划的原则 | 掌握 |
| 4. 保险规划的主要步骤 | 掌握 |
| 5. 保险规划的风险类型 | 熟悉 |
| 6. 保险规划的典型案例 | 熟悉 |

【内容精讲】

### 一、保险基本原理和我国主要的保险品种

保险是指投保人根据合同约定，向保险人支付保险费，保险人对合同约定可能发生的事故因其发生而造成的财产损失承担赔偿保险金责任，或者当被保险人死亡、伤残和达到合同约定的年龄、期限时承担给付保险金责任的商业保险行为。

1. 保险的基本原理

（1）大数法则

大数法则是指有规律性地重复一件事的次数越多，所得的预估发生率就越接近真实的发生率。大数法则可以通过一个简单的扔硬币试验直观地得出。如果扔一次硬币，那么数字面朝上的统计次数是1或0，也就是100%或0；试验次数越多，硬币正面向上的概率就越接近50%。当我们把一个保险标的物看成一次扔硬币，把保险标的数目看成硬币抛掷次数，把保险理论损失概率和实际损失概率看成理论出现概率和实际出现概率时，我们就可以很清楚地看出两者的关系。

（2）风险分散原则

风险分散原则简单来讲就是不要把鸡蛋放在同一个篮子里。风险分散原则需要同质的参保对象间具有较好的独立性，不会出现大量参保对象同时发生事故的情况。

（3）风险选择原则

风险选择原则是指保险人在承保时，对投保人所投保的风险种类、风险程度和保险金额等要有充分和准确的认识，并作出承保或拒保或者有条件承保的选择。

保险人对风险的选择表现在两个方面：

①尽量选择同质风险的标的承保；

②淘汰那些超出可保风险条件或范围的保险标的。

2. 我国主要的保险品种

（1）人寿保险

人寿保险是以被保险人的寿命为保险标的、以被保险人的生存或死亡为保险事故的一种保险。在保险期间，当被保险人发生合同约定的保险事故（生存或死亡）时，由保险公司按照合同约定给付保险金。人寿保险是家庭风险规划选择中最基本和最主要的险种。

人寿保险可以简单划分为普通型人寿保险、年金保险和新型人寿保险。

（2）人身意外伤害保险

人身意外伤害保险是指被保险人因遭受意外伤害而导致残疾或死亡时，保险公司按照合同约定的残疾给付比例支付残疾保险金或者按规定的保险金额支付身故保险金的一种人身保险产品。按照不同的标准，人身意外伤害保险可以进行不同的分类。

①按保险风险可将人身意外伤害保险分为普通意外伤害保险、特定意外伤害保险。

②按保险期限可将人身意外伤害保险分为 1 年期意外伤害保险、极短期意外伤害保险、多年期意外伤害保险。

（3）健康保险

健康保险是指以被保险人的身体为保险标的，对被保险人因疾病或意外事故所致伤害时发生的直接费用和间接损失进行补偿的一种人身保险。健康保险主要包括疾病保险、医疗保险、收入保障保险、长期护理保险。

（4）财产保险

财产保险有广义和狭义之分。广义的财产保险是指以财产及其有关的经济利益和损害赔偿责任为保险标的的保险；狭义的财产保险则是指以物质财产为保险标的的保险；狭义的财产保险又称为财产损失保险。财产保险分类方法众多，各国使用的标准不尽相同。在我国，通常把广义的财产保险划分为财产损失保险、责任保险、信用保险。

（5）团体保险

团体险是以团体为保险对象，以集体名义投保并由保险人签发一份总的保险合同，保险人按合同规定向其团体中的成员提供保障的保险。团体保险不是一个具体的险种，而是一种承保方式。团体保险一般有团体人寿保险、团体意外伤害保险和团体健康保险等种类。

【真题回顾（201609、201606）】下列不属于健康保险的是（　　）。

A. 意外伤害保险　　B. 疾病保险

C. 收入保障保险　　D. 护理保险

答案：A

解析：健康保险是以被保险人的身体为保险标的，对被保险人因疾病或意外事故所致伤害时发生的直接费用和间接损失进行补偿的一种人身保险，主要包括：①疾病保险；②医疗保险；③收入保障保险；④长期护理保险。

【真题回顾（201703、201607）】按照我国《保险法》的规定，下列保险业务中属于财产保险的是（　　）。

A. 责任保险　　B. 信用保险　　C. 保证保险　　D. 意外伤害保险

E. 万能保险

答案：ABC

解析：狭义的财产保险又称为财产损失保险；广义的财产保险划分为财产损失保险、责任保险、信用保险。D 项属于人身意外伤害保险，E 项属于人寿保险。

## 二、保险规划的目标

保险规划具有风险转移和合理避税的功能。风险保障是家庭配置保险的基本目的。同时，财富保障往往还具有投资储蓄、财产安排、遗产规划等要求。金融理财师在帮助客户配置财富保障时，首先要明确客户的基本情况及保险需求，然后根据家庭财务状况对客户的保险需求进行合理的修正，与客户协商一致后再进行保险产品的选择，从而保障家庭财务的安全及家庭理财目标的实现。

1. 储蓄投资

家庭配置保险产品，除了基本的风险保障需求之外，往往还有投资理财的需求。很多保险产品都具有风险保障和储蓄投资的双重功能，如分红型保险、万能型保险和投资联结型保险，这类保险产品不仅能够保障家庭的财务安全，同时还有强制储蓄的功能，对家庭理财目标的实现提供了有效的保障。

2. 财产安排

《保险法》规定，当保险给付风险未发生时，保单的现金价值和分红属于投保人；当保险给付风险发生时，保险给付属于被保险人或受益人。财富保障可以通过设置不同的被保险人和受益人达到财产安排的目的。如资产的传承和婚内财产，都可以通过人寿保险合同合理安排。

3. 遗产规划

人寿保险是遗产规划的有效工具。首先，人寿保险的身故保险金属于免税资产，可以有效地规避遗产税，减少遗产转移的成本；其次，可以用身故保险金支付个人企业和其他不动产的遗产税，防止因无钱支付遗产税而被迫廉价出售企业或不动产。

4. 风险保障

风险保障是家庭配置保险的基本目的。家庭风险保障项目可分为阶段项目和长期项目两类，阶段项目主要包括贷款还款、子女教育金、遗属生活等保障项目；长期项目主要包括养老、应急基金、丧葬费用等保障项目。应根据家庭主要保障项目配置合适的保险保障，对于阶段性的保障项目，应该为客户配置定期寿险，以应对阶段性的风险保障需求；对于长期的保障项目（如养老、应急基金、丧葬费用），应该为客户配置终身寿险，以应对家庭长期的风险保障需求。

## 三、制订保险规划的原则

客户参加保险的目的就是为了客户和家庭生活的安全、稳定。从这个目的出发，为客户设计保险规划时主要应掌握以下原则：

（1）转移风险的原则。投保是为了转移风险，在发生保险事故时可以获得经济补偿。从这个原则出发，必须首先分析家庭的主要风险是什么，怎样合理地把这些风险通过保险规划进行转移。

（2）量力而行的原则。保险是一种契约行为，属于经济活动范畴，客户作为投保人必须支付一定的费用，即以保险费的多少来获得保险的保障情况。保险规划的制订要根据客户的经济实力量力而行。

（3）分析客户保险需求。在制订保险规划前应考虑以下三个因素：一是适应性。根据客户需要保障的范围来考虑购买的险种。二是客户的经济支付能力。三是选择性。在有限的经济能力下，为成人投保比为儿女投保更实际，特别是对家庭的“经济支柱”来讲更是如此。

【真题回顾（201610）】制订保险规划的原则不包括（　　）。

A. 转移风险原则　　B. 规避风险原则

C. 目的性原则　　D. 量力而行的原则

答案：BC

解析：保险规划具有风险转移和合理避税的功能。在为客户设计保险规划时应该掌握的原则有：转移风险的原则、量力而行的原则、分析客户保险需求的原则。

## 四、保险规划的主要步骤

1. 确定保险标的

制订保险规划的首要任务，就是确定保险标的。保险标的是指作为保险对象的财产及其有关利益，或者人的寿命和身体。投保人可以以其本人、与本人有密切关系的人、他们所拥有的财产以及他们可能依法承担的民事责任作为保险标的。一般来说，各国保险法律都规定，只有对保险标的有可保利益才能为其投保，否则，这种投保行为是无效的。所谓可保利益，是指投保人对保险具有的法律上承认的利益。可保利益应该符合三个要求：

（1）必须是法律认可的利益。如果投保人投保的利益的取得或者保留不合法甚至违法，那么这种利益不能成为可保利益。

（2）必须是客观存在的利益。如果投保人投保的利益不确定，或者仅仅只是一种预期，就不能成为一种可保利益。

（3）必须是可以衡量的利益。这样才能确定保险标的大小，并以此来确定保险金额。

对于财产保险，可保利益是比较容易确定的，财产所有人、经营管理人、抵押权人、承担经济责任的保管人都具有可保利益。人寿保险可保利益的确定就要复杂一些，因为人的生命和健康的价值是很难用经济手段来加以衡量的，所以，衡量投保人对被保险人是否具有可保利益，就要看投保人与被保险人之间是否存在合法的经济利益关系，比如投保人是否会因为被保险人的人身风险发生而遭受损失。在通常情况下，投保人对自己以及与自己具有血缘关系的家人或者亲人，或者具有其他密切关系的人都具有可保利益。

2. 选定保险产品

从业人员要帮助客户准确判断其准备投保的保险标的具体情况，比如保险标的所面临的风险的种类、各类风险发生的概率、风险发生后可能造成损失的大小，以及自身的经济承受能力，进行综合的判断与分析，帮客户选择对其合适的保险产品，较好地回避各种风险。

在确定购买保险产品时，还应该注意合理搭配险种。但是在全面考虑所有需要投保的项目时，还需要进行综合安排，应避免重复投保，使用于投保的资金得到最有效的运用。这就是说，如果投保人准备购买多项保险，那么就应当尽量以综合的方式投保，因为这样可以避免各个单独保单之间可能出现的重复，从而节省保险费，得到较大的费率优惠。

3. 确定保险金额

在确定保险产品的种类之后，就需要确定保险金额。保险金额是当保险标的发生保险事故时，保险公司所赔付的最高金额。一般来说，保险金额的确定应该以财产的实际价值和人身的评估价值为依据。

财产的价值比较容易计算。购买财产保险时可以选择足额投保，也可以选择不足额投保（一旦发生损失，保险公司只会按照比例赔偿损失），由于保险公司的赔偿是按实际损失程度进行赔偿的，所以一般不会出现超额投保或者重复投保。

理论上，个人的价值是无法估量的，但是仅从保险的角度，可以根据诸如性别、年龄等，计算虚拟的“人的价值”。在保险行业，对“人的价值”存在着一些常用的评估方法，如生命价值法、财务需求法、资产保存法等。需要注意的是，这些方法都需要每年重新计算一次，以便调整保额。因为人的年龄每年在增大，如果其他因素不变，那么他的生命价值和家庭的财务需求每年都在变小，其保险就会从足额投保逐渐变为超额投保。如果他的收入和消费每年都在增长，而其他因素不变，那么其价值会逐渐增大，原有保险就会变成不足额投保，所以从业人员每年请专业人士检视投保客户的保单是十分必要的。

4. 明确保险期限

在确定保险金额后，就需要确定保险期限，保险期限涉及投保人预期缴纳保险费的多少与频率，所以与客户未来的预期收入联系尤为紧密。对财产保险、意外伤害保险、健康保险等保险品种而言，一般多为中短期保险合同，如半年或者一年，但是在保险期满之后可以选择续保或者是停止投保。但是对人寿保险而言，保险期限一般较长。在为客户制订保险规划时，应该将长短期险种结合起来综合考虑。

【真题回顾（201606）】下列关于保险规划的主要步骤，正确的排序是（　　）。

A. 选定保险产品　　B. 明确保险期限

C. 确定保险金额　　D. 确定保险标的

答案：DACB

解析：保险规划的主要步骤顺序如下：①确定保险标的。保险标的是指作为保险对象的财产及其有关利益，或者人的寿命和身体。②选定保险产品。即帮客户选择对其合适的保险产品，较好地回避各种风险。③确定保险金额。④明确保险期限。在为客户制订保险规划时，应该将长短期险种结合起来综合考虑。

【真题回顾（201611、201607）】制订保险规划的首要任务是（　　）。

A. 确定保险标的　　B. 接受保险方案

C. 明确保险期限　　D. 选定保险产品

答案：A

解析：制订保险规划的主要步骤依次为：确定标的→选定产品→明确期限→确定保额。

## 五、保险规划的风险类型

在进行保险规划时，会面临很多风险。这些风险可能来自投保客户所提供的资料不准确、不完全，或者是来自对保险产品的了解不够充分。保险规划风险体现在以下几个方面：

1. 未充分保险的风险

这种风险既可能体现在对财产的保险上，也可能出现在对人身的保险上。比如，对财产进行的保险是不足额保险，结果造成损失发生时所获得的保险金赔偿不足，未能完全规避风险；或者是在对人身进行保险时保险金额太小或保险期限太短，同样有可能造成一旦保险事故发生，不能获得较为充分的补偿。

2. 过分保险的风险

这种风险可能发生在财产保险和人身保险上。比如，对财产的超额保险或重复保险。由于保险公司在赔偿时，是根据实际损失来支付保险赔偿金的，这种超额保险或者重复保险并没有起到真正的保障作用，反而浪费保费。这种风险还可能发生在制订保险产品组合计划时。因为各个保险公司所提供的不同保险产品虽然主要保险合同不一样但是可能存在某些保险内容的重叠，所以会出现保险过度或者重叠的情况，而有些保险内容却又可能发生遗漏，形成保险空白。

3. 不必要保险的风险

有些风险可以通过自保险或者说风险保留来解决，自己承担风险这种处理办法反而更为方便和简单，还可以节省费用，取得资金运用收益。对应该自己保留的风险进行保险，是不必要的，也会增加机会成本，造成资金的浪费。

【真题回顾（201610）】下列关于保险规划的做法，不恰当的是（　　）。

A. 富翁家庭的主妇购买巨额人身意外险

B. 为经常出差的家人购买意外伤害险

C. 为 10 万元的财产在两家不同的公司投保，共投保 20 万元

D. 为感冒牙疼等小病专门投保

答案：ACD

解析：保险规划的风险有未充分、过分和不必要。AD 属于不必要，C 属于过分。

## 第三节　税收规划

**【大纲要求】**

| 内容 | 程度 |
|---|---|
| 1. 我国的税收体系和主要税种 | 了解 |
| 2. 税收规划的目标 | 熟悉 |
| 3. 税收规划的原则 | 熟悉 |
| 4. 税收规划的基本内容 | 熟悉 |
| 5. 税收规划的主要步骤 | 熟悉 |
| 6. 税收规划的典型案例 | 熟悉 |

【内容精讲】

## 一、我国的税收体系和主要税种

1. 我国税收体系

目前，我国共有增值税、消费税、个人所得税、资源税、城镇土地使用税、房产税、城市维护建设税、耕地占用税、土地增值税、车辆购置税、车船税、印花税、契税、关税、船舶吨税等 18 个税种（固定资产投资方向调节税 2000 年 1 月 1 日暂停征收）。其中，16 个税种由税务部门负责征收；关税和船舶吨税由海关部门征收，另外，进口货物的增值税、消费税也由海关部门代征。按课税对象的性质划分，可分为流转税、所得税、财产税类等。

**表 8－1　　我国税收的主要税种**

| 课税对象 | 具体税种 |
| --- | --- |
| 流转税 | 增值税、营业税、消费税、关税 |
| 所得税 | 企业所得税、个人所得税 |
| 财产税 | 房产税、车船税 |
| 资源税 | 资源税、耕地占用税、土地增值税、城镇土地使用税 |
| 行为税 | 印花税、契税、车辆购置税 |
| 特定目的税 | 城市维护建设税、烟叶税、船舶吨税 |

2. 主要税种

（1）按计税依据不同划分，可分为价内税和价外税。价内税计税依据包含税款，或以含税价格作为计税依据；价外税计税依据不包含税款，或以不含税价格作为计税依据。

（2）按税收负担能否转嫁划分，可分为直接税和间接税。直接税是税收负担不能由纳税人转嫁出去，必须由自己负担的各个税种，如所得税、财产税、社会保险税等；间接税是税负可以由纳税人转嫁出去，由他人负担的各个税种，如消费税、营业税等。

（3）按税收管理和受益权限划分，可分为中央税、地方税、中央地方共享税。中央税是属于中央财政固定收入，归中央政府支配和使用的税种。如我国现行税制中的关税、消费税等。地方税是属于地方财政固定收入，是归地方政府支配和使用的税种。如我国现行税制中的营业税、房产税等。中央地方共享税是属于中央政府和地方政府共同享有，按一定比例分成的税种。如我国现行税制中的增值税。

## 二、税收规划的目标

税收规划是指在遵循税收法律、法规的情况下，个人、企业为实现自身价值最大化或股东权益最大化，在法律许可的范围内，自行或委托代理人，通过对经营、投资、理财等事项的安排和策划，以充分利用税法所提供的包括减免在内的一切优惠，对多种纳税方案进行优化选择的一种财务管理活动。

纳税人在不违反法律、政策规定的前提下，通过对经营、投资、理财活动的安排和筹划，尽可能减轻税收负担，以获得“节税”利益的行为，都属于税收规划。税收规划的目的是纳税人通过减轻自己的税收负担，实现税后收益最大化，具体有：

1. 减轻税收负担

帮助纳税人减轻税负是税收筹划方案的最高目标。

2. 实现涉税零风险

涉税零风险是指纳税人账目清楚，纳税申报正确，缴纳税款及时、足额，不会出现任何关于税收方面的处罚，即在税收方面没有任何风险，或风险极小甚至可以忽略不计的一种状态。实现涉税零风险是税收筹划方案的最低目标。

3. 获取资金时间价值

纳税人可以运用一定的方法，将当期应该缴纳的税款延缓到以后年度缴纳，从而获得资金的时间价值。

4. 维护企业自身的合法权益

维护自身合法权益是指从依法纳税的角度对权力和权利的失衡进行调整，以实现税收与经济的良性互动，促进经济的长期持续发展。对应缴纳的税款，企业负有及时足额缴纳的义务，不能偷税漏税和逃税；但对不应缴纳的税款，企业应该拒绝缴纳，维护自己的合法权益。

5. 提高自身经济利益

企业进行税收筹划，应服从企业的长远目标，以实现可持续发展，从而在相当长的时间段里实现利润最大化目标。

## 三、税收规划的原则

从业人员在为客户进行税收规划时，应该遵循一定的原则，主要包括合法性原则、目的性原则、规划性原则及综合性原则，这些原则赋予了税收规划及其本身区别于其他节税手段最本质的特征。

1. 合法性原则

合法性原则是税收规划最基本的原则，这是由税法的税收法定原则所决定的，也是税收规划与偷税漏税乃至避税行为区别开来的根本所在。合法性原则意味着它是在尊重法律，不违反法律法规和不恶意钻法律漏洞的前提下进行的。税法是规范征管关系的基本准则，客户具有依法纳税的义务，税务机关的征税行为也必须受到税法的规范。只有在税法规定的范围内，从业人员才可以为客户选择合适的税负方案，帮助客户最大限度地降低或减小税负，最大可能地获取利润或取得最大的收益。

2. 目的性原则

目的性原则是税收规划最根本的原则，是由税法基本原则中的税收公平原则所决定的。税收规划的目的就是节税，从业人员在制订税收规划时应该有很强的为客户减轻税负、取得节税收益的动机，从而降低税收成本以达到总体效益的最大化，在合法性原则下这是完全合理的，也是客户最本质的目的。

3. 规划性原则

规划性原则是税收规划最有特色的原则，通过事先的计划、设计和安排，在进行筹资、投资等活动前，把这些行为所承担的相应税负作为影响最终财务成果的重要因素来考虑，通过趋利避害来选取最有利的方式。

4. 综合性原则

综合性原则是指进行税收规划时，必须综合考虑规划以使客户整体税负水平降低。为客户进行税收规划不能只以税负轻重作为选择纳税的唯一标准，应该着眼于实现客户的综合利益目标。

【模拟练习】下列关于税收规划的表述有误的是（　　）。

A. 税收规划的前提是依法纳税

B. 税收规划是从节流的角度增加客户的财务自由度

C. 因为税收规划有税法可依，所以是无风险的

D. 目的性原则是税收规划最根本的原则

答案：C

解析：税收规划的目的是节税，节税与风险并存，节税越多的方案往往也是风险越大的方案。

## 四、税收规划的基本内容

税收规划由于其依据的原理不同，采用的方法和手段也不同，主要可分为三类，即避税规划、节税规划和转嫁规划。其基本定义及特征如表 8－2 所示。

**表 8－2　　避税规划的分类和特征**

| 种类 | 定义 | 特征 |
| --- | --- | --- |
| 避税规划 | 纳税人在不触犯税法的前提下，对经济活动的筹资、投资、经营等活动作出巧妙的安排，这种安排手段处在合法与非法之间的灰色地带，达到规避或减轻税负的目的 | ①非违法性<br>②策划性<br>③权利性<br>④规范性 |
| 节税规划 | 理财计划采用合法手段，利用税收优惠和税收惩罚等倾斜调控政策，为客户获取税收利益的规划 | ①合法性<br>②有规则性<br>③经营的调整性与后期无风险性<br>④有利于促进税收政策的统一和调控效率的提高<br>⑤倡导性 |
| 转嫁规划 | 理财计划采用纯经济的手段，利用价格杠杆，将税负转给消费者或转给供应商或自我消转的规划 | ①纯经济行为<br>②以价格为主要手段，不影响财政收入<br>③促进企业改善管理、改进技术 |

明确转嫁的判断标准，有利于明确转嫁概念与逃税、避税及节税的区别。转嫁的判断标准包括：

①转嫁和商品价格是直接联系的，与价格无关的问题不能纳入税负转嫁范畴；

②转嫁是个客观过程，没有税负的转移过程不能算转嫁；

③税负转嫁是纳税人的主动行为，与纳税人主动行为无关的价格再分配性质的价值转移不能算转嫁。

## 五、税收规划的主要步骤

1. 了解客户的基本情况和要求

银行从业人员在为客户制订税收规划时，通过交流和资料填写，可以了解到客户的一些基本情况，要注意在税收规划中准确地把握这些情况。

（1）婚姻状况。客户的婚姻状况会影响某些税种的扣除。我国个人所得税只针对个人，而不注重经济生活单位——家庭，这也是今后有待完善的地方。

（2）子女及其他赡养人员。如果抚养子女及赡养其他人员，在很多国家和地区可以享有一定的扣除、抵免或免税，从而会对客户的应纳税额产生影响。

（3）财务情况。客户的财务情况包括客户的收入情况、支出情况及财产情况；财产包括客户的动产和不动产。

（4）投资意向。客户的投资意向包括客户的投资方向和投资额。客户投资方向和投资额的大小与税收规划的投资方向、投资形式、投资优惠规划、适用税率设计、风险分析等都有直接的关系。

（5）对风险的态度。节税与风险并存，节税越多的方案往往也是风险越大的方案，两者的权衡取决于多种因素，包括客户对风险的态度。

（6）纳税历史情况。了解客户纳税历史会对目前的税收规划有所帮助，包括以前所纳税的税种、纳税金额以及减免税的情况。

（7）要求增加短期所得还是长期资本增值。客户对财务利益的要求大致有三种：一是要求最大限度地节约每年税收成本，增加每年的客户可支配的税后利润；二是要求若干年后因为采用了较优的纳税方案，而达到所有者权益的最大增值；三是既要求增加短期税后利润，也要求长期资本增值。

（8）投资要求。了解客户的要求后，根据客户的要求来进行税收规划，提出投资建议或提出修改客户要求的建议。

【真题回顾（201705、201605）】在税收规划中，了解客户的基本情况和要求包括（　　）。

A. 婚姻状况

B. 子女及其他赡养人员

C. 对风险的态度

D. 要求增加短期所得还是长期资本增值

答案：ABCD

解析：税收规划需要了解的客户基本情况和要求包括：婚姻状况、子女及其他赡养人员、财务情况、投资意向、对风险的态度、纳税历史情况、要求增加短期所得还是长期资本增值和投资要求。

2. 控制税收规划方案的执行

税收规划实施后，从业人员还需要经常、定期地通过一定的信息反馈渠道来了解纳税方案执行的情况。

(1) 当反馈的信息表明客户没有按设计方案的意见执行税收规划时，税收规划人应给予提示，指出其可能产生的后果；

(2) 当反馈的信息表明从业人员设计的税收规划有误时，从业人员应及时修订其设计的税收规划；

(3) 当客户经济情况中出现新的变化时，从业人员应介入判断是否改变税收规划。

## 第四节　人生事件规划

**【大纲要求】**

| 内容 | 程度 |
| --- | --- |
| 1. 教育规划的分类、内容和制定方法 | 掌握 |
| 2. 退休规划的误区和步骤 | 掌握 |
| 3. 遗产规划工具和策略的选择 | 熟悉 |

**【内容精讲】**

### 一、教育规划的分类、内容和制定方法

1. 教育规划的分类和内容

教育规划是指为了需要时能支付教育费用所制订的计划。按照不同的教育对象，教育规划一般分为以下两类：

(1) 个人教育规划

个人教育是针对自身的职业晋升和个人发展而进行专业和技术方面的继续教育，比如 MBA、专业证书的相关培训学习等。

(2) 子女教育规划

子女教育规划是家庭教育理财规划的核心，通常由基本教育与素质教育组成。基本教育的成本一般包括基础教育与高等教育的学费等常规费用；素质教育的成本则包括兴趣技能培训班、课外辅导班等一些校外课堂的费用。

2. 制定方法

在确定了客户教育投资规划的基本数据，即该规划所需的资金总额、投资

规划的时间、客户可以承受的每月投资额、通货膨胀率和基本利率后，从业人员就可以帮助客户制定教育投资规划了。教育投资规划的制定一般包括 5 个步骤：

（1）确定教育目标

①确定客户对子女学历的基本要求。从业人员需要了解客户对子女可接受教育程度的期望，这对教育投资规划的资金需求有很大影响。其中，广义的学历要求包括大学类型、受教育程度、是否出国深造等。

②确定子女的读书地点与专业。确定读书地点与专业是影响教育成本的重要因素。

③确定子女的兴趣与天赋。

（2）计算教育资金需求

根据以上客户需求，估算当前子女教育所需要的费用以及从当前时点到子女接受高等教育时的学费增长率，测算出届时子女上学需要的教育资金需求。

（3）计算教育资金缺口

根据客户已有子女教育金储蓄、投资情况和教育目标，计算出实现客户子女教育规划目标的资金需求的缺口有多大。

（4）制作教育投资规划方案，选择合适的投资工具、产品组合

根据客户的教育理财目标以及资金需求，制订相应的资产配置方案并推荐合适的投资工具，通过长期投资做好教育金筹备工作。

（5）教育投资规划的跟踪与执行

定期检测教育投资规划的执行情况，并根据经济、金融环境和客户自身情况的变化等及时调整教育投资规划。

总体来看，鉴于教育投资规划一般期限较长，在前期可以采取较为积极的投资策略，而在后阶段，随着受教育者长大，距离使用教育金的时间越来越近，应采取稳健保守的投资策略。

【真题回顾（201611）】教育投资规划要遵循提前规划、目标合理、定期定额、专款专用、保值增值的原则，教育投资规划的步骤主要包括（　　）。

A. 确立子女培养目标　　B. 教育费用估算

C. 预测教育费用的增长率　　D. 选择适当的教育投资工具

答案：ABCD

解析：教育投资规划的步骤包括：确定教育目标；计算教育资金需求；计算教育资金缺口；制作教育投资规划方案，选择合适的投资工具、产品组合；

教育投资规划的跟踪与执行。

## 二、退休规划的误区和步骤

我国现行体制内（延迟退休未实施前），一般人在退休之后还有20年或更长的退休生活。而为了应对退休后的生活，必须提前做好退休规划。退休规划包括利用社会保障的计划，购买商业性人寿保险公司的年金产品的计划以及企业与个人的退休金计划等。

1. 客户在退休规划中的误区

（1）计划开始太迟。退休计划一般需要从长计议，而现实中人们一般在退休前后才开始规划。

（2）对收入和费用的估计太乐观。通货膨胀往往会降低储蓄的价值，退休金的增长也往往赶不上通货膨胀速度。

（3）投资过于保守。很多时候，客户喜欢把自己的退休规划仅仅当成储蓄账户而不是一种投资工具，他们往往把几乎所有的资金都投入到低风险和低收益率的资产中。

以上三个方面的误区往往不是单独出现的，而当它们的影响叠加起来的时候会给从业人员为客户制定退休规划带来更大制定障碍。

2. 退休规划的步骤

（1）确定退休目标

退休后的家庭开支由对生活品质的要求直接决定。因此，客户应根据前期收入、负债情况等合理规划退休生活品质，避免对生活品质的过高追求带来过大压力。

（2）计算资金需求和退休收入

①资金需求的计算

退休养老需要的费用受到生存寿命、个人和家庭成员的健康状况、医疗养老制度的改革、通胀率等诸多因素的影响，很难准确估算，要投资顾问根据专业知识大体估算。

②退休收入的计算

退休收入包括社会养老金、家庭存款、企业年金、商业保险、其他收入等。社会养老金是退休收入的主要来源，企业年金、家庭存款方面等个体差异较大。估算社会养老金收入最主要的困难在于社会养老制度的不断变化与调整。

(3) 计算资金缺口

退休规划的资金缺口是指退休后需要花费的资金（资金需求）和可收入的资金之间的差距，即客户应该自筹的退休资金。

退休养老基金的“大缺口” = PV 退休需求 - PV 退休后既定养老金

退休养老基金的“小缺口”/“养老金赤字” = 养老金总需求 - 养老金总供给

= 退休需求 - (FV 退休前资金积累 + PV 退休后既定养老金)

其中，PV 退休需求反映退休后在保持一定生活水平下的养老金总需求在退休时点的现值，即需要准备的养老金总需求；

FV 退休前资金积累来自工作期间的储蓄和投资，到退休时点可以积累的资产的未来值；

退休后既定养老金来自退休后社保养老金等既定养老金在退休时点的现值。

(4) 制定退休规划

用于退休养老金的投资要以稳健为主。各投资品种的特点及其适用性如表 8 - 3 所示。

**表 8 - 3　　各投资品种的特点及其适用性**

| 投资品种 | 特点 | 适用性 |
|---|---|---|
| 银行存款 | 流动性好；利率较低 | 不适合养老金大量投资 |
| 基金投资 | 风险收益视品种而定；选择多，适宜作配置 | 随退休年龄临近，基金投资可以逐渐偏向中低风险的品种；投资方式可以采取一次性投资或定期定额的方式投资 |
| 股票投资 | 风险较大 | 老年人不宜将过多比例的资产投资于股票市场；优质蓝筹股相对更为适合退休规划 |
| 商业养老保险 | 风险收益水平较低；流动性一般；退保成本较高；品种多 | 投保时年纪不宜过大 |
| 房产投资 | “反向按揭”住房类似于终身年金；风险在于待夫妻双方去世后金融机构仍可能享有部分处分房屋产权的权益 | 可以“反向按揭”住房，将房屋权益转变为收入流 |

实际确定投资方式时，通常遵循“投资 100”原则，即风险投资品种占全部可投资资产的比例为 (100 - 年龄)%。

(5) 退休规划的执行和跟踪

因退休规划覆盖时间较长，可能会经历经济环境和投资环境的交替变更，且客户的职业生涯、家庭情况、生活状况、收支情况等也可能发生变化，应定期跟踪退休规划的执行情况并作出相应调整，以保证客户退休养老目标的实现。

【模拟练习】退休养老规划中，退休养老收入的来源不包括（　　）。

A. 社会养老保险　　B. 企业年金

C. 个人储蓄投资　　D. 工资收入

答案：D

解析：退休养老收入一般有三大来源：社会养老保险、企业年金和个人储蓄投资。当前大多退休人士退休后的收入来源主要为社会养老保险，部分人有企业年金收入，但这些财务资源远远不能满足客户退休后的生活品质要求。

## 三、遗产规划工具和策略的选择

遗产规划是指当事人在其活着时通过选择遗产规划工具和制订遗产计划，将拥有的或控制的各种资产或负债进行安排，从而保证在自己去世时或丧失行为能力时尽可能实现个人为其家庭所确定目标的安排。

遗产规划包括：确定遗产继承人和继承份额；为遗产所有者的供养人提供足够的财务支持；在与遗产所有者的其他目标保持一致的情况下，将遗产转移成本降低到最低水平；确定遗产所有者的继承人接受这些转移资产的方式；为遗产提供足够的流动性资产以偿还其债务；最大限度地为所有者的继承人保存遗产；确定遗产的清算人等。

遗产规划工具主要包括遗嘱、遗产委任书、遗产信托、人寿保险、赠予。根据客户的不同情况制订遗产计划时，工具和策略的选择也有着很大的差别。对遗产规划策略的选择，要注意以下几点：

（1）尽早作出安排；

（2）及时调整更新遗产计划；

（3）尽可能减少遗产额，从而少交遗产税，如生前多赠予继承人、利用政策分散资产；

（4）充分利用遗产优惠政策。

# 第五节　投资规划

【大纲要求】

| 内容 | 程度 |
| --- | --- |
| 1. 投资规划目标 | 熟悉 |
| 2. 投资规划的基本内容 | 熟悉 |
| 3. 投资规划的步骤 | 掌握 |
| 4. 投资规划的典型案例 | 熟悉 |

【内容精讲】

## 一、投资规划目标

投资规划的目标在于客户需求或理财目标的实现，帮助客户实现资产保值增值。制定投资规划，首先应考虑某种投资工具是否适合实现客户的财务目标。一般情况下，投资规划目标可以分成以下几种类型：

（1）出于以下目的的资本积累：应付突发事件、家庭大额消费和支出、子女教育和个人职业生涯教育需要、一般性投资组合以积累财富。

（2）防范个人下列风险：过早死亡、丧失劳动能力、医疗护理费用、托管护理费用、财产与责任损失、失业。

（3）提供退休后的收入。

通过数量分析，计算要达到理财目标需要的投资收益率，客观判断当前为实现理财目标而配置的资产是否能够在当前的投资状态下达到期望的目标。

【模拟练习】从业人员在制定投资规划时首先要考虑的是（　　）。

A. 投资工具的风险较低

B. 投资工具适合客户的财务目标

C. 投资工具的收益较高

D. 投资工具的流动性较好

答案：B

解析：从业人员在制订投资规划时首先要考虑的是某种投资工具是否适合客户的财务目标。要做到这一点，需要熟悉各种投资工具的特性和投资基本理论。

## 二、投资规划的基本内容

投资的特征是用确定的现值牺牲换取可能的有风险的未来收益，因此，对投资产品收益和风险结构的分析尤为重要。

在进行投资规划时，要做到：

（1）首先确定投资目标和可投资财富的数量，然后根据对风险的偏好确定采取激进型还是稳健型的策略；

（2）对投资对象进行基本分析和技术分析；

（3）构建投资组合，包括确定具体的投资资产和财富在各种资产上的投资比例；

（4）管理投资组合，主要有评价投资组合的业绩以及根据环境的变化对投资组合进行修正。

## 三、投资规划的步骤

制定投资规划先要确定投资目标和可投资财富的数量，再根据对风险的偏好，确定采取稳健型还是激进型的策略。

（1）确定客户的投资目标

（2）让客户认识自己的风险承受能力

一般通过风险测试以及根据客户的年龄与资产状况判断其风险承受能力。通常来说，在投资过程中，如果愿意承受的风险越大，那么投资的潜在收益率也就越高。高的收益率一般都是用更高的投资风险换来的。

（3）根据客户的目标和风险承受能力确定投资计划

投资计划是以主观期望为中心，根据金融市场的客观状况，拟订的一套组合投资方法。投资计划的制订是投资目标能否实现的关键，在制订投资计划的时候要参考多方面的情况，既要保障投资目标的实现，又要意识到投资风险的客观存在，注意投资风险的规避和分散。

（4）实施投资计划

实施投资计划时，要对投资商品进行紧密的跟踪，在偏离客户的期望时要作详细的记录，最大限度地控制风险，减少不必要的损失。

（5）监控投资计划

制订了完整的投资计划，需要不断地评估投资策略和方法，保障投资计划的可行性。通常每半年或每年作一次投资总结。另外，当国家政策和相关法律、经济环境、金融商品等客观环境改变时，需要重新审视投资计划，并确定新的投资方案。